学校を変える

いじめの科学
The Science of Bullying

和久田 学
WAKUTA Manabu

日本評論社

はじめに

　本書のテーマは「いじめ」である。この本を手にした方は当然、「いじめ問題」に関心をもっているだろう。なかには、現在進行形で深刻ないじめ被害にあっている当事者、その保護者、過去にいじめ被害にあった方などがいるかもしれない。そして、そうした方の多くが、何らかの救いを得たいと考えていることだろう。
　だからこそ、あえて最初にお伝えしたいことがある。この本を手に取られたあなたが、本書に直接的な救いを求めているとしたら、もしかしたら本書はそれにふさわしくないかもしれないのだ。
　今まさにいじめの深刻な被害にあわれている方は、できるだけ早く教育委員会や相談機関に助けを求めてもらいたい。もしも最初に相談に行ったところで十分な支援を得られなかったら、どうか別のところにも相談に行ってほしい。いじめ防止対策推進法の時代である。決してあきらめることなく、助けを求め、心身の安全を守ることができるようにしてほしい。
　過去のいじめ被害体験を何度も苦しみながら思い出してしまう方、その影響を自分のなかに見出すことができる方についても、速やかに医療機関など専門家に相談することをお勧めする。
　実のところ、本書は、いじめの被害にあわれた方に対し、その状況から抜け出す具体的な方法を示すことを目的にしていない。誤解してほしくないが、決してそうしたことを軽視しているわけではない。違う役割を果たすことを狙っているのである。
　本書の目的は、いじめを科学的な視点から考察すること、いじめの予防や初期対応、介入方法について、包括的に論じることだ。いじめのメカニズム、被害者・加害者・傍観者の特徴、いじめの解決や予防の方法などについて、世界

の研究を参考にしながら、理論構築を試みることなのである。

そのために、いじめという複雑な事象を客観視することが必要になる。つまり、さまざまな様相をみせるいじめ事象のなかに共通する因子を見つけたり、パターン化して捉えたりしていくことになる。

こうしたアプローチは、いじめを冷たく観察することや、被害者を突き放すことを意味しない。以前、筆者があるシンポジウムに登壇したとき、ステージ上で「教育は愛だ。そこに科学を使うとは何ごとだ」と批判されたことがあるが、そうした指摘は的を外している。

科学と愛は両立する。愛がないのも困るが、科学がないのは危ない。これらは両立させるべきものだ。

例を挙げよう。あなたが病気になり、病院に行ったとする。その場合、医師はまず、病気そのものを客観視するだろう。治療については、これまでの膨大な科学的研究を参考にして、最も効果的な方法を選択する。つまり、治療方法に関しては愛情や人間関係とは切り離し、検査の数値や研究データを冷静に見つめ、考えたうえで決定する。これは科学を用いることを意味する。

こうした治療法の選択と、一人ひとりの患者に寄り添う姿勢――すなわち愛、情、心のつながり――は、矛盾しない。むしろ患者に対して寄り添う姿勢をもちながらも、最先端の研究を参考に冷静に治療を行う医師こそ、私たちが求めるものだ。

では、いじめ対策はどうだろうか。

文部科学省の調査によると、いじめの認知件数は増えるばかりである。平成29(2017)年度で約41万4千件、その前の年より10万件近く増えている。しかし「認知」が何を意味するのかさえ十分な共通理解がされない状況だ。対応方法についても、文部科学省、国立教育政策研究所、各教育委員会などがさまざまなマニュアルを出しているが、そこでは「子どもに対する深い理解」「丁寧な対応」「寄り添う姿勢」といったものが強調されることが多い。

つまり、今のいじめ対応には科学が足りていないように思えるのである。

別の言い方をするならば、現場に科学的視点さえ持ち込めば、日本の教師たちにとって鬼に金棒となり、彼らは今までよりずっと力を発揮するのではないだろうか。

そこで「いじめの科学」となるのだが、学校の先生方のなかには、「"いじめ

の科学"なんて聞いたこともない」という感想をもたれる方が多いかもしれない。

　実は筆者は、もともと学校の教員だった。その経験から、学校現場に「教育に使える科学」についての情報がほとんど届いていないことをよく承知している。だからこそ声を大にして言いたい。いじめに関する研究は世界中で行われており、科学的根拠のあるいじめ対応法が開発され、その効果が検証されているのである。

　本書では、日本はもちろん、欧米をはじめとする諸外国の研究成果を多く紹介している。古典的なところから新しいものまで、できる限り情報を集めたつもりだ。もちろん国によって教育制度、環境、考え方が違うが、それでも参考にできることは多いだろう。

　ただし「科学」を標榜するからには、こうした諸研究も批判的思考により取捨選択する必要がある。また、研究は日進月歩だ。いじめについても、新たな研究結果が次々に発表されている。これまでの定説が覆されることすらありうることに注意していただきたい。

　日本独自のいじめ研究も進めていかなければならない。とくに現場への介入や支援について、現場と研究者が協働し、科学的に正しい研究デザインによって、精度の高いデータを収集し、研究を深めていくことが望まれる。筆者としては、本書が、わが国におけるいじめ研究と実践を深めるうえでの1つのきっかけになってほしいと願っている。

　本書は3部構成となっている。第Ⅰ部では、いじめについて国内の研究や行政の動き、海外の研究をひもときながら整理し、その全体像を明らかにする。第Ⅱ部では、第Ⅰ部で確認した知見をもとに、いじめ予防の具体的な方法に言及し、第Ⅲ部では、いじめが起きてしまった後にどのような介入が考えられるのかを考察する。

　多くの研究を紹介し、論理的に話を進めているが、本書の目的は、それらを現場に還元することである。よって、単なる説明だけでなく、それに付随するエピソードや事例を多く挙げ、わかりやすく提示するように努力した。

　いじめは理解するのも解決するのも、とても困難なものだ。世界の研究者がそれをどのように整理し、対処しようとしているのか、本書を通して一緒に学んでいただければと考えている。

学校を変える いじめの科学　もくじ

はじめに 1

序章　いじめ対策になぜ「科学」が必要なのか
　　　── 経験則の罠 11

　　いじめの経験 11
　　「どうすればよいかわからない」大人の対応の問題 13
　　いじめに立ち向かう難しさ 16
　　経験者が多いからこそ必要な「科学」 17

第Ⅰ部　いじめを科学で捉える

第1章　いじめをキーワードで定義する
　　　──「いじめ」と「いじり」を切り離す 20

　　いじめの定義はなぜ必要か？ 20
　　いじめ防止対策推進法の定義 21
　　いじめ定義（研究）の3要素 23
　　学校現場に戻って考える 24
　　キーワードを使う 26
　　いじめの定義を現場で使う意味 27

　　　　ボンズらの4つのキーワード..28
　　　　介入が必要になるケースの見極め
　　　　　　──いじめを深刻化させる2つの条件............................31
　　　　キーワードの共有
　　　　　　──「シンキング・エラー」と「アンバランス・パワー」..............32

第2章　加害者
　　　　──シンキング・エラーをどう正すか................................35

　　　　加害者は、なぜいじめをするのか....................................35
　　　　加害者が加害者になる理由..36
　　　　加害者への支援..38
　　　　加害者の予後..42

第3章　被害者
　　　　──沈黙・孤立を防ぐために..44

　　　　被害者は悪くない..44
　　　　いじめ被害の深刻な影響..45
　　　　被害者が被害者になる理由..46
　　　　被害者の沈黙..48
　　　　いじられキャラ..49
　　　　被害者への支援..51

第4章　傍観者
　　　　──いじめ防止の鍵を握る存在......................................53

　　　　傍観者という登場人物..53
　　　　いじめをやめさせることの難しさ....................................54
　　　　傍観者の役割..56
　　　　傍観者はなぜ傍観者なのか..57
　　　　傍観者でいることのリスク..58
　　　　傍観者に力を！..60

第5章 ネットいじめ
―― 現状と対策 …… 63

インターネットという未知の世界 …… 63
ネット上のトラブル …… 65
ネットいじめを定義する …… 66
ネットいじめの種類 …… 69
ネットいじめはどのくらい深刻なのか …… 70
ネットいじめの性質 …… 72
ネットいじめと従来型いじめの関連は？ …… 73
ネットいじめの加害者と被害者のリアル …… 75
ネットいじめへの対応 …… 77

第6章 いじめを縦軸と横軸で整理する …… 80

いじめという現象の複雑さ …… 80
縦軸で整理する …… 81
横軸で整理する …… 84
いじめ関連事象へのアプローチ …… 88

第Ⅱ部 いじめを予防する

第7章 いじめ対策の前提
―― 教師が傍観者から脱し、加害モデルにならないこと …… 92

教師はいじめの指導をしているのか …… 92
傍観者としての教師 …… 93
いじめ対応のリスクと困難さ …… 95
教師はいじめ加害者による報復を恐れている …… 97

教師が傍観者でいる理由を取り去る……………………………98
　　　いじめの加害モデルはどこに？……………………………99
　　　大人のいじめ……………………………100
　　　教師が子どもをいじめていないか……………………………102
　　　学校という職場でのいじめ……………………………104
　　　指導なのか、いじめなのか……………………………105
　　　時代の変化……………………………106

第8章　包括的取り組みの必要性……………………………109

　　　ケース1……………………………109
　　　ケース2……………………………110
　　　科学を使う……………………………112
　　　科学で共有することの意義……………………………114
　　　包括的取り組みの必要性……………………………115

第9章　いじめ対策の全体デザイン……………………………118

　　　公衆衛生学的手法……………………………118
　　　RTIモデルとPBIS
　　　　──ディスクレパンシーモデルと異なる手法……………………………120
　　　日本のいじめ対応の構造的問題……………………………123
　　　いじめ対策をデザインする……………………………124

第10章　いじめ予防授業を始める前に……………………………129

　　　いじめ予防と道徳授業……………………………129
　　　正しい知識の必要性……………………………131
　　　いじめ予防授業の前提……………………………133
　　　集団のルール……………………………134
　　　予防授業のための教員研修……………………………137

もくじ

第11章 いじめ予防授業の具体的内容 …………………… 140

いじめ予防に必要な「再現性」………………………… 140
プログラム化とは ………………………………………… 142
いじめ予防プログラム Triple-Changeの挑戦 ………… 143
いじめ予防授業で教えるべきこと ①
　　いじめに関する事実 ……………………………… 144
エモーショナル・フックを使う ………………………… 145
いじめ予防授業で教えるべきこと ②
　　いじめにあったときの行動 ……………………… 147
行動の変化を起こす ……………………………………… 149
いじめ(かもしれないこと)にあったときにとるべき行動 …… 150
スキルをどう教えるか …………………………………… 151
傍観者としての行動も教える …………………………… 153
いじめ(かもしれないこと)を見聞きしたときにとるべき行動 …… 154
いじめ予防授業で教えるべきこと ③
　　いじめが起こらない集団作り …………………… 156
いじめのないクラスを作るためのガイドライン ……… 157
BE A HEROプロジェクト ………………………………… 158

第12章 保護者支援のデザインと方法
　　── 何を知らせ、どう支援するのか …………………… 161

保護者と教師の対立 ……………………………………… 161
十分な情報を得られない保護者の状況 ………………… 162
保護者支援の全体デザイン ……………………………… 163
ステージ1
　　保護者に情報を提供する ………………………… 165
ステージ2・3
　　いじめ加害者・被害者となった子どもの
　　保護者を支援する ………………………………… 168

第13章 学校風土を改善する　172
- 環境が行動に影響する　172
- 学校風土とは何か　174
- 学校風土といじめ　175
- 学校風土へのアプローチ　177
- わが国における学校風土改善の可能性　179
- 学校風土を計測することの必要性　180
- 教育施策の効果測定の必要性　182
- 子どもみんなプロジェクト　184
- いじめのリスクを高める要因の探索　185
- 学校風土を変える3つの試み　187

第Ⅲ部 起こってしまったいじめに対応する

第14章 いじめが生じた後の具体的介入　192
- いじめ事案が起こったら　192
- 具体的介入を先行研究から考える　196
- いじめ加害者への支援　197
- いじめ被害者への支援　199

第15章 わが子が加害者・被害者になったとき、保護者は何をすべきか　203
- 親の防衛本能　203
- わが子がいじめ加害者になったら　205
- わが子がいじめ被害者になったら　209

第16章　二次障害としてのいじめ
　　　──いじめ重大事態に含まれる気になるケース ····· 213

　　いじめ重大事態とは ····· 213
　　重大事態の具体例から学ぶ
　　　　──いじめに起因した不登校のケース ····· 215
　　二次障害としてのいじめ ····· 217
　　いじめと他の問題との関連 ····· 220

終　章　教育に科学を ····· 223

　　科学を使うために ····· 223
　　数値評価にまつわる期待と誤解 ····· 224
　　日本の教育の構造的問題 ····· 228
　　あらためて、いじめ防止を考える ····· 230

　あとがき ····· 233

　参考文献 ····· 236

いじめ対策になぜ「科学」が必要なのか
―― 経験則の罠

いじめの経験

「あなたは、いじめの経験がありますか?」

こう質問されると、多くの人が「はい」と答えるだろう。もちろん首をひねる人もいるだろう。だが、そこで「いじめの経験」とは、被害と加害だけを意味していないことを伝えると、ほとんどの人が大きく頷くことになる。

いじめの被害者と加害者以外の存在――これを「傍観者」という。

森田(森田・清水,1986)は、いじめの4層構造を提唱している。これは、「被害者」「加害者」に加えて、「観衆」と「傍観者」が入る図式である。このうち「観衆」とは、いじめをはやし立てたり面白がって見たりしている人たちであり、「傍観者」とは見て見ぬふりをしている人たちを指す。欧米の研究では、さらに「仲裁者」(いじめを止めようとする者)を入れて、5層構造としているものもあるが、とりあえず本書ではシンプルに、いじめを見ている者すべてを傍観者として話を進めたい。

さて、多くの大人は、いじめの経験者である。

筆者は、さまざまなところで「いじめ」に関する講演を行ってきた。その冒頭では、いつもいじめ経験の有無を聞いてきたが、そこで「いいえ」と否定する人はまずいない。

国立教育政策研究所 生徒指導・進路指導研究センターのいじめ追跡調査(2016)によると、典型的ないじめである「仲間外れ、無視、悪口」の被害および加害の経験率は、小学校4〜6年の3年間でそれぞれ9割程度であるとの結果が出ている。まさに1996年に文部大臣(当時)が出した緊急アピールのとおり、「深刻ないじめは、どの学校にも、どのクラスにも、どの子どもにも起

こりうる」のである。

　では、ここでみなさんにもみずからのいじめ体験を思い出していただきたい。

　被害者、加害者、傍観者、どの立場でもいい。小学校、中学校、高等学校、大学、もしかしたら大人になってから職場や地域でのいじめに遭遇した人もいるかもしれない。「ママ友いじめ」などという言葉もあると聞く。ネットいじめの経験者だっているはずだ。

　どんな場面が思い浮かぶだろうか？

　実際に、それぞれの体験を語る時間を設けると、驚くほど悲惨な事例が挙がってくる。

　被害者だった人もいる。何が理由かいまだにわからない。毎日のように背後から叩かれた。歩いているときに足を出されて転ばされた。持ち物を隠された、だから同窓会の類には絶対に顔を出したくない、等々。

　傍観者だったことを悔いる人がいる。友だちがいじめられているのを見ていた。かわいそうだと思った。何もできなかった自分が不甲斐ない。いじめられていた友だちに謝りたい。

　加害者であったことを懺悔する人もいる。いじめているつもりはなかったが、今思えば、かわいそうだった。集団でいじめていた。いじめに加わらないと、自分がいじめの対象になりそうだった——。

　胸が熱くなり、涙をこぼす人もいる。

　そして、その後に感想を聞くと次のようなことを言う人が多い。

「あんなにつらい思いをしたのに、こういう機会をもらうまで忘れていた。今まで、いじめのことを軽く考えていたかもしれない」

　人間の記憶は複雑で難しい。嫌な記憶のなかには、その深刻さゆえに封印されるものもある。別の記憶に置き換わってしまうこともある。

　だから、実際に子どもからいじめの相談を受けたとき、自分の悲惨な経験を思い出せるかというと、そうではない。なかば自動的に「いじめなんか、誰もが経験することだ。大したことない。我慢しなさい」などと言ってしまうかもしれない。本当は、子どもだったときに悲惨な経験をしていたにもかかわらず、である。

　世間一般に親というものは、子どもに対して、「お母さん(お父さん)が子どもだった頃は……」などと言う傾向にあるが、その言葉にどれだけの信憑性があると

いうのだろう。同様に教員も「先生が中学生だった頃には……」などと言うが、そこにどれだけの真実が含まれているのだろう。

　もちろん、いくらかの事実は含まれているだろう。だが証拠はないし、確認することもできない。

　そういう大人自身も、事実であると思っていないことがある。嘘をつくつもりはないだろうが、適当に脚色することはあるだろうし、子どもたちもたぶん、多少はわかっている。自分の親が子ども時代にそんな優秀であったはずはない、時代が違うのだから一方的に比べられても迷惑な話だ、と。

　いや、そうした記憶の問題ではなくて、いじめの被害にあっていたにもかかわらず、それほど傷つかなかった人もいる。

　いじめと一口にいっても、種類も深刻さもいろいろだ。もちろん、いかなるいじめも放置すべきではないが、たまたま被害にあった子どもが、精神的にタフだったり、友だちに恵まれていたりすると、「いじめられたけれど、大したことはなかった」という経験になる。本人の能力だけでなく、学校や家庭の環境の影響も大きいし、偶然が作用することもある。

　どうやら、私たちの経験は、時間がたてばたつほど、怪しさを増す傾向にあるらしい。

「どうすればよいかわからない」大人の対応の問題

　ところが、子どもからいじめに関する相談をもちかけられたとき、私たち大人はみずからの経験に照らし合わせて判断する。

　このことについての明確な調査があるわけではないが、わが国に限らずさまざまな専門家がその危険性に触れている。

　具体的には、いじめの被害にあった子どもがそのつらさを大人に相談したとき、「よくあることだよ」「我慢すればいい」「勉強で見返してやれ」「自分の力で何とかしなさい」などの言葉をかける対応だが、これらの言葉には、その人自身が子どもだったとき、「いじめをよく見聞きした（それだけでなく被害者だったり加害者だったりした）」「我慢するしか方法はなかった」「勉強で見返すようにと誰かに言われた」「自分の力で何とかするしかなかった」といった経験が背後にあり、

しかもそれらの経験は、自分にとって都合のよいところのみを切りとっている可能性がある。

では、こうした対応は正しいのか、ということだが、結論をいうと、完全に間違っている。

一つひとつを挙げる必要はない。すべての対応が、ある明確なメッセージを子どもに伝えている。それは、いじめについて「あなた自身の問題だ。自分で何とかしなさい（私は関与しません）」ということだ。

助けを求めている子どもを拒否している。そのうえ、「いじめの被害にあうのは、いじめられるあなた（被害者）に責任がある」としている。

念のために強調しておくが、たとえ被害者の側に何らかの落ち度があったとしても、いじめの責任のすべては加害者にある。たとえば、発達障害で、コミュニケーションがうまくいかない子どもがいるとする。たしかに、十分な支援がなされていなければ、他の友だちに迷惑をかけることがあるかもしれない。だが、だからといっていじめられてよいはずがない。嫌な奴だからといって、怪我をさせたり命を奪ったりしてはいけないのと同じことだ。間違っていることは明白だろう。

このように、大人の出すメッセージは「私（大人）は関与しない」という意味になる場合が多い。このことから、「傍観者効果」という社会心理学の言葉を思い出す人もいるかもしれない。

傍観者効果とは、集団心理の1つで、傍観者の数が多ければ多いほどその効果は高くなるといわれている。具体的には、多元的無知（他の人が行動しないなら、緊急性がないのだろう）、責任分散（他の人がやらないのなら、必要ないのだろう）、評価懸念（このくらいのことで行動を起こすのは恥ずかしいことだろう）の3つからなると説明され、この場合にも当てはまると思われる。

親ならば、担任が動かないのは緊急性がなく（多元的無知）、必要もない（責任分散）からだろうと考えるし、この程度で動けば過保護だと思われるだろう（評価懸念）と行動にブレーキがかかる。教師ならば、近くで見ているはずの他の子どもが何も言ってこないのだから緊急性はなく（多元的無知）、必要性も低い（責任分散）だろうと考え、この程度で介入するのはやりすぎだろう（評価懸念）、となる。

だが、さらに考えてみると、経験に頼るのも、傍観者効果に陥るのも、実は「どうすればよいか、わからない」ためであることがわかってくる。

いじめの問題が複雑であることは経験上誰もが知っている。被害にあった側を助けることは重要だが、だからといって、加害者を糾弾すればよいというものではないようにも思える。何しろ相手は子どもだ。罰する必要があるとしても、それだけでは足りないだろう。
　親の場合、わが子の話だけに反応してよいものかと考える。相手はどんな子どもなのか。相手の親はどうだろうか。本当にわが子に落ち度はないのか。先生はどう考えているのか。
　わが子の訴えに積極的に動こうにも、あまりにも不確定要素が大きくて、どうしたらよいかわからない。
　別のケースとして、自身の経験のあるなしに限らず、子どもを守りたい一心で、親が強烈な介入を行う場合がある。親が子どもを助けようとするのは当然だが、どうすればよいかわからず、結局「何でもいいからやってしまおう」となった場合、対応が極端になる場合がある。
　教師は、もっと複雑な状況に陥るだろう。
　事実の確認のためには、関係者を一人ずつ、別々に呼んで話を聞かなければならないが、どう聞くべきかわからない。嘘をつくかもしれないし、その子どもとの関係が悪くなるかもしれない。被害者、加害者ともに、親への連絡は欠かせないが、それぞれがどんな反応をするか、心配なところだ。
　当然、クラス全体に動揺が走る。学級経営として何をすべきか、こうした仕事はいつまで続けるべきなのか。似たような事例が他にも隠れているのではないか。教師のアプローチが逆にいじめをみえにくくしたり、エスカレートさせたりするのではないか。
　とにかく、いじめへの介入を決めた途端、教師にはやらなければならない仕事が山のように現れ、しかも具体的方法は誰も教えてくれない。間違った判断で、間違った指導をするのも困るが、見て見ぬふりをしたほうが楽ではないかと目をつむるのも困る。
　「どうすればよいかわからない」ことは、どの立場の大人にとっても大きな問題になる。

いじめに立ち向かう難しさ

　いじめは、先ほどの文部大臣の言葉を借りるまでもなく、どこにでも存在する。人が集団で生きる以上、避けては通れないものだと言う人もいる。
　したがって、誰もがいじめの経験をもち、それぞれの"いじめ観"をもつことになるが、そのことがさらにいじめへの対応を複雑にする。なぜなら、いじめを経験したからといって、いじめの実像を捉えているといえないからだ。
　乱暴な喩えではあるが、いじめは腹痛に似ている。誰もが経験しているために、「暖かくして寝るに限る」「なるべく早く医者に行く」「食べるのをやめればよい」など、それぞれがさまざまな対処法を主張する。これらを否定する必要はないが、だからといって信頼に足るともいえないだろう。腹痛にもいろいろある。深刻な病気が隠れている場合もあれば、一過性のものもある。個人のケースを全体に当てはめることは難しい。
　いじめも同じで、誰もが経験するにもかかわらず、その実態はなかなかみえてこない。だから経験に照らし合わせて判断しようとしたり、「かかわらない」ことを選択したりする。
　さらに、腹痛もいじめも、こじらせると大変なことになる。
　実のところ、いじめの「予後（将来の状態についての見込み）」が深刻であることが、これまでの研究からわかっている。後でくわしく述べるが、いじめの被害者には、うつ、自殺企図など、多くのリスクがある。加害者、傍観者も、被害者に負けず劣らず、かなりのリスクを背負う。
　そのことを踏まえていうならば、いじめの深刻な影響を受けた者は、子どもの支援者になることが難しいかもしれない。本来、いじめの影響を受けた人ほど、いじめ撲滅のために真剣な対応をするだろう。しかし、そうした人ほど、その負の影響のために、自分の生活を守るだけで精一杯というジレンマが生じるからだ。
　親だったり教師だったり、もしくは別の対人支援をしていたりする時点で、その人はいじめのサバイバーであり、いじめの影響を過小評価する傾向にあるかもしれない。
　しかし、今、目の前にいる子どもは、いじめの影響を大きく受ける可能性が

ある。彼らの全員が深刻な影響を受けるわけではないが、ゼロとはいえない。だから、いじめは見逃してはならないし、絶対に撲滅するべきだ。

経験者が多いからこそ必要な「科学」

繰り返しになるが、いじめの経験者が多いと、それぞれが自分の経験に照らして、どうすべきか、それぞれが信じる対応方法を主張するだろう。もしくは、どうすればよいかわからないために、無意識のうちに、「対応しない」という方法をとる。

だから、いじめへの対応策は、なかなか共有しがたい。担任が真剣に捉えても、校長がそれを理解できない場合があるし、その逆もある。保護者の反応を過敏と感じる場合もあれば、逆に事なかれ主義に思えるときもある。

では、どうすればよいか。

ここで頼るべきは科学だろう。

腹痛についても、医者に行き、検査をして、科学的に原因を突き止めれば有効な治療方法が見つかる。この根底に流れているのは、医学、生物学、薬学といった学問であり、多くの科学的研究だ。

いじめについての研究も、歴史こそ長くはないが、世界的に数多く行われている。いじめが世界中にあり、人が集団のなかで過ごす以上避けられないというのならば、その多くの実例を科学的に解析することが重要になる。

いくら、その子どもの親であっても、担任であっても、「私」という一人の人間の経験では足りないし、責任は果たせない。ここは冷静に「いじめ」について観察し、そこから抽出された科学的事実に基づいて、対応方法を考えるべきだろう。

それでは科学的事実とは何か。まずは「いじめ」とは何かを定義づけるところから始めたい。

第1部

いじめを科学で捉える

第1章

いじめを
キーワードで定義する
──「いじめ」と「いじり」を切り離す

いじめの定義はなぜ必要か？

　いじめとは何か。あらためてその定義を問われると、たとえいじめの経験者であっても、答えに窮してしまうだろう。
　定義とは、ものごとの意味や内容を、他と区別できるように言葉で明確に限定することだ。つまり、「いじめ」を「いじめ以外のこと」と区別することだが、この難しさこそ、「いじめ」をめぐる混乱の１つの要因なのである。
　たとえば、一人の子どもが、他の子どもに悪口を言われていたとする。叩かれていたでもいいし、仲間外れにされていたでもいい。当然、それはいじめのようにみえるだろう。しかし、それを本当にいじめと認定するのか、それともよくある子ども同士のじゃれ合いとみるか、人によって違ってくる。
　これは学校現場で日常的に起きていることである。ある先生は「いじめだからやめなさい」と介入し、別の先生は「そのくらいは子どもたち自身で解決すべきだ」と距離をおく。保護者であっても、ある母親が「あれはいじめだからやめさせるべきだ」と神経質になる一方で、別の母親は「そのくらいで目くじらをたてるべきではない。こうしたやりとりこそ、子どもたちを成長させるのだ」とする。
　このような議論にこそ、いじめ問題の本質がある。
　いじめの定義の幅を広げれば、すべてが深刻になり、もしかしたら子どもたちだけで解決できるような問題までも、大人が介入しなければならなくなる。子どもたちの自立が遠ざかってしまうかもしれない。逆にいじめの定義の幅を狭めると、子ども任せのことが増える。すると深刻ないじめを見逃すことになり、その結果、いじめを原因とした自殺、不登校などの被害者が増えてしまう。

いじめは、絶対になくさなければならない。序章でも述べたように、いじめの関係者は精神疾患や未就労などのリスクが高くなり、場合によっては、その子の一生をつぶしてしまう可能性があるからだ。
　しかし、それがいじめでないのならば、子ども自身が解決すべきだ。人間関係スキルは、現代社会で生きていく限り必要になる。それを学ぶ貴重な場を取り上げてはならない。
　とすると、やはり定義が重要になるだろう。

いじめ防止対策推進法の定義

　2013年に成立・施行されたいじめ防止対策推進法では、その第2条において、いじめを次のように定義している。

> ● いじめ防止対策推進法　第2条
> 　この法律において「いじめ」とは、児童等に対して、当該児童等が在籍する学校に在籍している等当該児童等と一定の人的関係にある他の児童等が行う心理的又は物理的な影響を与える行為（インターネットを通じて行われるものを含む。）であって、当該行為の対象となった児童等が心身の苦痛を感じているものをいう。

　この定義は、文部科学省が「児童生徒の問題行動等生徒指導上の諸問題に関する調査」で平成18（2006）年度から使っているものとほぼ同じである。法律そのものが、文部科学省の定義を基本として作られたためである。
　ちなみに、平成17（2007）年度まで文部科学省が使っていた定義は、次のようなものだった。

> ● 児童生徒の問題行動等生徒指導上の諸問題に関する調査（平成17年度まで）
> 　「いじめ」とは、「① 自分より弱い者に対して一方的に、② 身体的・心理的な攻撃を継続的に加え、③ 相手が深刻な苦痛を感じているもの。なお、起こった場所は学校の内外を問わない。」とする。

なお、個々の行為がいじめに当たるか否かの判断を表面的・形式的に行うことなく、いじめられた児童生徒の立場に立って行うこと。

　一見、この旧定義がわかりやすく思える。とくに、①、②、③と条件を明示しているところがよいと思うのだが、実際にはうまくいかなかったらしい。ある行政説明会での担当者の発言の一部を引用してみよう。

　いじめの定義については、従来は、「いじめとは自分より弱い者に対して一方的に、身体的、心理的な攻撃を継続的に加え、相手が深刻な苦痛を感じているもの」と定義としていた。ここで「一方的に」とか、「継続的に」、それから「深刻な苦痛」といったものがいろんな解釈をされて、いじめだとかいじめじゃないとかいうようなことになっている現状があった。また、いじめの実態も、いじめっ子、いじめられっ子といったようなはっきりした構図ではなくなってきたというようなことがある。また、「継続的」といったようなことが、いったいどの程度のものなのかとか、「深刻な苦痛」といったものがどの程度のものなのかというのはあいまいであった。それらのことを検討した結果、新しいいじめの定義は、「本調査において個々の行為がいじめに当たるか否かの判断は、表面的、形式的に行うことなく、いじめられた児童生徒の立場に立って行うものとする」というフレーズを最初に持ってきて、基本的な考え方を示した。その後に「いじめとは、当該児童生徒が一定の人間関係にあるものから心理的、物理的な攻撃を受けたことにより精神的な苦痛を感じているもの」と変更した。（倉見昇一「行政説明②『いじめ問題』について」）

　つまり、旧定義に含まれる「一方的」「継続的」「深刻な苦痛」といった文言が議論を呼び、その結果、いじめへの対応が遅れたという反省がある。そのため、法律上では「心理的又は物理的な影響を与える行為（インターネットを通じて行われるものを含む。）があること（以下「相手に影響する行為」）」と「その行為の対象になった児童等が心身の苦痛を感じていること」の２つでいじめは定義され、結果として、いじめはそれまでより広く捉えられるようになった。

　こうした定義の変遷は、文部科学省が毎年行っている「いじめの認知件数調

査」と関連がありそうだ。

いじめの認知件数は、都道府県による差が激しい(山本, 2017)。児童生徒1000人あたりの認知件数が最も多いところと最も少ないところを比較したところ、平成25(2013)年度で83倍の差があったという。その後、改善されてはいるが、平成27(2015)年度でも26倍の差がある。これを教師のいじめ認知力の差と考えるべきか、それとも、教師一人ひとりが抱え込んでしまう傾向の差が原因とすべきなのか、わからないが、文部科学省はその対策の1つとして、いじめ定義の要件を緩め、より多くの事象を認知・対応させようとしている。

たとえば、「いじめの防止等のための基本的な方針」(文部科学省, 2017a)では、以前はあった「けんか等を除く」という注釈が削除され、代わりに「けんかやふざけ合いであっても、見えない所で被害が発生している場合もあるため、背景にある事情の調査を行い、児童生徒の感じる被害性に着目し、いじめに該当するか否かを判断する」として慎重に扱うべきとしている。

その考えはわかる。いじめはなくさなければならない。しかも、いじめが背景にある自殺事案が減らない現状において、少しでも子どもたちを救いたい。

だが、科学で語ろうとするならば、いじめの定義は、いじめとそうでないものとを明確に区別できるものでなければならない。現状では、「いじめの境界」が広がり、逆にあいまいさが目立つとの批判(新保, 2008)があるのだ。

そこでここでは、いじめ防止対策推進法の定義をわが国のものとして尊重する一方で、研究の世界における定義について確認していくことにする。それにより、いじめという現象を科学的に捉え、対応策を考えることができるのである。

いじめ定義(研究)の3要素

いじめは日本だけでなく、世界中で問題になっている。そのため、いじめ研究は世界中で進み、定義についても議論されている。

有名なところで、世界のいじめ研究で中心的役割を果たしているダン・オルヴェウス(Olweus et al., 2007)の定義がある。彼は、いじめを「ある生徒が、繰り返し、長期にわたって、一人または複数の生徒による拒否的行動にさらされていること」と定義した。そしてここでの「拒否的行動」を、「ある生徒が他の生徒に

意図的に攻撃を加えたり加えようとしたり、怪我をさせたり、不安を与えたりすること、つまり基本的には攻撃的行動の定義に含有されているもの」とした。さらに、「ここで強調しておくべきことは、身体的または心理的に同程度の力を持った二人の生徒が戦ったり喧嘩をしたりする場合は、いじめという言葉は使うべきでないということである。いじめという言葉を使うためには、力のアンバランス（非対称的な力関係）がなければならない」と続けている。

これを整理すると、①「相手に被害を与える行為」、②「反復性」、③「力の不均衡」、の3つの要素になる。さらにいうならば、この3要素は、オルヴェウス以外の定義にもほぼ共通してみられるものだ。

ここであらためていじめ防止対策推進法の定義を考えてみよう。文部科学省が平成17年度まで使っていた旧定義は、この3要素を含んでいる。それに対し、いじめ防止対策推進法の定義では、②と③を含まないどころか、その意図から考えて、定義に②と③を含めてしまうことこそがいじめ対応を遅らせる原因になるとしている。

ちなみに、わが国のいじめ研究を牽引する森田（1984）は、「いじめとは同一集団内の相互作用過程において優位に立つ一方が、意識的にあるいは集合的に他方に対して精神的・身体的苦痛を与えることである」としている。ここには③の「力の不均衡」が含まれているが、②の「反復性」は含まれず、文部科学省の旧定義といじめ防止対策推進法の現定義の中間に位置しているようにみえる。

学校現場に戻って考える

研究は、現場に還元されなければ意味がない。こと、いじめに関していうならば、この深刻な状況から考えて、学校現場に活かすという発想は不可欠だ。

では、いじめ防止対策推進法の定義を含め、それが現場で使えるのかどうか、事例を挙げて検討してみよう。

たとえば、"肩パン遊び"というものがある。肩のところを勢いよくパンチすることであり、中高生の男子では日常的なじゃれ合いとしてよくみられるものだ。だが、いじめとの関連が指摘されており、実際、2007年には傷害罪として立件される事案があった。

教員であるあなたが、生徒たちがこの肩パン遊びをしているところに遭遇したとする。どうやら被害を受けている生徒は一人のようだ。そこで考えなければならない。オルヴェウスの3要素でいじめの切り分けが可能か、それともいじめ防止対策推進法の定義が主張するように、「相手に影響する行為」と「被害者の心身の苦痛」という2つの要件に頼るべきだろうか。

　まずオルヴェウスの3要素で検討してみよう。①「相手に被害を与える行為」は疑いなく満たすので、②「反復性」と③「力の不均衡」に注目すべきだろう。

　まず反復性の有無だが、子どもがそれを申告すれば問題ない。しかし、そうでなければ、大人がずっと監視するわけにはいかず、その判断は意外に難しい。しかし、実はオルヴェウスも、「たった1回のひどい嫌がらせでも、状況次第ではいじめとみなせることがある」としている。よって、「反復性」は不問にし、「力の不均衡」が存在するかどうかの検討に進むことにしよう。

　被害者が明らかに弱くて、力の不均衡がはっきりとわかる場合もある。だが、ある半年間で子どもの4～5割以上が加害経験をもつが、次の半年間でかなりの部分が入れ替わるという調査もある（国立教育政策研究所 生徒指導・進路指導研究センター, 2013b）。極端な話、そのときの被害者は、昨日の加害者だったかもしれない。その場合の判断はかなり難しく、できる教師もいるだろうが、できない教師も少なくないだろう。だとすると、「力の不均衡」の有無をいじめ判断の切り札にするのは困難だし、文部科学省が危惧するとおり、教師間で議論になることが多いかもしれない。

　では、いじめ防止対策推進法の定義はどうだろうか。

　行為があるのはわかっているので、「被害者の心身の苦痛」について検討してみたい。

　「いじめの防止等のための基本的な方針」（文部科学省, 2017a）には、「被害者の心身の苦痛」について、限定して考えるべきでないという注釈がある。引用すると、「例えばいじめられていても、本人がそれを否定する場合が多々あることを踏まえ、当該児童生徒の表情や様子をきめ細かく観察するなどして確認する必要がある」とされている。また、特定の教職員が勝手に判断するのではなく、学校に設けられたいじめ対策組織を活用するよう注意を呼びかけている。

　しかし、それでも簡単ではないだろう。

　何しろ、痛みには個人差がある。子どもがみずから言ってくれればよいが、

そうはいかない。被害を受けている子どもが、自分の被害体験を大人に訴えることは珍しい。いじめ被害にあっている子どもの 47.8％が「自分がいじめられていることを先生は知らない」と答えたというデータもある（森田, 2001）。それに、精神的な苦痛が激しいあまり、それを表明する意欲が削がれてしまうことだってある。逆に、苦痛を訴えれば自分の立場が守られると計算したうえで話を持ち出す子どももいる。

では、外からみて子どもの心身の苦痛がわかるか、ということになる。そうすると「力の不均衡」同様、議論になるかもしれない。

キーワードを使う

では、どうすればよいか。いじめを、いじめでないものから切り分け、その危険を早く察知し、いじめが深刻化する前に手を打つことができる、いわば「使える定義」はないのか？

ないはずがない。実際、アメリカをはじめとする欧米各国では、さまざまないじめの予防プログラムが実施され、その多くのプログラムで、いじめの定義が使われているのだ。なかには、効果が科学的に実証されているものもある。それらの実践から学ぶことができるだろう。

最も有名ないじめ予防プログラムは、前述のオルヴェウスのものであり、すでに日本語に翻訳がされている。そのプログラムでは、当然、オルヴェウスの定義が採用され、3つの要素として紹介されている。そして、これらを子どもたちに教え、子どもたち自身が判断すべきだとする。

子どもは教師に言わない可能性があるし、教師も見つけられないかもしれない。とするならば、子ども自身が判断すればいい。「力の不均衡」にしろ、「被害者の苦痛」にしろ、子どもの意見を尊重すべきだ。教師が無駄な議論をするよりずっといいだろう。つまり、定義を使うのは、当事者である子どもであるという発想だ。

そして、さらにユニークで興味深いのは、マーラ・ボンズら（Bonds & Stoker, 2000）の Bully Proofing Your School（BPYS）というプログラムで用いられるいじめの定義だ。

このプログラムでは、いじめを 4 つのキーワードで定義する。そのうち 3 つはオルヴェウスの 3 要素と同じだが、そこにもう 1 つのキーワードが付け加えられている点に、このプログラムの特長がある。
　キーワード化されているのは、現場で使うことを念頭においているからだ。いじめは、子どもたちの間で生じている。ボンズらは、子ども自身が、自分が直面している状況を、いじめかいじめでないか判断すべきだとする。だから、簡単なキーワードを提供するのだ。それにより、トレーニングを受けた一握りの教員だけでなく、多くのスタッフや保護者とも共有が可能になる。
　このプログラムの特徴である 4 つ目のキーワードとして彼らが加えたのは、「不公平な影響」というものだった。実はここにもまた、これまでの研究に裏打ちされた、現場で使うための工夫がみられるのである。

いじめの定義を現場で使う意味

　ボンズらが BPYS で挙げた 4 つのキーワードは、現場で使うことを想定しているため、非常にわかりやすくできている。「現場で使う」とは、子どもも教師も保護者も、「いじめ」と、「いじめではない通常の子ども同士の争い」を、ある程度明確に分けることができることを意味している。
　「いじめではない通常の子ども同士の争い」であるならば、その解決は当事者である子どもに委ねられなければならない。将来、子どもたちが社会の一員として生きていく以上、他人との争いは避けられない。職場でも家庭でも、意見の相違があるのは当然だ。よって、これらをみずからの力で解決するスキルを身につけさせることは非常に重要であり、その貴重な機会を子どもたちから取り上げるべきではない。子ども同士の争いのすべてに大人が介入すべきではないし、いちいち「これはいじめではないから、自分たちで解決しなさい」「これはいじめだから、とにかくやめなさい」のように選別することも不可能だろう。
　だから、子ども自身が、自分の身に降りかかるトラブルについて、「これは自分たちの力で解決すべきだ」とか、「これはいじめに発展する可能性が高いから第三者の助けを得よう」と判断することが必要になる。いじめの定義の共有は、いじめの予防および撲滅はもちろん、子どもたちにとって貴重な学びの

場を守ることにもつながるのである。

ボンズらの4つのキーワード

　では、ボンズらが提唱する4つのキーワードを1つずつみていくことにしよう。

　① 相手に被害を与える行為
　「被害を与える行為」について、オルヴェウスらは、「ある生徒が他の生徒に意図的に攻撃を加えたり、加えようとしたり、怪我をさせたり、不安を与えたりすること」とし、さらに「口で脅したり、侮辱したり、強要したり、悪口を言ったりなど、口頭によるものもあれば、殴ったり、押したり、蹴ったり、つねったり、監禁するなど、暴力を使うものもある。さらに、しかめ面をしてみせたり、卑わいなジェスチャーをしたり、意図的に誰かをグループから締め出したり、友だちとの仲を割くなど、言葉も暴力も使わないものもある」と具体化している。

　他方、ボンズらによるいじめ予防プログラムBPYSでは、いじめの種類として、「身体的いじめ」「社会的いじめ」「言葉によるいじめ」「脅し」「人種や民族についての嫌がらせ」「性的いじめ」を挙げ、それぞれ深刻なものから軽微なものまでリストアップしている。

　このように具体化したりリストアップしたりするのは、同じ行動を見ても、人によって「それがいじめかどうか」の基準が違ってしまうことを防ぐためだと考えられる。

　たとえば、オルヴェウスの定義のなかにある「悪口を言う」が、ボンズのリストでは「見ためをからかう」「あだ名で呼ぶ」「馬鹿にする」「服や持ち物をからかう」などに細分化されている。これらは、場合によっては「そんな小さなことに目くじらをたてなくてもよいのではないか」と言われてしまうことがありうるだからだろう。

② 反復性

　オルヴェウスらは、「ある生徒が、繰り返し、長期にわたって、一人または複数の生徒による拒否的行動にさらされている場合、その生徒をいじめられていると定義する」としている。さらに、「たった1回のひどい嫌がらせでも、状況次第ではいじめとみなせることもあるが、いじめの定義からすれば、拒否的行動が『繰り返し、長期にわたって』行われることが重要である」と反復性について強調する。

　しかし、森田（2010）はこの点について、「定義には現象のすべてをカバーし、そこから漏れる事例がないようにすることが求められる」と異議を唱える。そして森田は、この要素を定義の構成要件から除外している。

　またグレイ（Gray, 2003）は、発達障害、とくに自閉スペクトラム症（ASD）支援の立場から、「いじめは単発の事象として発生することがある」とし、さらに、ASDの子どもが「いじめとは反復性があるもの」と教えられた結果、それを字義どおりに解釈することから、状況が深刻になるまで被害の事実を訴えられない場合があるという点に注意を呼びかけている。

　実際これまでも、被害にあった子どもと保護者がそのことを学校や教育委員会に訴えても、「継続性（反復性）が確認できない」として対応がなされなかったことがあったといわれている。よってこのキーワードは、オルヴェウスやグレイが指摘するとおり、「単発でも深刻な場合がある」ことに注意を促したうえで使用する必要があるだろう。

③ 力の不均衡

　いじめの加害者と被害者の間には、「力の不均衡」がある。

　加害者が肉体的に力が強く、被害者が弱い（たとえばジャイアンとのび太のように）、というのがすぐに想像できる姿だが、それだけではない。精神的にタフな者とそうでない者、知的に高い者とそうでない者、仲間がいる者と孤立している者など、さまざまな「力の不均衡」が存在する。

　場合によっては、加害者が肉体的にも精神的にも強いうえに集団のリーダーを兼ねるなど、被害者との間に絶対的な力の差が生じている場合もある。さらにいえば、今まで挙げたようなものではなく、たとえば一方がインターネットや情報機器の取り扱いに優れ、一方がまったく知らないという情報力の差や、

家庭背景（保護者の年収差など）、公的なポジション（クラス委員、部長などの役職、チームのレギュラーなど）が「力の不均衡」を作り出すかもしれない。

しかも、その「力の不均衡」は、簡単にひっくり返る可能性がある。たとえば、昨日までスポーツのチームでレギュラーだった生徒が、突然、補欠に回ることで力を失うかもしれない。数日間の欠席が、グループでの立場を危うくすることもある。当事者でなければわからない微妙なバランスのなかに、「力の不均衡」が存在することも少なくないのだ。

ただし、ここで確認すべきなのは、だからといって「力の不均衡」をなくすことはできない、ということだ。

むしろ、人が集まれば、そこに「力の不均衡」が存在するのは当たり前だ。さまざまな能力に個人差が存在するだろうし、グループが大きくなれば役職をおかねばならない。子どもの世界では、年齢差は発達の差に反映し、大人では考えられない力の差を生む。「力の不均衡」を闇雲になくそうとすれば、かえって不健全な集団が作られる。大人の社会にも「力の不均衡」は存在するのだから、それを踏まえたうえで、いじめについて考えなければならない。

このことについて森田（2010）は、いじめ研究者の一人、スミスの言葉を借りつつ、いじめについて「単に力の不均衡に留まらず、力の乱用が必須の条件であろう」と論じ、さらに「力の不均衡は元々存在するものである。しかし、それが許される範囲を超えるならば、他者への攻撃、犯罪、虐待、ハラスメントになる」としている。

具体的な事例はいくらでも挙げられる。子どものいじめというテーマからは少し逸れるが、上司と部下の関係も、業務の範囲であれば問題ないが、業務外、たとえばプライベートなことに及ぶとパワーハラスメントになる。大学の教授と研究員の間で問題になるアカデミックハラスメントも、男女間のセクシュアルハラスメントも同様だ。大人と子どもの間にも、「力の不均衡」は存在し、それゆえ大人は子どもを指導・支援していく必要があるが、その力が乱用されると虐待、不適切な養育、体罰になる。つまり、「力の不均衡」に根差した「力の乱用」こそ問題なのである。

④ 不公平な影響

このキーワードはボンズらのオリジナルだが、その意味は大きい。「不公平

な影響」——すなわち、被害者と加害者が受ける影響には不公平が存在することをいう。

被害者は、大きな影響を受けるのが普通だ。傷つき、悲しみ、情けなくなり、大きな感情的反応が起きる。うつ状態になる人もいるだろうし、恐怖のあまり学校に行けなくなる人もいるかもしれない。自己肯定感が下がり、「自分はいじめられても仕方がない存在なのだ」とか、「いじめを受けるのは自分が劣った人間だからだ」などと思ってしまう場合もある。

一方、加害者の側は、こうした反応を起こさない。加害者について考察する第2章で触れるが、彼らは共感性をなくし、間違った考え（シンキング・エラー）をもつ。たとえば「そのくらいのことはしていいのだ」「これは遊びだ」などと考えてしまうため、その深刻さに気づかない。だから罪悪感もなければ解決しようとする気もない。誰かから注意されても、大いばりで反論する。そんなつもりはない、相手が悪いのだ、と。

このキーワードは、いじめの本質をついている。実際自分が被害者だったときの悲しさ、苦しさは忘れられないのに対し、図らずも加害者になったときは、残念ながら言い訳でいっぱいになり、事実の重さに向き合うことが難しくなるという経験は、誰もが思い当たることだろう。

介入が必要になるケースの見極め
──いじめを深刻化させる2つの条件

ボンズらが提唱する4つのキーワードのなかでとくに注目すべきは、「力の不均衡」と「不公平な影響」である。

いじめ関係に陥ると、「力の不均衡」があるため、被害者が異議申し立てをすることは難しい。何しろ相手の力が強くて、怖いのである。やり返すこともできなければ、嫌だと言うこともできない。もしもそれが可能ならば、そこに「力の不均衡」は存在せず、これこそ「通常の子ども同士の争い」になる。

いじめ関係に陥ると、被害者は無力になる。被害者に対して、「やり返せ」とか「強くなれ」と言うのは無意味だし、「あなたが隙を見せたから悪い」などと断罪したところで解決に結びつかないのは当然だろう。

加害者がいじめ関係をやめればよいのだが、残念ながら「不公平な影響」があるため、気づけないのである。このことは、これだけいじめについての報道がなされているにもかかわらず、いじめ事件は起こり、いじめに傷つく子どもが減らないことからも想像がつく。
　つまり、「力の不均衡」と「不公平な影響」のために、当事者である被害者も加害者もいじめ関係をやめることができず、一度できてしまった関係は保持され、深刻化する。
　では、どうすればよいのか。
　当事者には解決が難しいわけだから、第三者の介入が必要になるのである。

キーワードの共有
──「シンキング・エラー」と「アンバランス・パワー」

　わが国では、法律にある「いじめの定義」を尊重しなければならない。したがって、ボンズらの提唱する４つのキーワードを「いじめの定義」として学校に持ち込むことはふさわしくない。
　そこで提案したいのは、ボンズらの４つのキーワードのうち、とくに重要な２つのキーワードを、「いじめを深刻化させるキーワード」として共有することだ。
　重要な２つとは、「力の不均衡」と「不公平な影響」である。前節で説明したとおり、この２つが揃うと当事者同士では解決できなくなる。だから、自力で解決しようとせず、周囲に助けを求めなければならない。
　ただ、「力の不均衡」「不公平な影響」という言葉が、子どもたちにとってわかりにくいのではないかとの指摘があった。子どもが使えなければ、キーワードとして提供する意味がない。そこで私たちは、「力の不均衡」を「アンバランス・パワー」と言い換え、「不公平な影響」を「シンキング・エラー」と言い換えることにした。
　「不公平な影響」と「シンキング・エラー」は、同じものに思えないかもしれない。しかし、「不公平な影響」が「加害者が被害者ほど深刻に事態を捉えないこと」であるならば、その理由として挙げられる「シンキング・エラー」

をキーワードとして用いたほうがわかりやすいのではないかと考えたのである。「シンキング・エラー」については第2章でくわしく説明していくので、そちらを参照してほしい。

さて、大阪の教師向けにこの話をしたとき、ある高等学校の教員が次のようにコメントした。

「生徒といじめの話をしたとき、『いじめ』と『いじり』の境界はどこにあるのか、ということで議論になったことがある。『いじり』も十分に問題だし、現定義では、『いじめ』とすべきだと思うが、子どもたちは、それは大阪の文化であり、これまでダメだと言われると息が詰まってしまう、と言う。2つの『いじめを深刻化させるキーワード』を知って、その境界がわかったように思う。『アンバランス・パワー』がない、つまり相手の『いじり』に対して言い返せるうちはたしかに『いじり』としてすませられるだろうが、『アンバランス・パワー』が生じて、言い返せなくなったとき、それは『深刻化するいじめ』に変わってしまっているのだと思う」

また、このキーワードを生徒に教えた中学校の教員から次のような報告を受けた。

「キーワードを子どもたちに教えた後、それを教室の横に掲示しておいたんです。それからしばらく後、子どもたちがその掲示物のところに集まって何か話をしていたので、近づいてみると、そのキーワードを指さしながら、『おい、僕は大丈夫かな？　何か間違ったことしてない？　さっきのこと、傷つけたかな？　僕は冗談のつもりなんだけど、"シンキング・エラー"を起こしていないかな』みたいなことを話していたんです。これは、いじめの加害者にならないように、気をつけていることだと思いました」

とくに女子のいじめは、グループ内でひそかに発生し、いつの間にか深刻になることが多いといわれている。当然、大人にはみえない。とすると、子どもたち自身が、この「いじめを深刻化させる2つのキーワード」である「アンバランス・パワー」と「シンキング・エラー」を使って、いじめの危険性を認識し、みずからの状態をモニタリングしながら、自分や相手の立場を考えていくことが重要だし、それがいじめ予防になるといえるだろう。

わが国の法律では「いじめの行為」と「被害者の心身の苦痛」があれば、それを「いじめ」と認定することができるが、これはあくまでもいじめを認知し、

積極的に対応しようとする教師側が使うことを想定している。

　子どもたちは、友人とのさまざまなトラブルを抱えている。それらの多くは法律の要件に当てはまるが、それをすべて「いじめ」として外部の助けを求めさせるのは難しいし、それは彼らの成長の機会を奪ってしまうという意味で好ましくないことかもしれない。しかし、その延長線上に深刻ないじめがあるのも事実である。だからこそ、この「いじめを深刻化させる2つのキーワード」を共有する意義がある。

　そして、「アンバランス・パワー」と「シンキング・エラー」が「いじめを深刻化させるキーワード」であるならば、この2つのうちどちらかを崩せば、いじめは深刻化しない——すなわち解決可能になることに気づくべきだろう。

第1章のまとめ

- ★いじめの定義を明確にすることは、対応を考えるうえで重要である。いじめ防止対策推進法の定義は、「相手に影響する行為」と「被害者の心身の苦痛」の2要件を重視している。
- ★研究の世界では、ダン・オルヴェウスの定義が代表的で、それは「相手に被害を与える行為」「反復性」「力の不均衡」の3要件からなる。
- ★いじめ防止対策推進法の定義や文部科学省の「いじめの防止等のための基本的な方針」は、いじめを広く捉え、教師がいじめを素早く認知・対応できるようにしようとしている。
- ★学校でのいじめ予防を考えるならば、子どもたちに対し、いじめの定義をキーワードとしてわかりやすく提示するのがよい。
- ★わが国では、法律の定義を尊重すべきである。そこで、「いじめを深刻化させる2つのキーワード」として、「アンバランス・パワー」と「シンキング・エラー」を共有したい。この2つの要件が揃うと、当事者同士では解決できなくなってしまう。

第2章 加害者
——シンキング・エラーをどう正すか

加害者は、なぜいじめをするのか

　悲しいことに、いじめに起因する、もしくは、起因すると考えられる事件が続いている。2013年にいじめ防止対策推進法が成立・施行されたが、法律に定められるまでもなく、いじめが許されないことは誰もが知っている。これだけ話題になっているのだ。何らかの事情がない限り、すべての子どもが「いじめはしてはいけない」とわかっていることだろう。

　だが、それでもいじめは減らない。いじめが悪いとわかっているのならば、いじめをしなければよいのではないか。いじめの加害者は、悪いとわかっているのに、なぜやるのか。

　その問いに対しては、前章で紹介した「いじめを深刻化させる2つのキーワード」のうち「シンキング・エラー」が1つの回答を与える。

　くわしくは前章で述べたが、ボンズらが提唱するいじめの4つのキーワードの1つに「不公平な影響」がある。その「不公平な影響」のために、いじめの加害者は、加害行為をしていてもそのことに気づけない。たとえそれが被害者を痛めつける行為であったとしても、「あれは遊びだった」「自分にはそういうことをしてよい権限がある」「これは指導なのだ」などと考える。これが「シンキング・エラー（間違った考え）」なのである。

　実際、殴る蹴るなど、尋常ではないひどいいじめでも、加害者は決まって「遊びだった」「このくらい、してもいいと思った」のようなことを言う。仲間外れ、からかいなど、冷静に考えれば相手が傷つくことくらいわかりそうに思うのだが、子どもたちは、安易に行動をエスカレートさせる。もちろん彼らは、被害者の気持ちに共感することはない。相手の気持ちを考えないからこそ、どんな

いじめも正当化される。

　つまり、いじめ加害者の最も顕著な特徴は、「共感性のなさに基づくシンキング・エラー」なのである。

　たとえば、中高の運動部で先輩が後輩をいじめることは少なくない。先輩が後輩を怒鳴りつけたり、ときに殴ったりするのは、指導しているつもりかもしれない。だが、そこには加害行為があるし、そのために後輩が心身の苦痛を感じているわけだから、いじめ防止対策推進法の定義を持ち出すまでもなく、これはいじめとなる。さらに「アンバランス・パワー」があり「シンキング・エラー」があると考えれば、当事者同士では解決できないメカニズムに陥っている。深刻化する可能性が高いと考えるべきだ。

　同様の例はいくらでも挙げられる。仲間うちの楽しみのために、「遊びだ」という認識のもと、特定の子どもを仲間外れにしたり無視したりする、「あいつには、そういう扱いをしてもいいんだ」と何の根拠もなく思い込んで、同じく特定の子どもに暴力を振るい続けたり、命令をし続けたりするなどだ。非人道的なことでさえ、加害者たちにそのような認識はない。いわば「仲間」という密室のなかで、間違った考えに支配されてしまう。

　シンキング・エラーは、いじめ加害の正当化であるということもできる。久保田（2003）は、非行研究で知られるマッツァらの「中和の技術」を参考に調査を行い、いじめ加害者が、「相手が悪いから」「遊びだから」などを加害行為の理由としていることを報告しているが、まさにこれらは加害者のシンキング・エラーといえよう。

　彼らは、いじめが悪いことであると知っている。だが、みずからがしていることがいじめだと認識していないのである。

加害者が加害者になる理由

　いじめの定義から考えると、加害者の特徴がシンキング・エラーにあることがわかるわけだが、ではどうして彼らは、シンキング・エラーをもつに至ったのだろうか。

　このことについて先行研究を調べてみると、まず欧米の研究の多くが、生ま

れながらの気質、保護者の養育態度などが、いじめ加害者に大きな影響を与えていると指摘している。

しかし、国立教育政策研究所の元統括研究官で、日本のいじめ研究の第一人者である滝（2007b）は、欧米の研究では、いじめと暴力行為が同列に扱われている場合が多く、そのままわが国に持ち込むことは難しいと繰り返し述べている。同様の指摘は他にもあり、たとえば、全国都道府県教育長協議会総合部会（2015）の報告でも、欧米のいじめ研究では、ノルウェーやイギリスを除いて、いじめを特定の社会問題としてみなさず、校内暴力を含んだ幅広い文脈で捉えている国が多いとしている。

ただし、そうした異論があることを割り引いても、欧米の研究は、現場の対応方法について多くの示唆を与えているように思える。オーピナスら（Orpinas & Horne, 2006）は、"Bullying Prevention"（いじめ予防）という著書のなかで、Bullying（いじめ）と Aggression（攻撃行動）を同列に扱ったうえで、そうした行動のリスクを高める要因として、これまでの研究から「子どもの攻撃行動での成功体験」「子どもの問題解決スキルの欠如」「子どもの発達障害」「よくない親子関係」「親の子どもへの関心の欠如」「虐待」「友だちのいじめ行動の目撃」「学校風土の悪さ」「教員の指導の不十分さ」「学校にいじめ対策がないこと」「大人のいじめ行動の目撃」「体罰など痛みを伴う指導システムの存在」などが挙げられるとし、これらの要因を減らすことの必要性を訴えている。

このことは、いじめの加害者がシンキング・エラーをもつに至った理由を説明しているように思われる。

実は、ボンズら（Bonds & Stoker, 2000）は、いじめ加害者の身近に、シンキング・エラーに基づいた行動をするモデルが、現在もしくは過去に存在している可能性を指摘しているのである。つまり、オーピナスらが挙げた要因のうち、たとえば「虐待」「友だちのいじめ行動の目撃」「体罰など痛みを伴う指導システムの存在」などが、シンキング・エラーに基づく行動のモデルとして作用しているのではないだろうか。

このことについて、久保田（2003）は、被害経験のある者ほどいじめ加害を正当化しようとする傾向にあること、すなわちシンキング・エラーを起こしがちであることを報告している。これも、いじめ加害にはモデル（自分が被害にあったときの加害者）がいることを示唆しているように思える。

一方、国立教育政策研究所は1998年からいじめの追跡調査を実施しているが、その報告で一貫して主張しているのは、「いじめにピークはない」「いじめはどんな学校でもどんな学年でも生じうる」「いじめられっ子（いじめられやすい子ども）やいじめっ子（いじめをしやすい子ども）は存在しない」ということである。

　本章のテーマである加害者については、中学校で「週に1回以上」という高頻度の加害経験があると答えた生徒は、毎回の調査時に5〜12％存在していた。しかし、半年後にはその半数がいじめを継続しておらず、中学3年の11月まで継続した者は0.3％にすぎない。この0.3％を無視することはできないとも思うが、ここでの結論は、誰でもいじめの加害者になりうるということだ。

　さらにこの調査では、いじめに向かわせる要因として、「友人ストレッサー（ストレスの原因）」、さまざまなストレッサーを作り出す「競争的価値観」、そして、さまざまなストレッサーの影響を受ける位置にある「不機嫌怒りストレス」の3つを挙げている。つまり、いじめ加害者が加害者になる原因は、特定の個人要因や環境要因ではなくストレスであるという「いじめ−ストレスモデル」を提唱している。

　たしかにストレスは、いじめを引き起こすだろう。だが、他の問題行動とも関係があるだろうし、ストレスを感じやすくする別の要因、たとえば個人の脆弱さや、学校や家庭環境の問題との関連について、さらに突っ込んだ分析が必要かもしれない。

加害者への支援

　欧米の研究は、いじめと攻撃行動を十分に分けきれていないが、両方とも学校現場で問題となっていることには変わりないのだから、これらの知見も利用すべきだろう。前述のとおり、シンキング・エラーを得る過程で何らかのモデルの存在が不可欠であるとするならば、説得力は高いし、いじめに加えて暴力行為も減らせるならばそのほうがよい。ストレスがいじめを引き起こすという国立教育政策研究所の指摘も、もちろん重要であり、ストレッサーの軽減や友だちとの好ましい人間関係の育成が必要であろう。両者ともに、子どもをいじめの加害者にさせないという予防的な視点から重要な研究結果である。

しかし、今、教育現場で最も必要とされている情報は、いじめの加害をしてしまった子どもに対する指導支援の方法である。

いじめを認知したとき、学校は何をどうすればよいのか。いじめ防止対策推進法が施行されている今、すべての学校にいじめ発生時の組織的対応が求められているが、その具体化こそ、現場の課題といえるだろう。

文部科学省が 2013 年に発表した「学校における『いじめの防止』『早期発見』『いじめに対する措置』のポイント」（文部科学省，2013d）には、以下のような記述がある。

> いじめたとされる児童生徒からも事実関係の聴取を行い、いじめがあったことが確認された場合、学校は、複数の教職員が連携し、必要に応じて心理や福祉等の専門家、教員・警察官経験者など外部専門家の協力を得て、組織的に、いじめをやめさせ、その再発を防止する措置をとる。
> 　また、事実関係を聴取したら、迅速に保護者に連絡し、事実に対する保護者の理解や納得を得た上、学校と保護者が連携して以後の対応を適切に行えるよう保護者の協力を求めるとともに、保護者に対する継続的な助言を行う。
> 　いじめた児童生徒への指導に当たっては、いじめは人格を傷つけ、生命、身体又は財産を脅かす行為であることを理解させ、自らの行為の責任を自覚させる。なお、いじめた児童生徒が抱える問題など、いじめの背景にも目を向け、当該児童生徒の安心・安全、健全な人格の発達に配慮する。児童生徒の個人情報の取扱い等、プライバシーには十分に留意して以後の対応を行っていく。いじめの状況に応じて、心理的な孤立感・疎外感を与えないよう一定の教育的配慮の下、特別の指導計画による指導のほか、さらに出席停止や警察との連携による措置も含め、毅然とした対応をする。教育上必要があると認めるときは、学校教育法第 11 条の規定に基づき、適切に、児童生徒に対して懲戒を加えることも考えられる。
> 　ただし、いじめには様々な要因があることに鑑み、懲戒を加える際には、主観的な感情に任せて一方的に行うのではなく、教育的配慮に十分に留意し、いじめた児童生徒が自ら行為の悪質性を理解し、健全な人間関係を育むことができるよう成長を促す目的で行う。

まとめるならば、①深刻な場合は、警察をはじめとする専門家と連携をとること、②事実の確認のうえ、保護者の協力を求めること、③いじめの加害者である児童生徒には、いじめの行為の責任を理解させることを主にしつつ、発達段階等に応じて指導したり罰を与えたりすること、となるだろう。つまりは教育的な立場による対応を求めている。

大切なことではあるが、加害者である子どもに対する具体的な対応方法については現場に任されているようにみえる。また、奈良県教育委員会 (2009) がまとめている「事例から学ぶいじめ対応集」でも、小学校から高等学校まで17の事例を紹介しているが、基本的な対応方針は ①いじめ行為は、「命にかかわる重大なこと」であることを気付かせ、毅然とした態度で指導する、②いじめられた者の苦しみや心の痛みに気付かせる、とするに留まっている。

一方、4つのキーワードを提示して、子どもたちに対していじめの定義の理解を求めているボンズらは、より具体的な指導方法の提供を試みている。キーワードにある「不公平な影響」に戻り、彼らのいじめ行動の背後にシンキング・エラーがあることを重視するのだ。

間違った行動に罰を与えることは否定しない。深刻ならば、法的な措置もやむをえない。毅然とした態度で、自分がしたことの問題に気づかせるが、同時に、それらの行動の背景にあるシンキング・エラーの是正をしなければ、彼らは同じ問題を繰り返してしまうとボンズらは言う。

いじめがいけないとわかっていない子どもはいない。問題は、自分のした行為をいじめだとわかっていないことだったり、そうしてもやむをえないと考えていることだったりする。これらのシンキング・エラーは、彼らの「言い訳」となって現れる。

ボンズらは、これら一つひとつを正し、とるべき行動を教え、支援するという立場をとる。表2-1に例を挙げるが、これらの修正は、一度だけですむものではなく、継続して行うべきだろう。

さらに、いじめ加害者の特徴がシンキング・エラーにあるという見解は、加害者自身を大切にすることにもつながる。

考えてみてほしい。いじめ加害者は、自分のしたことをいじめだと認識していなかったり、深刻に考えていなかったりする場合が多い。よって彼らは、い

表2-1 シンキング・エラーへの対応

シンキング・エラー	シンキング・エラーへの対応
[被害者意識]	
（そのいじめは）他の人が始めたから仕方がなかった。（いじめを）やらざるをえなかった。	他の人の行動ではなく、自分の行動として考えさせる。
[他人を傷つけることの認識のなさ]	
そんなことで傷つくと思わなかった。相手の気持ちは考えていなかった。	自分がその人の立場だったらどう感じるのか考えさせる。
[自分勝手]	
やりたくないこと、つまらないと思うことはやらなくてもよい。やりたいことは、いつでもやりたいようにやってよい。	やりたくないこと、つまらないことでも、やらなければならない場合があること、逆にやりたいことを我慢しなければならない場合があることを説明する。
[怒り]	
怒りによって他人をコントロールできる。怒りを、脅迫、皮肉、暴力などの形で直接表現してもよい。	怒りの原因に気づかせる。怒らなくてすむ方法を考えたほうが、本人にとっても周りにとってもよいことに気づかせる。
[勝ち負け判断]	
いつも1番にならなければならない。1番でなければ負け。	物事にはさまざまな段階があり、負けることから学ぶことが多いことを知らせる。

じめ加害を指摘されたとき、被害者感情を抱いたり反抗したりと、さまざまな反応を起こすだろう。

　そこで支援者は、「いじめを深刻化させるキーワード」の1つにシンキング・エラーがあることを告げ、気づかないうちに加害者になりうることを説明する。そして、そのシンキング・エラーさえ直せば、二度といじめの加害者にはならないと指導すればよい。これは、いじめ加害者の人格を否定することではない。時間はかかるだろうが、そうしたぶれない説明を受ければ、加害者も、「そうか、間違いは修正すればいいんだ」と納得し、前向きになれるだろう。

　加えていうならば、いじめの加害者は、「いじめを深刻化させる2つのキーワード」のアンバランス・パワーにおいて、強者の側に存在する。

　肉体的優位に限らず、知性、社会性など、何らかの面でパワーをもっている子どもである可能性が高い。逆にいえば、シンキング・エラーがあったがために間違った行動をしてしまったが、そこさえ修正すれば、集団のリーダーとなれる潜在的な力をもっている者であり、そこに教育の可能性が存在するといえるのである。

加害者の予後

いじめの被害にあった者は、肉体的にも精神的にもかなりのダメージを受けることは想像にかたくないが、加害者のほうはどうだろうか。

いじめ加害者の予後について、オルヴェウス（Olweus, 1987）は、8歳のときにいじめの加害者だとされた男児は、24歳の時点で、それまでに犯罪をした経験のある確率がそうでない子どもの6倍だったと報告している。ただし、このオルヴェウスの研究は、男児の攻撃行動（aggression）に関する調査結果であり、いじめと結びつけるのはよくないのではないか、との批判（森田, 2001）があるため、注意しなければならない。

一方、コープランドら（Copeland et al., 2013）は、いじめ（Bullying）について1420人の子どもを詳細に調査している。対象の子どもたちが6〜16歳のときに4〜6回、いじめについて調査をすることで、彼らをいじめの被害者、加害者、そのどちらも経験した者の3つのカテゴリーに分けて追跡し、19〜26歳になったときの精神状態を調べた。結果、加害者は反社会性パーソナリティ障害（Antisocial personality disorder）になるリスクがそうでない者の4倍程度あった。また加害と被害の両方を経験した者は、うつ、不安障害、パニック障害、自殺企図などのリスクが、そうした経験をしていない者より高かったのはもちろん、被害経験のみの者よりも高かったという。

現場を預かる教師はもちろん、子育てに関係するすべての人にとって、いじめだろうが、暴力行為であろうが、加害者の将来に悪影響が及ぶとの研究は、大きなインパクトをもつ。いじめの予防、撲滅は、被害者だけでなく加害者の将来を救うことにもなるとわかるからだ。

いじめ加害者の特徴がシンキング・エラーにあるのならば、そこから生まれた行動はもちろん、考えそのものも正さなければならない。シンキング・エラーをそのままにし、いじめ行動を放置したり、一過性の罰を与えてすませたりしたならば、彼らは、いじめを問題ないこととして記憶する。彼らの将来を考えるならば、共感性に基づいた正しい考え方を身につけさせるべきだろう。

第2章のまとめ

★ いじめ加害者の特徴として、「(共感性のなさに基づく) シンキング・エラー」がある。

★ シンキング・エラーとは、誰かを傷つけていても「遊びだ」「自分にはそうしてよい権利がある」などと捉える間違った考えである。

★ 加害者の周りには、同じような行動をするモデルが存在する可能性があり、それは大人であるかもしれない。

★ 加害者に対して、彼らのシンキング・エラーを修正する支援が重要である。

★ いじめ加害は、加害者の予後に負の影響を与えることがわかっている。シンキング・エラーを放置すると、いじめ行動を問題ないものとして学習してしまうためである。

第3章 被害者
——沈黙・孤立を防ぐために

被害者は悪くない

　いじめの被害にあった子どもを叱る大人がいる。責任を追及する者さえいる。
「隙を見せるから悪い」「やり返せばいい」「うまく立ち回ればいい」「悔しかったら、別のことで（たとえば成績で）見返してやれ」
　この手の言葉は、誰もが聞いたことがあるはずだし、いまだにそのように信じている人も多いかもしれない。だが、いじめ被害者のケアを考えたとき、これらの言葉を明確に否定することが重要である。そこから始めないことには、先に進めない。
　強調しておこう。
　いじめの被害者は悪くない。たとえ、被害者自身がいじめを招くような行動をしていたとしても、である。
　たとえば、どんなに嫌な人であっても、私たちはその人を傷つけることはできない。相手に落ち度があっても、相手がこちらを傷つける言動をしてきたとしても、その人を殴ったり、名誉を貶めるようなことを言ったりしてはならない。なぜなら、すべての人の人権が守られるのが私たちの社会だからだ。
　いじめの被害者のなかには、友だちづきあいが下手な子どもがいる。また、人の気持ちを逆なでするような言動をとる子どももいる。だが、それでも彼らはいじめられてよい存在ではない。
　「いじめを深刻化させる2つのキーワード」が当てはまるとするならば、いじめ被害者は、アンバランス・パワーがある両者のうち、弱者の側である。そのためやり返すことができず、いじめ関係のなかで苦しんでしまう。
　しかし、「弱い」ことは悪ではない。

たとえば、障害がある人は、障害がない人に比べると弱者にならざるをえないだろう。貧困状態の人もそうだし、高齢者もそうかもしれない。いや、普通の生活の、平等だと思われる者同士の関係でも、状況の変化により一瞬にして一方が弱者の立場になることがある。だが、弱者であることを責める必要はない。

成熟した社会を形作る私たちは、弱者を貶めない。むしろ、社会的に弱者であることが明らかな者に対しては、手を差し伸べる。福祉はそういう見地からできている。弱いことは決して悪いことではない。そういう人も幸せに暮らせる社会をこそ、私たちは目指さなければならない。

いじめ被害の深刻な影響

いじめの被害を受けた者の行動や健康によくない影響が及ぶことは、誰もが想像がつくだろう。だが、この当たり前に思えていることこそ、研究結果をひもとき、科学的に立証しなければならない。

なぜなら、これまでも触れてきたとおり、「経験則の罠」があるからである。

ほとんどの大人が、加害者、被害者、傍観者、いずれかの立場でいじめに関与してきている。そのため、いじめに関して、誰もがみずからの経験則に沿った判断をしがちである。

教師や親の立場にある人が、みずからの経験に照らし合わせてものを言うと、「いじめなんかに負けるな（自分は負けなかったという経験がある）」「いじめにあっても、少し我慢すれば大丈夫だ（自分は我慢することができた）」「いじめにあったら、別のところでやり返せばいい（いじめと認定できるかどうかも不明だが、別のところでやり返せた経験があった）」となる。それが被害者を苦しめる。

いじめに関してもの申す人は、ほとんどがいじめのサバイバーだ。その意味では、どのような立場であれいじめに深くかかわり、大きな影響を受けた者は、教師や親など、子どもを支援する立場に立つことが難しい場合があるかもしれない。

ここで、いじめ被害者へのその後の影響について、これまでの研究がどのような指摘をしているのか、その深刻さを共有しておこう。

いじめ被害の影響についての研究は、数多く存在する。たとえば、いじめ被

害者は不登校になったり欠席が増えたりするといわれている。バンクス (Banks, 2007) によれば、アメリカの中学2年生の7％がいじめを理由に1ヵ月に1回以上の欠席をしているという。また、いじめの被害にあっていると、勉強に集中できなくなる。ヘーズラー (Hazler, 1996) は、いじめ被害者の17％が学業上の問題を抱えているとレポートしている。もちろん自己肯定感が傷つき、学力や社会的能力が下がることもわかっている (Ross, 1996)。

健康上の問題との関係も指摘されている。リグビー (Rigby, 2001) によると、いじめ被害は、不安、抑うつ、社会的機能不全、さまざまな身体症状に関係があり、男女差はあるものの、それらは長期的に影響を与えるという。またアベベら (Abebe et al., 1995) は、いじめはうつ病に関連していると報告している。さらにリレヤら (Lereya et al., 2015) によると、いじめの被害は、虐待などの不適切な養育を受けること以上にメンタルヘルスに深刻な影響を与えるとのことである。

自殺念慮への影響も懸念されている。キムら (kim et al., 2005) が行った韓国での調査によれば、最も自殺念慮を示すリスクが高いのは、いじめの被害と加害両方を経験した者である。またバッタら (Bhatta et al., 2014) によると、いじめ被害者はそうでない者に比べて、自殺念慮のリスクが2.4倍、自殺企図（実際に計画する）が2.5倍だったという。

さらに、いじめ被害の影響は将来にわたって続く。たとえば、いじめ被害にあった男子の26.7％、女子の40.5％がのちにPTSDを発症しており、その程度は、いじめの加害と被害の両方を経験した子ども、小さなグループ内でのいじめ被害にあった子どもほど深刻だという (Idsoe et al., 2014)。

被害者が被害者になる理由

国立教育政策研究所 生徒指導研究センター (2010) は、その長期にわたる追跡調査の結果から、いじめられやすい子ども（いじめられっ子）、いじめをしやすい子ども（いじめっ子）は存在せず、誰もがいじめの加害者にも被害者にもなりうると結論づけている。

一方、ガリティら (Garrity et al., 1994) は、いじめの被害者を誘発型被害者、受け身（孤立）型被害者に類型化し、さらにロス (Ross, 1996) は、そこに捌け口型被害者と

表3-1　いじめ被害者の類型

受け身（孤立）型	受動的、静か、友だちが少ない（もしくはいない）、社会性に欠ける。以上のことから、加害者から何をしても（いじめても）影響がないと思われる。
誘発型	理屈っぽい、怒りやすい、パニックになる、反応がよい。以上のことから、加害者を刺激しやすい。
捌け口型 （小学校高学年以降）	弱く、失敗をしやすい。いじめを怖がっている。以上のことから、集団のなかでスケープゴート的に（集団の結束のために）いじめられてしまう。

いうものを付け加えている。これらについて表3-1にまとめたが、この分類の根拠は明確ではないので、過大に捉えるべきではない。それでも、受け身（孤立）型被害者については、いくつかの研究が根拠を提供しているように思える。

　ちなみに孤立は、あらゆることの危険因子である。友人からの孤立は、不登校のリスクを高め、精神疾患、問題行動、自殺のリスクも高める。子どもに限らない。大人の社会的孤立は、寿命の短縮につながるとの研究もたくさんある（たとえば Pantell et al., 2013）。

　当然、孤立はいじめ被害のリスクも高める。

　スプリッグスら（Spriggs et al., 2007）によると、人種によって多少の違いはあるものの、孤立（友だちがいない）は、いじめ被害のリスクを1.42～1.89倍にする。さらにこの研究は、その他のいじめ被害リスクについても語っている。黒人、白人、ヒスパニックと人種ごとの結果が出されているが、ここでは白人の数字を引用すると、たとえば学業成績が悪いことはいじめ被害のリスクを2.08倍高めるが、学業成績がよいことも、リスクを1.27倍に高める。また、保護者が教育に無関心であることはいじめ被害のリスクを1.65倍高めるが、同時に加害者になるリスクも1.66倍にしてしまう。

　このスプリッグスらの研究は非常に興味深い。なぜなら、研究結果の考察により、いじめ予防の方法を提供しているからだ。残念ながらこの研究はアメリカのデータをもとにしており、社会環境や子どもをめぐる状況が違うわが国にそのまま当てはめて考えることは難しい。しかし別の言い方をするならば、同様の研究をわが国で行うことができれば、科学的根拠のあるいじめ予防策を提供しうるのである。

第 3 章　被害者──沈黙・孤立を防ぐために

被害者の沈黙

　いじめ防止対策推進法が施行されてからも、いじめを背景とする自殺事案が起こっている。自殺してしまった子どもは、いじめの事実を親にも教師にも言わないことが多い。親も知らなかった。担任も気づかなかった。そのいじめを見ていた友だちでさえ、そんなに悩んでいたとは知らなかったと言うことがある。つまり被害者は沈黙するのである。
　この「何も言わない」という行為、これをなんとかすることができれば、いじめが深刻化することを止められるのではないか。そう考える人は、日本中に相当数いるのではないだろうか。
　では、なぜいじめ被害者は沈黙するのか。
　このことについて、ボンズら（Bonds & Stoker, 2000）は 3 つの理由を挙げている。

・いじめ被害を誰かに告げても、「いじめられる側が悪い」「成長の過程で、誰もが経験することだ」と言い返され、助けてもらえなかった経験がある。
・友だちから孤立していたり、親との関係が悪かったりして、助けを求められる状況にない。
・助けを求めることは「格好悪い」ことだと思っている。

　私見だが、日本ではこの 3 つに加えて、「恥ずかしい」とか、「助けを求めたら相手（親、友だち、教師）を困らせると考えて遠慮してしまう」などの理由が付け加えられるだろう。
　被害者が沈黙を続けると、負のスパイラルが生じる。
　いじめを受けたとき、被害者が何らかの反応をしたとしよう。それが助けを求めるサインとして大人たちに伝わり、いじめが解決すればよいのだが、前に述べたように、「いじめられる側が悪い」などと言われたとしたら、どうなるか。助けを求めても意味はないと被害者は学習する。そして、そのことがいじめをエスカレートさせるだろう。
　いじめの継続は被害者のさらなる自己肯定感の低下を招くとともに、仲間からの孤立を引き起こす。時間がたてば、周りの関心は少なくなり、被害者が被

害にあっている状況が「普通」のものとなる。助けは求められず、被害者の沈黙はさらに強固になる。

いじめられ続ける状況は、被害者の気持ちをさらに傷つける。そのうち「自分はいじめられても仕方がない存在なのだ」と思うようになり、場合によっては、みずからいじめられる立場に入り込んでいくことになる。

こうして被害者は絶望する。子どもの住んでいる世界は、大人とは違う。仲間の評価が人生のすべてだと考える時期だ。彼らが死を選ぶのは、こんなときだろう。

いじられキャラ

たとえば、子どものグループがあって、そのなかの一人が、いつもいじめられているようにみえるとする。妙なあだ名で呼ばれ、メンバーからいつもからかわれている。いわゆるパシリとして、メンバーから命令をされているかもしれない。場合によっては、暴力の対象にもなる。

そんな様子をみたあなたは、声をかける。それはいじめじゃないのか、と。

するとグループのリーダー格が答えるだろう。

「いじめじゃないですよ。彼は『いじられキャラ』なんです。そういうキャラ設定ですから、心配しないでください。彼だってそのつもりです。やられて喜んでいますから」

そしてリーダー格は、「いじられキャラ」の子どもに、「そうだよな？」と聞く。すると聞かれたほうはニコニコと頷いて、「そうなんです、ボク、いじられキャラのうえに、ドMなんです」などと笑いをとってみせる。

そんな様子をみて、あなたはどう思うだろうか？

被害者にみえた彼だったが、笑顔だし、どうやら傷ついていないようだ。心理的苦痛を訴えるどころか楽しんでいるみたいだ、と思うかもしれないが、ここはもう少し踏み込んで考えるべきだろう。

では、「いじめを深刻化させる2つのキーワード」について検討してみよう。いじられキャラの彼と他のメンバーとの間には、アンバランス・パワーが生じている。もちろん彼らは意図的にいじられキャラの彼をいじっているが、問題

はそこにシンキング・エラーがあるかどうか、である。

　通常、アンバランス・パワーがあると、弱者は強者の前で本音を言うことはできない。この場合は、場所を変え、個別に話を聞くべきだ。

　そこで、被害を受けている彼を別室に呼び出し、いろいろと話を聞いてみる。それでも彼は、みんなの前で尋ねたときと同じように「楽しい」「大丈夫」と繰り返すだろう。だが、これが危ないのである。前述した、いじめ被害者の沈黙から始まる負のスパイラルが彼を襲っているかもしれない。

　だいたい、毎日のように妙なあだ名で呼ばれ、からかわれ、パシリとして扱われ、ときとして暴力を受けている彼が、楽しいはずもなく、大丈夫であるはずがない。彼は悲しさと失望のあまり、自分の心の状態さえ偽らざるをえない状況に陥っている。

　彼は、いじめの被害を受け続けるうちに、「自分はいじめられても仕方がない存在なのだ」と考えるようになり、「いじめられることでしかグループに入れてもらえない」と思うに至っている。

　もちろん大人も信じられない。なぜなら、それまで彼が助けを求めたとき、「自分で解決しなさい」「強くなりなさい」など、間違った対応をされてきたからだ。

　結果、彼はいじめ被害者の立場を受け入れる。つまり、みずからの自尊心を差し出すことでグループに入ろうとする。もしかしたらこう考えること自体、被害者が学んでしまったシンキング・エラーかもしれない。

　一人ぼっちは悲しい。

　無視されるよりは、いじめられたほうが、相手にされるだけマシだと考える。同じことをされるのであれば、笑いがあったほうがまだ救われる。だったら仕方がない、いじられキャラとして生きていこう。そういう悲しい決断が彼のなかにあったはずだ。

　もちろん、自尊心はずたずたに傷ついていることだろう。そして自己肯定感の低下のツケは後から回ってくる。たぶん、彼が大人になってからだ。彼を「いじられキャラ」として扱った友人たちと離れ、一人ぼっちになったとき、彼は苦しまなければならないだろう。

　「いじられキャラ」という言葉は、テレビが作り出したのだろう。実際、テレビのなかには、「いじられキャラ」「リアクション芸人」を自称する芸能人がたくさんいる。もちろん彼らは商売でやっている。だから、「いじられキャラ

はおいしい」と前向きに考える人もいる。

　一般人のなかにも、コミュニケーション能力が高く、適度にいじられながらも、いじめ被害には至らない絶妙なポジションをとることができる人もいる。しかし、それを子どもに当てはめるのは間違っているし、まして大人が子どもと一緒になっていじる、などということがあってはならない。

被害者への支援

　いじめ被害者は悪くない。だから、不幸にしていじめ被害にあってしまった子どもを責めてはならない。

　ただでさえ自己肯定感が下がっている。それが、さまざまな形で将来にわたって子どもに悪い影響を与える。だから、被害者支援の第一歩は、被害者の自己肯定感への支援である。

　いじめ被害の状況は聞きとらなければならない。慎重に話を聞くが、過剰に反応することも、過小評価することも避けるべきだ。子どもの状態によるが、どちらも子どもを傷つけてしまう。

　事実を確認したら、いじめの責任のすべては、加害者にあることを伝えなければならない。

　あなたは悪くない。たとえ自分に落ち度があると信じる理由があったとしても、そのことといじめは別であると、大人の権威をもって、明確に被害者に伝えるべきだ。一度ですまなければ、何度でも言う必要がある。

　こうした対応の基本は、被害者への共感である。

　いじめ加害者は、相手への共感をなくして、シンキング・エラーを生じてしまっている。同じことを大人が繰り返してはならない。

　十分に被害者の傷つきをケアし、自己肯定感への支援がなされたら、その後にやるべきことがある。今後、二度と同じようないじめ被害にあわないためのスキルを提供することだ（確認だが、スキルを学ぶ必要性を、いじめ被害と結びつけてはならない。傷ついている被害者は、「いじめ被害にあうのはやはり自分の責任だ」と考え、再び自己肯定感が下がってしまう）。

　ただし、スキルはそう簡単に身につけることができない。よって、長期的な支援が必要になる。その間に二度と同じようないじめ被害にあわないようにす

るために、孤立を防いでおかなければならない。

　前述のとおり、孤立はすべての危険因子である。被害者のケアをしつつ、被害者を速やかによい仲間のなかに入れるようにする。

　間違っても、「力の不均衡」を起こしそうな集団に入れてはならない。その子が仲間として迎えられ、その子が再び被害者になりそうなときに、周りが助けてくれる、そういう集団を大人が見極め、場合によっては適切な支援をしつつ、仲間に入れてもらう。そして、それが実際にその子を守るに至っているのか、ある程度の期間、注視していくことが重要であろう。

第3章のまとめ

- ★ どんな理由があっても、いじめられてよい子どもはいない。いじめは全面的に加害者の問題である。
- ★ いじめ被害者の予後は深刻である。不登校、学力低下、健康上の問題（身体的、精神的）、自殺、PTSDなどに関連する。
- ★ いじめ被害者を「受身（孤立）型」「誘発型」「捌け口型」などと類型化する試みがなされているが、このなかで「孤立」がいじめ被害リスクを高めるとする複数の研究がある。
- ★ 被害者が沈黙する（助けを求めない）理由としては、「いじめ被害を誰かに伝えても、助けてもらえなかった経験がある」「孤立している」「助けを求めることは格好悪いと思っている」。
- ★ 被害者のなかには、いじめにあうことを前提に仲間に入れてもらおうとする者がいる。本人は楽しそうにみえるが、被害にあっていることに変わりはない。
- ★ 被害者への支援は、まずいじめの責任が加害者にあることを明確にすることから始める。そのことを前提に、二度と同じようないじめにあわないようにするための支援を行う。

第4章 傍観者
——いじめ防止の鍵を握る存在

傍観者という登場人物

　オルヴェウス (Olweus, 1993) はいじめの特徴の1つとして、集団現象である点を挙げている。また森田 (2010) は、いじめを定義するなかで、いじめが「同一集団内の相互作用過程」のなかで起こるとしており、それがあくまでも学校をはじめとした集団内の現象であることを明確にしている。森田の言葉をさらに引用すると、「いわば教室全体が劇場空間であり、いじめは舞台と観衆との反応によって進行するドラマである」ということになる。

　つまりいじめは、加害者、被害者という二者関係のなかで起こるのではなく、それ以外の存在を伴うということなのだが、それは本当だろうか。

　加害者でも被害者でもないのに、いじめの現場に立ち会う子どもを、ここでは傍観者と呼ぶことにする。彼らの存在については、次のような研究がある。

　クレイグら (Craig & Pepler, 1995) が2つの小学校で、2学期間、子どもの校庭での遊びをビデオに録画して詳細に検討した。すると、いじめと思われる状況のうち85％に、加害者と被害者以外の子ども、つまり傍観者がいた。また、ホーキンスら (Hawkins et al., 2001) が2つの小学校で3年間、子どもたちの様子を観察したところ、88％に傍観者の存在があった。さらにジョーンズら (Jones et al., 2015) の調査では、ネットいじめを含めて、80％に傍観者が存在していた。つまり、いじめのほとんどに傍観者が存在することがわかっている。

　ただし、傍観者という言葉が、周囲にいる者すべての状況を示しているとは考えにくい。彼らのなかには、その言葉どおり、無関心な者、もしくは無関心を装う者もいるだろうが、なかにはいじめ加害者の仲間だったり、逆に被害者を守る存在だったりする場合もあるかもしれない。

第 4 章　傍観者——いじめ防止の鍵を握る存在

　このことについて、森田（2010）は、いじめの加害者、被害者に加えて、周囲でいじめを面白がって見ている観衆と、見て見ぬふりをする傍観者からなる4層構造を提唱した。そして、学級内におけるいじめ被害の多さは、加害者や観衆の人数よりも、傍観者の人数と関連が強いことを指摘している。

いじめをやめさせることの難しさ

　ここであらためて、いじめをやめさせることについて考えてみたい。それも、アンバランス・パワーとシンキング・エラーが揃った状況を考えてみよう。
　アンバランス・パワーがあるから、弱者である被害者はやり返せない。「嫌だ」と言うことすらできず、たとえやり返したとしても、さらにひどいいじめを招くことになりかねない。
　シンキング・エラーがあるから、加害者は気づけない。彼らの特徴は、被害者への共感性のなさに基づくシンキング・エラーである。加害者は、自分がしていることをいじめだと認識していない。むしろ、遊びだ、自分はそういうことをしても許される立場にある、などという間違った考えをもっている。よって、みずからの行動を改めることは難しい。
　以上の理由から、この場合、被害者・加害者による解決は期待できない。それに加えて、被害者が助けを求めることの難しさについても触れておこう。
　いじめ被害者の沈黙については前章でも述べたが、児童生徒の問題行動等に関する調査研究協力者会議（1996）によると、いじめられたときに「先生に言う」「親に言う」と答えたのは小学生で29.2％と26.3％、中学生で18.9％と20.2％である。厚生労働省が5年ごとに行っている全国家庭児童調査（2009）によると、クラスの誰かが他の子をいじめているのを見たときの対応として、「別に何もしない」の割合は、学年が上がれば上がるほど増える傾向にある。また2014年に、筆者が所属する子どもの発達科学研究所が、小学4年生の児童とその親を対象に、いじめ被害（児童）と、わが子のいじめ被害（親）についての比較研究を行ったところ、親がわが子のいじめ被害を認知している数に対して、実際に子どもが被害を受けている数は5.3倍であることがわかった。つまり小学4年生にして、5人に1人程度しか親にいじめ被害の事実を伝えないのである。

しかも、たとえ子どもが大人に助けを求めても、それが支援に結びつくとは限らない。「いじめは、誰もが通る通過儀礼のようなものだ」「隙を見せるからいじめられるのだ」「やり返せばいい」などと大人が反応すると助けを求める意味はないし、「助けを求めるのは格好悪いことだ」などという間違った価値観を教えてしまう可能性さえある。前述の児童生徒の問題行動等に関する調査研究協力者会議 (1996) によると、親はわが子のいじめを知っても慰めたり励ましたりするに留まり、「連絡するほどのことではないから」と、担任に言うことは少ないとされている。

では、どうすればよいのか。

いじめは当事者同士ではやめられず、被害者が助けを求めることも難しい。そこでよく出てくるのは、大人がいじめを早期発見して、解決に結びつけようという考えだが、これがまた困難なのである。

今もなお、教育委員会レベルで記名式のアンケートをして、いじめ被害者を見つけ出そうとの試みが行われている。名前さえわかれば、すぐさま対応が可能ということだが、こうした記名式アンケートの限界は、すでに何度も指摘されている。

下田 (2014) は、国内で行われた調査を比較するなかで、質問紙が記名式か無記名式かによっていじめ被害経験率に大きな差が生じる(記名式では低くなる)ことを指摘している。

滝は、記名式アンケートはもとより、教師が早期発見しようとするアイデアそのものを明確に否定している。その理由として、小学校高学年以上になると、いじめについて下手に相談したりアンケートに記入したりすると、いじめがひどくなりかねない、大切な人に心配をかけたり悲しませたりしかねない等の心情が働くこと(滝, 2011b)、いじめの被害率が2人に1人程度と高く、加害者と被害者が頻繁に入れ替わる現状で、その時点での被害者を特定したとしても、十分な対応ができないこと(滝, 2013a)を挙げている。

このように考えてみると、いじめをやめさせることは非常に難しい。当事者が自分でやめることもできなければ、被害者が助けを求めることを期待することもできない。大人が早期発見して介入することも難しく、だからこそこれだけ大きな問題になってきた。

そこで考えるべきは、傍観者の存在なのである。

第 4 章　傍観者──いじめ防止の鍵を握る存在

傍観者の役割

　傍観者──ここでは、被害者、加害者以外で、いじめの現場に立ち会った子どもすべてをこう呼ぶ──の行動について、すでにたくさんの研究がなされている。
　オコンネルら (O'Connell et al., 1999) によると、傍観者の54%がいじめを受動的に見ているだけである一方、21%が加害者の真似をし、25%が被害者を助けようとしていた。ホーキンスら (Hawkins et al., 2001) の調査では、傍観者がいじめを止めようと介入するのは、いじめ状況の19%であるとのことだ。
　クレイグら (Craig & Pepler, 1995) の調査では、傍観者が存在したいじめ状況のうち、74%で傍観者は加害者側に立ち、被害者側に立ったのは23%、被害者を助けようと介入したのは13%だった。少なく感じるかもしれないが、それでも大人よりはよい。同じ調査で、教師が介入したのはいじめ状況の4%だった。もちろん、すべてのいじめ状況に教師が立ち会うことは難しいためだが、この調査の場合、いじめの13%は、教師の目の前で行われていたということである。
　一方、オコンネルら (O'Connell et al., 1997) が行った小学1年から中学2年までの児童生徒4743人を対象とした調査によると、83%の傍観者が、いじめ状況を不愉快だと感じているという（しかし、そうしたくないにもかかわらず、いじめ加害に加わってしまう傍観者が31%いる）。
　どうやら傍観者は、いじめ状況を不快に感じているにもかかわらず、いじめを止めようとすることは少なく、加害者側に立つことが多い。
　ところが、傍観者の行動には、いじめを止める可能性があるという研究がある。
　クレイグら (Craig & Pepler, 1995) は、調査の結果から、傍観者の行動が加害者の力を強める可能性があるとしながらも、だからこそ、傍観者の行動を変化させることにより、いじめを止められるはずだと結論づけている。またホーキンスら (Hawkins et al., 2001) は、傍観者がいじめを止めようとした場合、「まったく効果がなかった」が26%、「効果があったかどうか判断できなかった」が17%に対し、「効果があった（数秒以内にいじめが止まった）」のは57%だったと評価している。
　ちなみに、これらの研究で対象になっている子どもたちは、いじめに関する教育を受けていない、いわば自然な状態にある。もしもこの傍観者たちが、何

らかの教育を受けていたならどうだろうか。傍観者とは、いじめを不快だと思っているにもかかわらず、1割程度しか行動を起こせないでいる子どもたちの集団である。彼らに行動を促すことは、何らかのよい結果を導き出す可能性が高いといえるのではないだろうか。

傍観者はなぜ傍観者なのか

　傍観者は、いじめを不快だと思っているにもかかわらず、いじめをやめさせるために立ち上がることができずにいる。
　その理由を考えるとき、社会心理学において「傍観者効果」として整理されている、以下の3つが参考になるだろう。

　① 多元的無知：他の人が行動しないなら、緊急性がないのだろう
　② 責任分散：他の人がいるから、自分の責任は大したことがないだろう
　③ 評価懸念：このくらいのことで行動を起こすのは恥ずかしいことだろう

　バールハイトら（Barhight et al., 2015）は、小学5、6年生の児童751人を対象にした調査の結果として、いじめに立ち会ったとき、「他の子が止めてくれるだろう」と思った子どもほど、止めに入らないことを報告しているが、これは責任分散ということになるだろう。
　一方、ヘーズラー（Hazler, 1996）は、「いじめ傍観者がいじめに関与しない理由」を以下の3つに整理している。

　① 何をすればよいか、わからない
　② 報復（次のいじめのターゲットになること）を恐れている
　③ 何かをして状況をさらに悪くすることを恐れている

　以上の状況をさらにくわしく、かつ具体的に考えてみると、次のようになる。
　たとえば、あなたが子どもだったとき、いじめを見たこと、いじめの現場に立ち会ったことはなかっただろうか。

第 4 章　傍観者──いじめ防止の鍵を握る存在

　もっとも、ここで言ういじめは、見つかったら先生に叱られるようなレベルのものだけを指すのではなく、もっと些細なこと（被害者にとってはそうではないが）を含む。たとえば、友だちが、本人が嫌がっているあだ名で呼ばれたり、からかわれたりしたのを見ていたということで十分だ。
　それを初めて見たとき、あなたはどう感じただろうか。たぶん、「ひどいことをするなあ」「被害者がかわいそうだ」「やめさせたい」と思ったのではないか。
　だが、多くの傍観者がそうであるように、その気持ちを言葉にすらしていないのではないか。面倒だったり、それほどの緊急性を感じなかったりしたせいかもしれない。もしかしたら、加害者があなたよりも強い立場にいて、逆らおうものなら次のいじめのターゲットになってしまうと怖かったのかもしれない。もしくは、下手に刺激するといじめがさらにひどいものになると恐れたためかもしれない。
　それ以前の問題として、いじめ状況に直面して、どうしたらよいのかわからなかった可能性もある。先生に言ったところで解決するとは思えず、何らかの思い切った行動をする勇気もない。それであなたは、傍観者として、見て見ぬふりをしてやり過ごすことになる。
　と、ここまでが傍観者効果やヘーズラーの「いじめ傍観者がいじめに関与しない3つの理由」の具体的状況なのだが、このように傍観者が何もできないでいるとき、さらなる問題が生じることがわかっている。

傍観者でいることのリスク

　翌日、あなたは、また同じいじめを目撃する。
　たぶん初めてのときと同じように、「かわいそうだ」「やめさせたい」と思うが、やはり何も行動しない。
　その翌日も、またその翌日も、いじめ加害者は被害者に対するいじめをやめない。あだ名、からかい、悪意のあるジョークが、暴力や仲間外れなどへと少しずつエスカレートしていく場合も多いだろう。
　そうして何日も何日もいじめを目撃していると、ここで「慣れ」というものが生じてくる。あれほどかわいそうに思えたのに、毎日のようにその状況を見

せられていると、そうされているのが当たり前に思えてくる。「あの人たちは、ああいう関係なのだ」と考えるようになるし、他の子たちも見て見ぬふりをするものだから、傍観者効果がさらに強まってしまう。

その結果、2つの深刻なシナリオが懸念されるのだ。

1つは、いじめ被害者が受けていた傷が、想定していたよりずっとひどくて、何らかの不幸な結末に至ることだ。自殺までいかなくても、被害者が怪我をしたり、不登校になったりすることである。進学に失敗した、ひきこもった、うつ病になったなどということが、なんとなくいじめ被害の事実と関係してみえてくる。

それを聞いたとき、傍観者であるあなたは、どう感じるだろうか。

そのいじめを知っていたにもかかわらず、止められなかったことに、ヘーズラー（Hazler, 1996）の言うとおり罪悪感を覚え、自己肯定感の低下を招くことだろう。

ジャンソンら（Janson & Hazler, 2004）の研究によると、いじめの傍観者は、被害者と同様に心理的苦痛を受けている。いじめの被害や目撃は、他の災害よりもずっと深刻で、いじめの被害を受けている、もしくは傍観しているそのときだけでなく、その後の人生にも深刻な影響を与えるのだという。つまり、いじめを見ているだけでも被害を受けるのである。

もう1つの深刻なシナリオは、いじめを毎日見ているうちに、共感性をなくしてしまうことだ。つまりシンキング・エラーを起こしていくのである。

はじめは、いじめの被害者のことをかわいそうだと思っていた。それが、毎日見ているうちに慣れてしまうばかりか、シンキング・エラーを起こして加害者の仲間になってしまう。クレイグら（Craig & Pepler, 1995）によると、男子のほうが加害者の影響を受けやすいが、女子にも同様のことはあるだろう。

そのうちに、傍観者だったあなたは、意図せずして加害者になる。ボンズら（Bonds & Stoker, 2000）は、これをいじめ傍観者が受ける最も深刻な影響だとしている。

こうした影響を受けるのは、一人の傍観者だけではない。下手をすると、いじめの傍観者が次々に加害者に加わっていく、いわば加害者の増殖現象が起き、結果として学校は非常に危険な状態に陥ってしまうのである。

第 4 章　傍観者——いじめ防止の鍵を握る存在

傍観者に力を！

　こうしてみると、傍観者がいかに不安定な存在なのか、わかってくる。
　彼らは一見ニュートラルな存在だが、放っておくと加害者になり、集団そのものを危険な状態に変えてしまうかもしれない。逆に、よい行動を起こしてくれれば、いじめを止める方向に動くだろう。
　とすると、なんとしても彼らによい行動をとってもらいたい。
　では、そのために何をすべきか。実はその答えはすでにわかっている。「傍観者がいじめに関与しない理由」を、1つずつ潰していけばよいのである。
　たとえばボンズら (Bonds & Stoker, 2000) は、子どもたちの85％程度が傍観者であり、彼らこそいじめ撲滅の鍵を握っているとしたうえで、以下のような働きかけをすべきだとしている。

① いじめについて話し合わせることにより、いじめをやめさせたいと思っているのは自分だけでないと気づかせる
② いじめをただ見ていること（何も行動しないこと）が、いじめ加害者に力を与えてしまうことを知らせる
③ 自分たちの集団を安全に保ち、いじめをなくすために行動することについて責任をもたせる

　ボンズらが強調しているのは、傍観者に集団の力を使えるようにさせることだ。そしてそのために、傍観者のほとんどがいじめをやめさせたいと思っているという事実を子どもたちに知らせるべきだとしている。
　一人で加害者に対抗するのは難しい。だが人数が多ければ、その主張は通りやすくなる。集団は、学級の雰囲気を作り出す。いじめを許さない傍観者が多くなればなるほど、その集団ではいじめそのものが起こりにくくなる。
　このことを、ヘーズラー (Hazler, 1996) の主張する「傍観者がいじめに関与しない3つの理由」を絡めて整理するならば、以下のようになる。

① 何をすればよいか、わからない
　⇨ 集団で対抗すべきである
② 報復（次のいじめのターゲットになること）を恐れている
③ 何かをして状況をさらに悪くすることを恐れている
　⇨ 傍観者が集団になれば、報復を受けることも状況を悪くすることもない。しかも、そうした傍観者集団は学級の雰囲気をよくし、いじめの発生を抑止する

またソーンバーグら（Thornberg, 2012）は、ボンズらが強調するような行動する傍観者を育てるために、次の3つのことが必要だと結論づけている。

① 大人が、いじめの現場にいる子どもたち（傍観者）に、いじめをやめてほしいと願っていること、その行動が大切だと思っていることを明確に伝える
② いじめを止める行動をとることの価値を直接教える
③ いじめが道徳的に間違っていると教える

　これらは、いじめを防止する、もしくは、起こってしまったいじめを子どもたちの手で解決させるために重要なことである。こうした知見を踏まえて、いじめ対策を考えるべきだろう。
　私たち大人がいじめの加害者や被害者を見つけることは困難であることを先に述べたが、いじめの傍観者を見つけることはとても簡単であることに気づいてほしい。なぜならば、私たちの目の前にいるほとんどすべての子どもが、いじめの傍観者になりうる存在だからだ。
　よって、いじめのない学校を実現するための鍵は、傍観者の手にある。彼らへのアプローチこそ重要なのである。

第4章のまとめ

★ いじめのほとんどに傍観者（加害者、被害者以外の子ども）が存在する。傍観者は、加害者側についているようにみえるが、実際にはいじめを不愉快に思っている。

★ 傍観者は、何も行動しないことが多いが、もしもいじめを止めようと行動したならば、数秒以内にいじめを止められる可能性がある。

★ 傍観者にもリスクがある。被害者と同じように傷つくばかりか、加害者の仲間になってしまうことがある。

★ 傍観者は、「何をすればよいか、わからない」「報復を恐れている」「何かをして状況をさらに悪くすることを恐れている」という理由によって、いじめに関与しない。

★ 傍観者は一見ニュートラルな存在だが、放っておくとシンキング・エラーに陥り、加害者になる。しかし彼らがよい行動を起こせば、いじめを止めることができる。

★ よって、傍観者がいじめ防止の鍵を握っている。いじめ防止を考えるときには、傍観者にアプローチすべきである。

第 5 章 ネットいじめ
―― 現状と対策

インターネットという未知の世界

　いうまでもないことだが、現在を生きる私たちの生活は、インターネットなくしては成り立たない。いやそんなことはない、と主張する人もいるだろうが、そういう人でさえ知らないうちにインターネットの恩恵を受けている。スマートフォンはもちろん、ほとんどの携帯電話にはインターネット機能がついているし、コンビニエンスストアでの決済をはじめ多くの生活上の手続きにインターネットは不可欠だからである。

　平成 30 年度の情報通信白書（総務省, 2018a）によると、すでに 2008 年においてインターネット利用率は 90％以上の高い水準にあり、2017 年でもほぼ同水準とのことだ。インターネット接続端末は、13 ～ 19 歳の 82.2％がスマートフォンであり、うち 7 割程度がソーシャル・ネットワーキング・サービス（SNS）を利用しているという。また、総務省情報通信政策研究所（2018）によると、10 代のインターネット利用率と平均利用時間は、平日が 88.5％で 145.6 分、休日が 92.1％で 230.7 分であり、スマートフォン利用者は 85.6％、そのうち 86.3％が LINE を利用しているとのことである。

　さらに内閣府（2018）は、10 ～ 17 歳の 5000 人を対象にインターネットの利用状況を調査した。その結果、小学生の 65.4％、中学生の 85.2％、高校生の 97.1％が何らかの機器でインターネットを利用しており、その利用時間は学校種が上がるにつれて長くなるという。とくに高校生の平均インターネット利用時間は 213.8 分というから、3 時間半を超えている状況にある。

　私たちの生活にあまりにもインターネットやコンピュータが入り込んでしまっているため、忘れてしまいがちなのだが、これらはかなり新しい技術で

ある。少なくとも、筆者が子どもの頃にはなかったし、学生時代にもなかった。就職したての頃にもなかった。電話といえば黒電話だったし、たとえば学校を休んだとしても、家でやることといえばテレビを観るか、本を読むくらいしかなかった。友だちとの遊びは、野球やサッカー、鬼ごっこのように、屋外の遊びが主だった。

　それがコンピュータとインターネットの出現で、変わってしまった。

　2014年にオックスフォード大学が、10年後にコンピュータに奪われている仕事のリストを公開して話題になったが、それどころではない。コンピュータとインターネットは、すでに子どもの世界を変えてしまっている。

　今の子どもたちは、ダイヤル式の黒電話も公衆電話も知らず、電話をかけることすら経験が少ない。LINEなどの他のコミュニケーション手段を用いるからだ。また、野球やサッカーは、学校のグラウンドや空き地で自分たちが仲間を集めてやるものではなく、クラブに入ってコーチの指導のもと行うものになった。遊び相手はときとして、リアルな世界の友だちから、コンピュータが提供するヴァーチャルな存在、もしくはネットの向こう側の誰かになり、冒険とは作られた世界のなかでするものに変わった。

　もっとも親の生活も変わったのだから、文句はいえない。最近は、PTAの連絡も電話ではなくメールになり、井戸端会議の代わりにネット上で噂話をするようになった。年賀状だけでなく、通常のやりとりさえ、電話からメールやLINEに代わった。困ったときに頼るのは、近所や親戚の年長者、親世代の大人ではなく、ネット上の体験談、口コミ、Q＆Aだ。

　そんな新しい世界のなかで、新しいトラブルが生じるのは当然のことだ。

　インターネットは、一見、清潔でわかりやすい。動画や図が多く使われ、飽きっぽい人たちにも、長く見てもらえるような工夫に満ちている。問題は、それらの情報のなかに、不正確どころか悪意に満ちた情報、罠が仕掛けられていることだ。

　しかも、インターネットの世界では、いまだに新しい技術が次々に開発されており、地球全体を巻き込んだ激動の時代が続いている。

　次世代を生きる子どもたちは、これら新しい技術に敏感で、私たち大人よりも早く学んでいく。「ネットいじめ」[※1]は、新しい時代の新しい世界で、新しく始まったばかりのものだ。現在進行形であると考えたほうがよい。

ネット上のトラブル

　インターネットの普及は私たちの生活を便利にした一方、多くの新しいタイプのトラブルを作り出した。最近の傾向として、Twitter や Facebook などの SNS 上での問題が大きいだろう。

　たとえば、「拡散」「炎上」という現象がある。平成 27 年度版の情報通信白書(総務省, 2015b) では、項を設けてその問題を論じているが、これらは個人が SNS に不用意に投稿したことが不特定多数に「拡散」していったり、投稿者の意図とは関係なく、投稿者本人もしくはそれに関係する第三者、企業などが非難にさらされたりして、まさに「炎上」と表現したくなるように問題が大きくなる現象をいう。

　代表的な SNS として、総務省 (2015a) は Facebook、Twitter、Instagram、Mixi、LINE の 5 種類を挙げているが、どうやら年齢層が若いほど SNS 全体の利用率が高く、とくに 20 代以下の LINE、Twitter の利用率は両者とも 50% を超えているらしい。さらにこの調査によると、SNS のトラブル経験率は 20 代以下で突出して高く、その他の年代が 15% を超えていないのに対し、26.0% である。その内容は、「自分は軽い冗談のつもりで書き込んだが、他人を傷つけてしまった」「自分の発言が自分の意図とは異なる意味で他人に受けとられてしまった(誤解)」「ネット上で他人と言い合いになったことがある(けんか)」「自分の意思とは関係なく、自分について(個人情報、写真など)他人に公開されてしまった(暴露)」が高くなっている。

　もっともこれらは、ネット上のトラブルとしては序の口で、ずっと深刻な問題が存在する。いわゆるサイバー犯罪である。

　警察庁 (2018a) によると、平成 29 年度の上半期で警察が把握した標的型メール攻撃の件数は過去最高で、5438 件あったという。またインターネット犯罪

※1　英語の cyberbullying は、インターネットを使わずに行うもの(たとえば携帯電話)を含めた内容であり、「サイバー型いじめ」と訳す場合もある。しかし本書では、わが国で慣習的にそう呼ばれており、多くのトラブルがネット上で起こっていることから、「ネットいじめ」という訳語を用いることにした。

の検挙数は、平成29年度が同じく過去最高で9014件にのぼる。別の資料(警察庁, 2018b)では、SNSに起因する事犯の被害児童数は、青少年のスマートフォン等の所有・利用状況の増加に伴い増加傾向にあり、青少年保護育成条例違反、児童ポルノ、児童売春といった犯罪が増えているとのことだ。なかでもTwitterやひま部（学生限定のトークアプリ）に起因する被害が増加しているという。

こうした犯罪の検挙数は、平成30年上半期で、青少年保護条例違反が416件、児童売春が354件（警察庁, 2018a）である。これだけでも深刻だが、こうした検挙数の裏には当然、相当の類似ケースが存在すると考えるべきだろう。

インターネットは新しく、便利ではあるが、子どもと大人の垣根を取り払い、新たな犯罪の温床になる。そうした背景を念頭に、ネットいじめを考えなければならない。

ネットいじめを定義する

ネットいじめは、インターネットの特徴を反映する。

インターネットを使えば、24時間、どこの誰とでもつながることができる。したがってネットいじめは、いつでも、どこの誰にでも起こりうる。同時に、インターネットは匿名性が確保されやすいという特徴があり、それもネットいじめに悪用される。

意外に見落とされがちなのだが、傍観者の特性にも違いがある。従来型いじめ[※2]であれば、傍観者が存在したとしても学校内であり、誰であるかが特定できる。ところがネットいじめで傍観者が存在するケース（たとえば、ネットいじめが掲示板やSNSなどの場で行われた場合）では、傍観者まで匿名性が確保され、その数さえ明らかにならない。

こうして考えると、ネットいじめは、従来型いじめの定義の範囲を超えていることがわかってくる。

※2　traditional bullyingは「伝統型いじめ」と訳す場合もあるが、本書では「従来型いじめ」という訳語を選択した。また、本書では、traditional bullying, school bullying, face-to-face bullyingをすべて「ネットいじめ」と対比させ、「従来型いじめ」とした。

もっとも、いじめ防止対策推進法のいじめ定義は「相手に影響する行為」と「被害者の心身の苦痛」が要件だから、大概のネットトラブルはいじめであると認定できる。だが、研究の場ではそう簡単にはいかない。トクナガ（Tokunaga, 2010）は、何人かの研究者の定義を紹介したうえで、定義を統一しなければネットいじめに関する議論が成立しない（同じ言葉を使っても、研究者によって意味するところが違ってしまうため）ことを指摘している。

　では、ネットいじめの定義について、従来型のいじめ定義と比較しながら考えてみよう。

　従来型のいじめ定義では、オルヴェウスのものが国際的にコンセンサスを得ていることをすでに紹介した。そのオルヴェウス自身は、ネットいじめを、従来型いじめの延長線上にあると考えている。つまり、「ネットいじめとは、インターネットや携帯電話などの電子機器を使ったいじめ」であると定義する（Olweus, 2012）。

　オルヴェウスのいじめ定義（従来型）には、「被害性」「反復性」「力の不均衡」の３つの要素がある。ボンズらは、これに「不公平な影響」を加えた４条件を提唱しているが、まずはこれらの条件がネットいじめにも当てはまるのかどうか、検討してみる。

　「被害性」については問題がない。「不公平な影響」も明白だろう。加害者の側が、意図せずに相手を傷つけてしまう場合があることは、ネットいじめの世界でも同じだろうし、そこに被害性があるのは確実だからだ。

　しかし「力の不均衡」と「反復性」については、考慮する必要がある。

　この「反復性」について、スロンジェら（Slonje et al., 2013）は、次のように考察している。

> 　ネットいじめの加害者が（被害者を傷つける意図で）ある画像をネット上に公開したとしよう。次の段階として、第三者（最初の加害者ではない）がその画像を拡散するということが起こる。つまりもともとの加害者は、たった１つの行動をしただけなのに、第三者によって反復され、被害者を繰り返し傷つけることになる。こんなふうにもともとの加害者の行動に反復性がみられない場合、それはネットいじめに当たるのだろうか？

またスロンジェら（Slonje et al., 2012）は、ネットいじめの傍観者に関する調査を行っている。その結果、72％は何もしないが、9％はネット上にあるいじめに関係する情報をさらに第三者に送りつけ、6％はその情報を使ってもともとの被害者を傷つけるような行動をすることがあるとしている。つまり合わせて15％が、傍観者でありながら積極的に加害者に加担していることがみてとれる。そうした情報に触れたとき、被害者を救済しようとする者たちもいるが、この調査によるとその割合は13％であり、残念ながら加害者加担群に及ばない。ネットいじめにおいても、傍観者が鍵を握っているのである。
　次に、「力の不均衡」についてはどうだろうか。
　ヴァンデンボッシュら（Vandebosch & van Cleemput, 2008）は、10代の若者279人に対する調査の結果を受けて、ネットいじめでの「力の不均衡」について議論している。彼らは、ネットいじめについては、加害者が強く被害者が弱い場合もあれば、両者が均衡している場合も、現実の世界と逆転している場合もあると主張する。

> 　ネットいじめの被害者は、加害者から現実世界で弱者として認識されている場合もあれば、自分たちと同等、もしくは自分たちより強いと認識されている場合もある。
> 　（現実世界で）弱者である被害者は、通常、従来型いじめの被害者で、彼ら（加害者）から「変わっている」「恥ずかしがり屋」「小さい」と表現される。（中略）
> 　一方、現実世界で加害者から同じくらいの立場であると認識されている者が、ネットいじめの被害者になる場合もある。この場合、被害者は加害者にとって友だち、もしくは友だちのようにみえる関係だが、少し脆弱さのある人たちで、ネット上のからかい、議論、けんかなどの対象になる（後から、あれはネットいじめだったと認識される）。
> 　さらに、場合によっては、現実世界で（加害者より）強いと思われている人がネット上の被害者になることもある。このときのネットいじめの加害者は、現実世界ではいじめの被害者である場合さえあり、その場合、インターネットや携帯電話の匿名性やICTの知識が現実世界での弱者に力を与えていることになる。

こうして考えると、どうやら従来型のいじめの定義（研究）をそのまま持ち込むことには無理があるようだ。
　この状況について、スロンジェら（Slonje et al., 2013）は、ネットいじめを従来型いじめのように明瞭に定義することは難しく、とくに「反復性」と「力の不均衡」を盛り込むのは困難であること、またいわゆるネット犯罪と切り分けることも難しく、今後も議論が必要であろうとしている。
　いずれにしても、再三再四述べてきたようにインターネットは発展途上であり、ネットいじめについても、そう簡単に割り切れるものではない。

ネットいじめの種類

　警察庁（2018b）によると、このところ出会い系サイトに起因する犯罪の被害児童数は減少する一方で、SNSに起因する事犯にかかわる児童数は増加している状況にある。この背景には、スマートフォンの所有率の増加、2008年の法改正、ネット上のさまざまなサービスの展開などが影響している。つまり、新たな技術、新たなサービスは、私たちの生活を便利にする一方で、図らずもネットいじめやネット犯罪を変化させているのである。
　では、ネットいじめには、どんな種類があるのだろうか。
　このことについて、スロンジェら（Slonje et al., 2013）は、現在の動向として、使う道具による分類（携帯電話、スマートフォン、インターネットなど）、具体的方法による分類（ショートメッセージ、メール、画像や映像、チャット、ウェブサイトなど）、行動による分類（脅し、炎上、拡散、仲間外れなど）を行っている。
　他にも研究者によってさまざまな分類があるが、ここではカントーネら（Cantone et al., 2015）がネットいじめに関する多くの研究をレビューしたうえで採用した分類を紹介しておこう［表5-1］（→P.70）。
　悩ましいことに、これらの分類は、まだ研究者のなかでコンセンサスが得られたとはいえないし、いまだ新しい電子機器やサービスが次々に現れている。今後もさらに変化する可能性が高いといわざるをえないだろう。

表5-1 ネットいじめの種類

挑発行為	メール、メッセージを使っての争い、けんか。怒りの言葉、侮辱的表現を被害者に送りつけること。
迷惑行為	からかいや攻撃の言葉を繰り返し被害者に送ること。
ネットストーカー	ひどい迷惑行為を繰り返し続け、被害者を脅したり恐怖感をもたせたりすること。
中傷行為	悪口をインターネット上で広げること。被害者の評判や人間関係に傷をつけるように、噂話を第三者に送ったり掲示板に書き込んだり、画像などの情報をアップロードしたりすること。
なりすまし	被害者の評判や人間関係を傷つけたり被害者をトラブルに巻き込んだりするように、被害者になりすましてメールを送ったり掲示板に書き込んだり、画像などの情報をアップロードしたりすること。
拡散	自分の知っている被害者の個人情報や他の人に知られたくない情報や画像等をインターネット上に公開し拡散すること。
騙しと拡散	第三者を騙して、被害者の個人情報、他の人に知られたくない情報や画像等を手に入れ、それをインターネット上に公開し拡散すること。
仲間外れ	インターネット上のグループから、被害者を意図的に仲間外れにすること。

ネットいじめはどのくらい深刻なのか

　こうして考えてみると、ネットいじめという概念そのものがまだ十分明確には成立していないことがわかってくる。
　マスコミは、ネットいじめの深刻さについて何度も注意喚起を行っているが、これは真実なのだろうか。いくつかのセンセーショナルな事例を取り上げているだけで、実際には限られた子どものみの問題だという可能性はないだろうか。
　ネットいじめの被害率について、欧米にはたくさんの研究が存在する。カルヴェテら (Calvete et al., 2015) は、これまで行われてきた多くの研究を振り返り、研究によって被害率に大きな違いがあり、最も被害率を少なく出した研究で7%、多いもので35.7%であり、かなりの開きがあることを明らかにしている。さらにカルヴェテらは、みずから12〜17歳の中高生1431人に調査した結果、44.1%が何らかの被害を受けているとしている。一方、オルテガら (Ortega et al., 2012) は、イタリア、スペイン、イギリスの3ヵ国、5862人の12歳、14歳、16歳の生徒に調査をした結果、すべての国のネットいじめ被害率が10%未満

であることを報告している。

　どうやらボッティーノら (Bottino et al., 2015) が指摘するように、研究者によって定義が違うために、被害率を把握する尺度が異なり、そのため結果も違ってきているらしい。さらに、研究対象にする国や地域、年齢による違いも大きい。
　被害率はどうなっているだろうか。
　文部科学省 (2018) による「平成 29 年度児童生徒の問題行動等生徒指導上の諸問題に関する調査」の「いじめ」に関する項をみると、小中高等学校、特別支援学校におけるいじめの認知件数の合計は 41 万 4378 件だが、「パソコンや携帯電話等で、誹謗中傷や嫌なことをされる」とした件数はそのうちの 1 万 2632 件、率にして 3.0％にすぎず、以前に比べて増加傾向にあるものの、従来型いじめに比べて非常に少ないという結果になっている。
　同様の傾向は、他の調査でもみられる。安心ネットづくり促進協議会 (2014) の調査では、インターネットを使った加害経験 (過去1ヵ月) は 1.2 ～ 3.6％、被害経験は 3.4 ～ 9.0％と、従来型いじめよりはるかに少ないとしている。
　しかし、もっと深刻であるとする報告も存在する。文部科学省 (2008) が行った「青少年が利用する学校非公式サイト (匿名掲示板) 等に関する調査」によると、学校非公式サイト (いわゆる裏掲示板) の数は 2008 年 1 ～ 3 月に確認できたものだけで 3 万 8260 であり、そのうちの 50％に「キモイ」「うざい」等の誹謗・中傷の言葉が含まれ、37％に性器の俗称などわいせつな言葉が含まれ、さらに 27％に「死ね」「消えろ」「殺す」等、暴力を誘発する言葉が含まれていたという。しかも、この掲示板を知っていた中高生は全体の 33.0％であり、うち 70.5％に実際の閲覧経験があり、13.8％に書き込み経験がある。被害率としてはあがってこないが、もしかしたら、かなりの被害が隠れているかもしれない。
　ただし、最近のネットいじめは、別の様態に変化している可能性がある。
　弘前大学「ネット＆いじめ問題」研究会は、青森県内の子どもに対象を絞った調査ではあるが、今を生きる子どもたちの現状を捉えた調査を実施し、非常に興味深い結果を出している。
　まず、2014 年 3 月に発表された「スマホ全盛時代におけるネット・ケータイ利用状況 (被害) 調査――デジタルゲーム端末を中心として」では、その調査対象になった小学 5 年生、中学 2 年生、高校 2 年生のうち、小学 5 年生のゲーム利用率が 97.2％と最も高かった。またゲーム利用により何らかの被害 (金銭・

いじめ系・健康・依存等）を受けている割合も、小学 5 年生が 55.7％と、中学 2 年生、高校 2 年生と比較しても高かったとのことである。もっともこの 55.7％のうち、46.5％はゲームによる体の変化・異常、5.8％が依存傾向であり、他のプレーヤーとの売買トラブル、悪口や仲間外しなどのネットいじめに関係した項目に絞ると 23.7％になる。

さらに弘前大学「ネット＆いじめ問題」研究会は、2015 年 3 月に「LINE 問題の現状と高校生の意識について調査報告書」を公開した。ここでは LINE の利用率が 93.2％であり、LINE トークでの「外し」等、ネットいじめにつながる経験をした生徒は 5.9％とのことだ。ただし、この 5.9％には含まれていないが、LINE を利用していて不快、不安、嫌と思った経験として、「既読されても返信がない」20.4％、「返信が早すぎる」7.8％、「返信が来すぎて自分のことに集中できない」20.4％、「LINE をやっていないと会話に入れない」3.2％などが挙げられている。これらのなかにネットを媒介した人間関係の難しさ、トラブルの萌芽が感じられ、すでに新たな種類のネットいじめが出現しているようにも思える。

ネットいじめの性質

インターネットの世界は、いまだ発展途上だ。そのため、恐ろしいことにネットいじめは、インターネットの革新性と利便性を反映させながら進化している。

小野ら（小野・斎藤, 2008）は、これまでの研究をひもときながらサイバー空間の特徴を 3 つに整理し、それらがネットいじめに影響を与えているとしているが［表 5-2］、これらは、どれも犯罪行為をするうえで好ましいものに違いない。

実際、警察庁（2006）は、その危険性を次のように警告している。

> サイバー犯罪は、〔1〕匿名性が高い、〔2〕痕跡が残りにくい、〔3〕地理的・時間的制約を受けることなく、短期間のうちに不特定又は多数の者に被害を及ぼすといった特徴を有しており、犯罪を行う者にとっては、その所在を特定されにくいなど、インターネットは極めて好都合な犯行の手段となっている。実際に相手の顔が見えないやり取りのなかで、抵抗感なく

表 5-2 サイバー空間の特徴とネットいじめ

サイバー空間の特徴	ネットいじめへの反映
匿名性	加害者の特定が難しく、いじめの構造が把握しづらい。被害者にとっては、友人も嫌疑の対象になる。よって被害者の対人観に影響を与える。
傍観者性	傍観者がいじめ防止の鍵を握るのは従来型と同じだが、ネットいじめでは、傍観者が膨大な数になるため責任の分散が生じやすく、従来型いじめ以上に傍観者が仲裁者の役割を果たすことが難しい。
アクセシビリティ（簡便性）	ネットいじめは、学校の内外にかかわらず、ネット環境のあるところなら、どこでも起こり得る。

※小野・斎藤, 2008 の見解を筆者が整理し、表とした

犯罪に手を染めている者もいる。

　匿名性が高く、痕跡が残りにくく、しかも地理的・時間的制約を受けることなく、短時間のうちに不特定または多数の者に被害を及ぼすというインターネットの特徴は、いじめの加害者にとっても大きな誘惑になるだろう。抵抗感なく、もしくは気づかないうちに加害行為を行ってしまうかもしれないという点で、まさにシンキング・エラーを生じやすいという特徴が際立ってしまうことになる。

ネットいじめと従来型いじめの関連は？

　どれだけの子どもがネットいじめにかかわっているのか、つまり被害率については、先ほど触れたとおり、実はよくわかっていない。ネットいじめそのものが変化の途上にあり、定義が定まらないためだ。
　具体的には、私たちが騒いでいるほど多くはないとの報告がある（Olweus, 2012）一方で、LINE など新たな SNS が広がっているなか、今までとは違ったタイプのネットいじめ（のようなもの）が次々に現れているとの指摘（弘前大学「ネット&いじめ問題」研究会, 2015）もある。
　では被害率の他には、何がわかっているのだろうか。ここでは、研究者の間で議論になっていることの１つを取り上げたい。
　それは、「はたしてネットいじめの関係者（加害者、被害者）と、従来型いじめの

関係者の間に重なりはあるのだろうか？」という問題である。

　もしも重なりが大きいのであれば、ネットいじめの加害者や被害者は、従来型いじめの加害者、被害者と同じような心理的背景、環境をもつ子どもたちだと考えることができる。さらには、予防にしても介入にしても、従来型いじめと同じようなアプローチが採用できるはずだ。

　オルヴェウス（Olweus, 2012）は、2007 年と 2008 年にアメリカで取得された約 7 万 5000 のデータを分析した結果、かなりの重なりがあると結論づけている。具体的には、ネットいじめのみに関与している生徒は、そのうちのたった 10％程度であったという。よってネットいじめの多くは、学校内の従来型いじめから始まっているのではないかと推察している。

　この主張を裏づける研究は他にもある。リー（Li, 2007）はカナダの中学生に対する調査の結果から、ノーターら（Notar et al., 2013）やスロンジェら（Slonje et al., 2013）はネットいじめに関する多数の研究をレビューした結果から、ネットいじめは従来型いじめの延長線上にあるとしている。こうした指摘はわが国にもあり、三枝ら（三枝・本間, 2011）は中学生と高校生を対象にした調査の結果、ネットいじめの加害者、被害者は、従来型いじめの加害者、被害者と重なる傾向にあると報告している。

　だが、これとはまったく正反対の主張がある。

　クビスツースキーら（Kubiszewski et al., 2015）は、ネットいじめと従来型いじめの関係者が重なり合っているという研究の多くが、単に両方の経験があることのみ（加害、被害の立場に関係なく）を拾っているのではないか、たった 1 回、何らかの関与があっただけで拾うのは広すぎるのではないかと考え、より正確に重なり合いの状況を把握するための調査を行った。

　その結果、従来型いじめとネットいじめの両方で同じ役割（加害者なら加害者、被害者なら被害者というように）を担っている者は非常に少ないことを発見した。具体的には、ネットいじめの関係者のうち同じ立場で従来型いじめに関係している者は 25％以下とのことだ。また全体として、ネットいじめの被害者の 62％、ネットいじめの加害者の 60％、ネットいじめの加害者と被害者の両方の立場である者の 51％は、従来型いじめにまったく関係していないとしている。

　さらにイバラら（Ybarra et al., 2007）は、インターネットを使った調査の結果、ネットいじめの被害者のうち 64.1％が従来型いじめの被害にあっていないことを

明らかにした。また、ホームスクーリング（自宅で教育を受ける制度）の子どもと学校に行っている子どもとの間でネットいじめの被害率に差がないことから、ネットいじめが従来型いじめ（学校のいじめ）の延長線上にあるとはいえないと指摘している。

このイバラらの研究は、学校ごとの調査ではなく、インターネットを用いた点に特徴がある。そのため学校という集団の影響を受けず、さらに学校に行っていない子どもを対象に含めることに成功している。したがって、もしかしたらこの調査が最も現状を示しているかもしれない。

いずれにしても、ネットいじめの関係者（加害者、被害者）と従来型いじめの関係者との間に大きな重なりがあると信じ込むのは危険なようだ。だが、まったく重なりがないとするのも極端だろう。

わが国の現状を考えるに、学校でのいじめがきっかけになり、それがネットの世界に持ち込まれていくと考えるのは納得がいく。しかし、ネットの世界だからこそいじめに関与してしまう子どももいるだろうし、ネットのなかだけの人間関係でいじめが生じるのもありうることだ。この両方に目配りをしながら、ネットいじめへの対応策を考えることが必要だろう。

ネットいじめの加害者と被害者のリアル

もともと、欧米の子どもたちの間には、ネットいじめは女子がやるものだとの思い込みがあるようだ（Lampredis, 2015）。しかし実際には、そうではないことがわかっている。

まずカルヴェテ（Calvete et al., 2010）は、スペインの若者（12〜17歳）1431人への調査から、男子のほうが女子よりもネットいじめの加害者になる傾向にあること、13〜15歳にピークがあることを明らかにしている。またスミスら（Smith et al., 2008）は、イギリスの11〜16歳を対象にした2つの調査をまとめ、ネットいじめの被害者に性差がないことを明らかにした。さらにノーターら（Notar et al., 2013）は、多くの研究をレビューした結果、やはり被害者に性差はみられなかったことを報告している。

一方、ネットいじめの加害者、被害者の社会心理的特徴については、クビス

ツースキーら (Kubiszewski et al., 2015) の研究が興味深い。それによると、ネットいじめの加害者は従来型いじめの加害者ほど攻撃的ではないとのことだ。にもかかわらず、いじめの加害者になりうるのは、ネットがもつ匿名性や相手の反応がみえにくいという特徴のためだろうと指摘している。スロンジェら (Slonje et al., 2013) によると、従来型いじめの加害者の70%が何らかの自責の念をもつのに対し、ネットいじめの加害者では42%しか自責の念をもっていないとのことだが、これもクビスツースキーらの見解を裏づけているといえるだろう。

さらに興味深いことに、クビスツースキーらによると、ネットいじめの被害者は、従来型いじめの被害者に比べて、受ける精神的苦痛が少ないという。

これについては、異論があるかもしれない。なぜなら、わが国においては、ネットいじめは、被害率が低くても学校適応感の低下や抑うつが高まるなどの影響が深刻であることが報告され (安心ネットづくり促進協議会調査研究委員会調査検証作業部, 2014)、メディアでその危険性が報道されることが多いからだ。

だが、ここでよくクビスツースキーらの研究をみてみると、彼らが主張しているのは、「ネットいじめのみの被害者」が「従来型いじめのみの被害者」に比べて精神的苦痛が少ないということなのである (「ネットいじめ、従来型いじめの両方の被害者」が最も深刻な精神的苦痛を受けている)。このことについて、クビスツースキーらは、ネットいじめのみの被害の場合、被害者の半数以上が、メールアドレスを変更する、ネットいじめの温床になっているサイトに近づかないようにしたり閉鎖を要請したりするなど、みずからの身を守る方法を知っているからだと説明している。

ここで、少し気になる研究結果を紹介しておこう。

イバラら (Ybarra et al., 2007) によると、ネットいじめのターゲットになっているとされた若者 (10〜15歳) は、過去30日間に学校に武器を持ち込む確率がそうでない若者の8倍だという。そこにどんな関連があるかは不明とのことだが、同時にイバラらは、ネットいじめの被害者には、問題行動のある者、学校を安全な場所だと考えていない者が多く含まれていると指摘している。とすると、ネットいじめのターゲットにされた者は、いつも武器を携行しなければ安心できないほど、追い詰められているのだろうか。

ボッティーノら (Bottino et al., 2015) によると、ネットいじめの加害者は、過去の従来型いじめの加害経験、1日に3時間以上のネット使用、学校でのさまざ

まな問題行動によって特徴づけられるとのことだ。

　ネットいじめは学校外で行われていることが多いが、だからといって学校が何もできないわけではない。ネットのなかだけで問題が起きているならまだしも、学校生活と何らかの関係があれば深刻化する。よって、学校内で問題を起こしている児童生徒に対しての支援や、安全な環境作りが、ネットいじめの防止にも効果があると考えられるのではないか。

ネットいじめへの対応

　もともといじめは大人にみえないところで起こるという性質をもち、従来型のいじめでさえ、加害者や被害者を大人が発見するのは難しい。匿名性が確保されやすいネットいじめは、さらにみえにくく、大人が介入することも困難だと考えるべきだろう。

　従来型いじめの場合、傍観者が鍵を握っている。ネットいじめの場合も、もちろん傍観者の行動が重要だが、その傍観者さえ匿名性が確保され、加害者側に回りやすいという特徴がある。なんとかしなければならないが、どうしたものだろうか。

　キャシディら（Cassidy et al., 2012）は、親がネットいじめの予防に果たす役割の大きさに注目し、カナダの小学校6年生から中学校3年生までの生徒の保護者339人を対象にした調査を行った。その結果、保護者はSNSなど最新のネット事情にくわしくなく、しかもネットいじめについてあまり心配していないことがわかった。もちろん、これは好ましくない状況であり、キャシディらは、親がネットの利用についてよい手本をみせる必要性を述べるとともに、学校と保護者、そして子どもが連携してネットいじめ防止のための行動をとることが重要であるとしている。

　ホルフェルドら（Holfeld & Grabe, 2012）は、ネットいじめの被害にあったとき、その64％が誰かにその事実を伝えていることを報告している（立ち会ったとき、つまり傍観者になったときでも60％が誰かに伝えている）。だが、その"誰か"に教師が選ばれることは非常に少ないうえに、たとえ誰か（多くの場合、友だちや親）に伝えたとしても、それがいじめを止めたり被害者を助けたりすることにつながっていないとのこ

とだ。したがって、ネットいじめに対する介入方法について、あらかじめ子どもたちや保護者に知らせておく必要があるという。

　ネットいじめ対策の難しさについての指摘もある。ヘレラら (Herrera et al., 2015) は、中学生に対してネットの安全な使い方に関するビデオを使った教育をしたが、ネットいじめに関する認識にはほとんど変化がみられなかったとのことだ。

　鈴木ら (2014) は、日本の小学生から高校生を対象にした研究を行っている。その結果、ICT スキル教育は、多くの場合、学校での仲間内攻撃行動を増加させてしまう傾向にあることを報告している。また、情報モラル教育は、高校生のみでは影響がみられにくかったが、全体ではネット上および学校での仲間内攻撃行動を減少させる効果がみられたという。結論として、ICT スキルと情報モラルの両方を育成していく必要があるとしている。

　総務省 (2018b) が発表した「いじめ防止対策の推進に関する調査結果報告書」によると、都道府県の教育委員会、政令市の教育委員会は、それぞれネットいじめの対策を行っているようにみえる。しかし警察庁 (2018b) の広報資料によると、SNS の被害児童の 47.0％ が学校での指導を受けたことがない、もしくは、わからない、覚えていないとのことである。

　ネットいじめは捉えどころがないだけに、有効な対策もいまだはっきりとしていない印象がある。ただし、スロンジェら (Slonje et al., 2013) によると、従来型いじめをターゲットにした予防プログラムは、間違いなくネットいじめにも効果があるとのことだし、ネットいじめのみをターゲットにした新たなプログラム（たとえばヴァーチャルな世界のなかに、子どもたちを守るヴァーチャルな仲間＝ヴァーチャルメンターを育てる取り組みなど）も開発されているとのことだ。

　ネットいじめ防止について、従来型いじめの延長線上として考えることも重要だが、ネットいじめの特徴に十分に対応する特別なプログラムの開発も必要なのだろう。

第5章のまとめ

★ 中学生の8割以上、高校生のほとんどが日常的にインターネットを使っている。こうしたなかで、ネットいじめは生まれ、今も進化している可能性がある。
★ ネットいじめの定義は、従来型いじめと同じと考えることは難しいばかりか、研究者間で違いがあり、まだ定まっていない。
★ ネットいじめの被害率や従来型いじめとの関連、被害の影響などは、まだ研究段階にあり、十分にわかっていない。
★ ネットいじめ防止について、従来型いじめの延長線上に考えることも重要だが、ICTスキルと情報モラルの両方を育成するなど、ネットいじめの特徴に十分に対応する特別なプログラムの開発も必要だろう。

第6章 いじめを縦軸と横軸で整理する

いじめという現象の複雑さ

　本書ではこれまで、「いじめとは何か」について、先行研究をひもとくことによって考察を加えてきた。あらためて、「いじめ」とはなんと複雑な事象かと感じざるをえない。

　もともと、子どもたちが仲間を作ったり、友情を築き上げたりするうえで、意見の違いに直面するのは当たり前のことだ。喧嘩になることもあるだろうし、一定期間、距離をおくこともあるだろう。当然、これらは子どもたちがみずからの力で解決しなければならないし、その経験が彼らの成長の大きな糧になる。

　最近、21世紀型スキルが話題になっているが、たとえばPartnership for 21st century learning (http://www.p21.org/) は、21世紀を生きる子どもたちが必要とする力として、コラボレーション、コミュニケーション、柔軟性、適応力、リーダーシップなどを強調している。

　これらの力を育てるには、子どもたちの間の争いにやみくもに大人が介入するわけにはいかない。むしろある程度、子どもたちに任せ、その時々で必要な支援を意図的に行っていくことが必要になるだろう。

　だが、いじめとなると話は別だ。

　いじめの定義を論じた第1章で述べたが、いじめは、アンバランス・パワーとシンキング・エラーの2つが揃うと、当事者同士では解決できないという特徴をもつ。しかも予後が悪い。被害者だけではない。加害者も傍観者もネガティブな影響を受ける。

　そのうえ、たちが悪いことに、いじめは伝染する。

　1つのいじめを見逃すと、「いじめが見逃された」という事実は、加害者、

被害者、傍観者にとっての学びになる。つまり、その集団のなかでいじめは許される行為だと認識されることになり、いじめは次々に広がっていく。

いじめを、誰もが経験することだから仕方がないと片づけたり、見て見ぬふりをしたりすることは、私たち社会の問題となって返ってくる。だから深刻なのである。

さらにいうならば、いじめはいまだに進化し続けている。

人のコミュニケーションの場や手段が広がれば、そのぶん、新たないじめの形態が生まれる。しかも今は、グローバル化の時代だ。国境を含むさまざまな垣根が取り払われている。

そのために、子どもの世界だけのものと思われていたいじめは、大人の世界との境界をなくし、犯罪との垣根さえあいまいになっている。いじめを学校現場だけの問題だと捉えるのは、あまりにも近視眼的であるといえるのではないだろうか。

この章では、いじめという複雑な現象を、縦軸と横軸で整理してみたい。

縦軸で整理する

縦軸とは、子どもの発達の流れを意味する。いじめという現象が学齢期のどこかに位置するとして、その前に何があり、その後に何があるのか、ということだ。

▶ いじめの後にあること

これまでの研究から考えると、いじめは、加害、被害、傍観の立場にかかわらず、将来に悪影響を及ぼす。その予後の問題を、内在化と外在化、つまり個人の内部の問題となるのか、それとも外部との関係のなかで表現されるのかに分けて考えてみよう。

すると、図6-1（→P.82）のとおり、内在化としては、うつ、不安、自殺企図、自己肯定感の低下、PTSD、不登校、ひきこもりなどが挙げられ、外在化としては、犯罪（加害も被害も）、非行、暴言暴力、大人のいじめなどに整理することができる（もちろん、いじめへの関与はそうしたことのリスクを高めるという意味であって、いじめへの関

図6-1 縦軸によるいじめ現象の整理

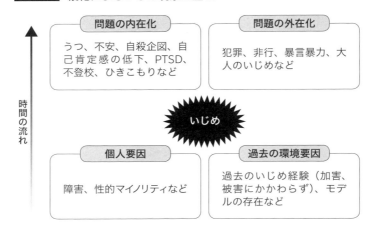

※ これは模式図であり、すべてのいじめ関係者に要因があるわけではないし、すべてのいじめ関係者が何らかの問題をもつわけでもない。またそれ以外の行動、要因との関連を否定するものではない

与イコールそうした予後に必ずつながる、ということではない)。

ところで、いじめと似た言葉として「ハラスメント」というものがある。子どもの世界のいじめ同様、大人の社会では、ハラスメントこそ犯罪と紙一重の問題であろうと認識されている。

法務省が財団法人人権教育啓発推進センター(2011)に委託して制作した冊子『パワー・ハラスメント』では、パワハラが近年登場した造語(和製英語)であることを断ったうえで、パワハラは法令上明確に定義されていないが、一般的に「職場内での地位や権限を利用したいじめ」を指すとしている。

一方、厚生労働省は、職場のパワーハラスメントを「同じ職場で働く者に対して、職務上の地位や人間関係などの職場内での優位性を背景に、業務の適正な範囲を超えて、精神的・身体的苦痛を与える又は職場環境を悪化させる行為」と定義づけている(厚生労働省委託事業ウェブサイト「明るい職場応援団」)。

前に述べたように、研究の世界では一般的にいじめは①「被害性」、②「反復性」、③「力の不均衡」の3要素で定義されるが(ボンズらは、それに④不公平な影響を加えている)、厚生労働省のパワハラの定義では、そのうちの①と③が強調されている。とはいえ、職場が毎日、同じ相手と顔を合わせる場であり、上司と部

下の関係もある程度の期間は固定され反復されるであろうことを考えると、パワハラは職場のいじめであると定義してよさそうだ。とくに「力の不均衡」については、「業務の適正な範囲を超えて」という表現で力の乱用の部分を強調している点で、わかりやすいといえるだろう。

　要するに、大人の社会にもいじめが存在するが、それらは、パワハラ、セクハラ、アカハラなど、各種ハラスメントという言葉に変化すると捉えてよい。

　とすると、いじめを縦軸で整理するうえで、ここで考えておかなければならないことがある。子ども時代にいじめを経験した子どもは、大人になってもいじめにかかわる傾向があるのだろうか、という点である。

　この点について、スミスら（Smith et al., 2003）は、イギリスのさまざまな職業をもつ5288人を対象に、職場いじめの被害経験がある人が子ども時代にどうだったのかを調べている。その結果、子ども時代にいじめ被害もしくはいじめ被害と加害の両方を経験した者は、職場でいじめ被害を受ける傾向が強かったとのことだ。またアンダーソンら（Andersen et al., 2015）によると、15歳のときにいじめ被害にあっていた子どもは、18歳のときにいじめ被害にあうリスクが学校教育の場では1.99倍であるが、就職して職場にいる場合では2.23倍にまで高まるという。

　ちなみに、津野ら（Tsuno et al., 2015）は、日本の労働者1546人への調査で、この30日間で職場いじめの被害にあっている者は6.1％であり、傍観者が14.8％であることを報告している。ただしこれは最近30日間に限った調査であり、実際にはもっと大変な状況だろう。2012年の厚生労働省委託事業「職場のパワーハラスメントに関する実態調査報告書」によると、過去3年間にパワハラを受けた経験がある者は25.3％とされているが、わが国の職場の雰囲気を考えると、そうした報告ができないでいる者も多いだろう。よって、もっと深刻であると捉えるべきではないだろうか。

　残念ながら、子ども時代のいじめ経験が大人のいじめやハラスメントにつながるのかについて語る研究はこれ以上見当たらないものの、それらには関係があると考えるべきだろう。なぜならば、いじめにはモデルがいるという特徴があるからだ。

　子どものいじめが少なくならないのは、大人にモデルがいるからかもしれない。そして、大人のいじめが減らないのは、子ども時代に十分な指導を受けな

かったからかもしれない。いずれにしても、子どもの問題は大人の問題につながり、大人の問題は子どもの問題を引き起こす。

▶いじめの前にあること

さて、ここまで子ども時代のいじめと大人の問題のつながりについて検討してきた。では、いじめの前には何があるのだろうか。

国立教育政策研究所 生活指導研究センター (2010) が指摘しているように、すべての子どもにリスクがあることは事実だろう。しかし、それに加えて何がリスクを高めるのか、こちらは個人要因と過去の環境要因の2つに分けて整理してみることがよさそうだ［図6-1］(→ P.82)。

まず個人要因として、障害、性的マイノリティであることが挙げられるだろう。この他に気質、アレルギーなど他の要因を指摘する研究もある。環境要因としては、いじめ加害者の多くにモデルがいることが指摘されていることから考えて、それ以前のいじめ経験(加害、被害、傍観にかかわらず)、被虐待経験を挙げるべきだろう。

ここで押さえるべきは、そうした要因には大人が関与していることだ。

いうまでもないが、子どもは無力な状態で生まれる。その子どもをめぐる環境を整えるのは、親だったり支援者だったり、その他の大人たちだったりする。

もちろん大人はかつての子どもであり、彼らもかつていじめを経験し、その影響を受けているかもしれない。いじめをめぐる縦軸は、実は上が下につながるという三次元構造をもっているかもしれないのである。

横軸で整理する

▶人権問題としてのいじめ

次に横軸だが、これはいじめを、いじめといじめが起こっている環境・システムとの関連で整理しようとの試みである。

そこで最も重視すべきことがある。いじめは、教育の問題、もしくは子どもの問題行動という範疇で語られることが多いが、一方で人権問題としての側面をもつということだ。

その証拠に、いじめ、ハラスメント問題に関する資料のいくつかが、人権を守るという観点から出されている。
　これは特別支援教育と似ている。特別支援教育は教育の問題だし、子どもの発達を支えるという視点で語られるが、一方で障害のある子どもの権利擁護の側面がある。
　たとえば、かつて障害がある子どもは、就学免除という言葉で公教育から排除されていたことがある。それが1979年になって、重度の障害児を含めた障害児教育の完全義務化がなされ、改善された。しかしその後も、教育委員会が子どもの就学先を指定するという状態が続いた。それが、21世紀に入って、子ども一人ひとりの発達を保障しようとの理念から特別支援教育の導入に至ったのだが、この背景には障害者権利条約の存在があり、世界的な権利擁護の潮流があるのだ。
　インクルーシブ教育がわが国でも導入され、障害児への合理的配慮の提供が法的に位置づけられたが、これについては支援の充実という観点よりも、障害のある子ども、とくに発達障害のある子どもの権利を守るという観点が強調されるべきだ。教育は、学校や支援者の都合に左右されるようなものであってはならず、権利擁護の観点が何よりも優先されるべきだとの覚悟が必要だといえよう。
　さて、障害児の権利擁護の観点から、いじめ問題を考えてみよう。
　まず、これまでの研究によると、障害児はいじめ被害にあうリスクが高いとされている。
　マイアノら (Maïano et al., 2016a) がこれまでの先行研究を詳細に調べたところ、知的障害のある子どもはいじめの被害者になることが多い (36%) が、同時に加害者になることもあれば (15%)、被害者と加害者の両方になることもある (25%) ことを報告している。自閉スペクトラム症 (ASD) 児のいじめ被害についても、やはりマイアノら (Maïano et al., 2016b) が先行研究を詳細に調べているが、その結果、ASD児のいじめ被害経験率は44%、加害は10%、加害と被害の両方は16%であり、結論として、ASDは学校におけるいじめ被害の強力な危険因子であるとしている。
　さらにジィーディクら (Zeedyk et al., 2014) は、障害のある子どものいじめに関する実態を、障害のない子どもと比較しつつ詳細に調べている。13歳のASD

児、知的障害児、定型発達の子どものいじめについて調査した結果、前述のマイアノらの報告と同じく、ASD児のいじめ被害経験が知的障害児や定型発達児に比べて多く、情緒的問題への影響が大きいことがわかった。そのうえ、興味深いことにASD児は、その障害特性から社会性の問題、自己認知や「心の理論」の問題をもつため、いじめ被害やそのいじめが自分の人間関係に与える影響についても十分に理解できず、控えめに報告している可能性が高いという。

わが国でも、田中ら(2015)がASD児のいじめ被害率の高さを報告しているし、多田ら(1998)は広汎性発達障害児の8割がいじめを受けているとしている。また杉山(2010)は、複数の症例提示という形ではあるが、ASD児のいじめ被害の多さを指摘し、それがトラウマを引き起こし、予後に重大な影響を与えると警鐘を鳴らしている。

つまり障害児のいじめ被害の問題は、障害児の人権侵害、もしくは障害児差別の問題と絡めて語られるべきなのである。

さらに、権利擁護の流れが強まるなかで、このところ大きな問題になっていることがある。LGBT、つまりレズビアン(女性同性愛者)、ゲイ(男性同性愛者)、バイセクシュアル(両性愛者)、トランスジェンダー(性同一性障害など、心と体の性が一致しない人)といった性的マイノリティに対するいじめについての報告が次々に発表されてきているのだ。

欧米においても日本においても、「ゲイ」「ホモ」などの言葉が、いじめ加害を意図して使われることがある。フランシスマクレランド研究所のレポート(Frances McClelland Institute, 2012)によると、LGBTの若者の85％が言葉のいじめを、44％が身体的いじめを受けていたとのことだ。さらに彼らの90％が、誰かを傷つける目的で「ゲイ」という言葉が使われていることを報告している。

同様の研究はわが国にもあって、国際人権団体ヒューマン・ライツ・ウォッチ(2016)によると、25歳未満のLGBT当事者458人のうち86％が、教師や児童・生徒がLGBTに対する暴言や否定的な言葉、もしくは冗談を言うのを聞いたとのことだ。「いのちリスペクト。ホワイトリボン・キャンペーン」の調査(2014)では、LGBTの当事者およびそうかもしれないと思っている者の68％が「身体的暴力」「言葉による暴力」「性的な暴力」「無視・仲間はずれ」を経験しており、とくに性別違和のある男子のリスクが高いという。

障害児者はもちろん、LGBT、外国人など、社会のマイノリティは当然、弱

者である。だからこそ、彼らの権利を守らなければならないのだが、一方で、いじめの定義に「力の不均衡」がある以上、どうしてもいじめ被害にあいやすくなる。となれば、特段の配慮が必要だろう。

私たちは、すべての人の人権を守るべき成熟社会に生きている。この流れのなかでいじめを捉えると、さらに真剣に対処すべきであることが明らかになるだろう。

▶環境とシステム

いうまでもなく、いじめという現象は、学校教育システムのなかに位置づけられている。

いじめは主に生徒指導上の問題として周知されているが、これらは子どもの発達、とくに行動や情緒の発達の問題と言い換えることができるだろう。また、対象のなかに発達障害児が含まれることから、特別支援教育にも関連する。

さらに重要なのは、いじめの多くが、先ほど述べたとおり、人権侵害の可能性が高いということである。いじめをすることはもちろん、見逃すことは、被害者である子どもの権利を阻害する要因になる。被害者が気の毒だという情緒的な問題とは次元が違う側面をもつことから、人権教育としてアプローチする必要があるといえよう。

ここでいじめという現象を、あらためて横軸のなかで整理してみよう。

ここまで語ってきたシステム、社会での位置づけに加えて、子どもをめぐる環境との関連で捉える必要がある［図6-2］(→ P.88)。

加害者にはモデルがいることから考えて、教師や親といった大人たちが、弱者に対して高圧的なかかわりをしていたとすれば、それはいじめを増やすことになるだろう。

モデルになりうるのは、もちろん大人だけではない。いじめ加害者の増殖という現象がある。いじめが許される学校環境は、子どもたちのなかに、次々といじめ加害者を作り出すことになる。

実は、このように学校環境が子どもの行動に与える影響については、School Climate (学校風土) 研究として、すでに多くの知見がある (たとえばThapa et al., 2013)。第13章でくわしく触れるが、私たちも経験的に知っているように、学校や学級の環境、雰囲気の良し悪しは、子どもの行動にダイレクトに影響を与える。

図 6-2 横軸によるいじめ現象の整理

当然、これはいじめに限らない。良い環境は、いじめはもちろん、不登校、暴力行為など、すべての子どもの問題行動を減らし、逆に好ましい行動を増やし、学力さえも上げることになる。逆に悪い環境は、すべてのことについて、好ましくない結果を増やしてしまう。だから、環境（学校風土）へのアプローチはとても重要なのだ。

いじめ関連事象へのアプローチ

あらためて図 6-1 と図 6-2 をみながら、考えてみよう。

いじめ現象そのものは、非常に複雑で扱いにくい。なぜならいじめは通常、大人のみえないところでさまざまな環境と関係しながら発生するからだ。だから、ただ声高に「いじめを撲滅しよう」と言い続けても、被害者が気の毒だと情緒的な問題として取り上げても、具体的な成果に結びつきにくいのである。

とするならば、私たちは、別の方法をとるべきだろう。

つまり、いじめそのものだけではなく、いじめに関係する別のことに対しても、同時にアプローチするのである。

図 6-1 にある過去の要因への働きかけは、いじめリスクを減らすことにつながるだろう。また図 6-2 に挙げられたものはすべていじめと相関関係があるわけだから、それらすべてに対して働きかけをすることが重要になる。

このように、これまでの研究からわかっている知見を十分に活かしたうえで、本当に現場を変えるためのいじめ対策を考えていくことが大切である。
　図6-1を見るとわかるように、いじめを減らすことは、子どもたち一人ひとりの将来に大きな影響を与える。そして、その子どもたちは将来の社会の構成員となり、親となるわけだから、いじめ対策は、わが国の将来にとっても非常に重要なのだ。
　このことを確認したうえで、第Ⅱ部では、いじめの予防について考察していきたい。

第6章のまとめ

★ いじめという事象は複雑であり、他のさまざまな事象と関連する。
★ 縦軸で考えたとき、子ども時代のいじめ経験は、大人になってからのいじめ（職場いじめ、ハラスメント）にかかわっている可能性がある。
★ 横軸で考えたとき、いじめのなかには、障害児、LGBTなど、マイノリティに対する人権侵害と思われるものが存在する。また学校システムのなかでいじめを捉えると、特別支援教育や人権教育とのかかわりが浮かび上がる。
★ 環境によって子どもの行動は変化する。そのため、環境に対するアプローチが重要である。

第11部

いじめを予防する

第7章 いじめ対策の前提
——教師が傍観者から脱し、加害モデルにならないこと

教師はいじめの指導をしているのか

　いじめ対策を考える前に、現状を確認しなければならない。
　まず、教師はいじめの指導を十分にしているだろうか、ということである。
　児童生徒の問題行動等に関する調査研究協力者会議の1996年の調査では、「いじめを知っていながら止めなかった教師」が41％いたことが報告されているが、これはすでに20年以上も前のことだ。その後、たくさんのいじめ事件が社会を賑わし、いじめ防止対策推進法が施行された。今は状況が変わっているかもしれない。
　その少し後、1999年に森田らが調べたところ、いじめ被害者である子どもの51.2％が、いじめの事実を先生が知っている、としている。そのうち81.6％で先生はいじめをなくそうとしており、結果として23.2％が「いじめがなくなった」、42.1％が「いじめが少なくなった」と、教師が介入することの効果を評価している。
　先生が知らないといういじめが半分程度あるのが気になるところだが、それでも教師による介入の約6割に、何らかの効果があるとのことだ。励まされる結果であるといえよう。
　だが、教師は悩んでいるというデータもある。
　岡本（2005）は、公立小中学校の教師を対象にした調査から、小学校教師の70％、中学校教師の93％が学校内でのいじめを認知している一方で、全員がその指導に難しさを感じていることを報告している。また毎日新聞が2012年に全都道府県の現役教師に対して電話でのヒアリング形式の調査を行ったところ、7割が、時間不足からいじめ対応が不十分になると答えている。

ただし、こうして調査結果に表れていることだけで判断するのは不十分かもしれない。

1999年の森田らの調査を除き、これらの研究は教師に対するアンケートやヒアリングをもとにしている。つまり、教師がいじめを認知したところから始まっているわけだ。

とすると、もしも教師がいじめを見つけることができなかった、もしくは、見つけていても、無意識的か意識的かの差はあれ、いじめと認知しなかった（見て見ぬふりをした）例は、このなかに入らないのである。

傍観者としての教師

いじめの傍観者について考察した第4章で説明したが、ヘーズラー（Hazler, 1996）は、傍観者がいじめを傍観する理由を以下の3つに整理している。

① 何をすればよいか、わからない
② 報復（次のいじめのターゲットになること）を恐れている
③ 何かをして状況をさらに悪くすることを恐れている

教師は普通、子どものいじめの外側にいる。したがって、この3つの項目が教師にも当てはまるかもしれない。

確認してみよう。

まず①の「何をすればよいか、わからない」と③の「何かをして状況をさらに悪くすることを恐れている」を合わせて考えることにする。これらは両方とも、教師が「いじめに関する正しい知識をもち、正しい方法を知っているのか、そして、それを現場で実行可能なのか」にかかってくるからだ。

前掲の岡本（2005）は、いじめにかかわる研修がその予防に役立ったと回答する教師が1割しかいなかったこと、これまでに出されている指導書のなかで教師のいじめ指導の難しさに焦点を当てているものが見当たらなかったことを指摘し、今後の研修は、教師が日常の指導で苦労していることを取り上げるべきだとしている。

さらに岡本は、海外でも国内でも、いじめ問題への対応は「校内全体で一致した取組が重要である」とされていると断ったうえで、学校種に限らず、学校全体でいじめ問題を解決した経験がある教師は43.3％であるが、取り組みの内容についてはそのほとんどが、「全校で見守る」「共通理解をする」など、具体的なイメージに乏しい回答だったと述べている。
　いじめ防止対策推進法の施行以来、いじめ防止のマニュアルを作成し配布している教育委員会が増えている。文部科学省も「学校におけるいじめ問題に関する基本的認識と取組のポイント」など、さまざまな指針を提案している。ただ、その内容は主に学校や教師の望ましい態度や努力の方向を指し示すもので、残念ながら具体的な方法を明らかにするには至っていない。
　例を挙げると、文部科学省のホームページには、「いじめを行った児童生徒に対しては、心理的な孤立感・疎外感を与えることがないようになど、一定の教育的配慮の下に、いじめの非人間性やいじめが他者の人権を侵す行為であることに気付かせ、他人の痛みを理解できるようにする指導を根気強く継続して行うこと」といった記述がある。この内容に間違いはない。ただ、この文言を読んだところで、いじめをした児童生徒に対して、具体的に何をすべきなのかはわからない。他人の痛みを理解できるようにする指導とは何か、どの教材を使い、どういった指導が効果的なのか。指導の成果は何で判断するのか。うまくいかない場合はどうするのか。子どもの発達段階によって指導法は変えるべきなのか等々、結局、教師個人の力量に任されてしまうだろう。
　もちろんなかには、具体的な内容に踏み込もうとの意図が感じられるものもある。
　たとえば奈良県教育委員会 (2009) は、「事例から学ぶいじめ対応集」をまとめている。これは70ページにもなる大作で、多くの事例を挙げつつ、具体的な対応策まで提示している。だが、その内容を詳細にみていくと、たとえばいじめ加害児童生徒への対応方法について、「いじめの背景の理解に努め、個別にかかわる機会を持続的にもつ」とか、「自分はどうすべきであったか、これからどうするかについて、考えをまとめ行動できるように援助する」など、文章での説明だけでは不十分と感じられるところがある。これは、いじめという問題が、複合的かつ個別性が高く、一般化することが難しいという特性があるからだろう。

同様に国立教育政策研究所 (2013c) は、「いじめのない学校づくり—『学校いじめ防止基本方針』策定Q&A」をまとめ、いじめ防止対策推進法を受けて各校が取り組むべきことを具体化しているが、ここにも限界が感じられる。たとえば、いじめの早期発見については、「児童生徒のささいな変化に気づくこと」「気づいた情報を共有すること」「速やかに対応すること」を挙げており、そのための方法として、気になる行為を職員が付箋紙にメモして共有できるようにすること、学級日誌や個人ノートの活用など、今まで当たり前にやってきたことを意識的に行うことを推奨している。しかし、その「意識的」であることの内容を具体化することが、実は難しいのである。これも文字情報を主としたマニュアルの限界を意味しているように思える。
　以上のことから考えて、教師は「いじめに関する正しい知識を得る」ところまでは可能であったとしても、「正しく、かつ具体的な対応方法を知る」ことが難しい状況にあることがわかってくる。いくら組織的な対応を求め、マニュアルを提供しても、いじめへの対応は、教師の個人的な力量に頼らざるをえないところがある。同時に、いじめに関しては、教師の経験則には頼らないほうがよいという原則がある。
　だとすれば、教師のなかに、傍観者が傍観している理由である「何をすればよいか、わからない」「何かをして状況をさらに悪くすることを恐れている」を満たす者がいてもおかしくはない。それどころか、少なくない可能性がある。
　その結果、彼らはいじめを見て見ぬふりするかもしれない。時間的余裕がないことを理由に、介入しない、もしくは表面上しか対応しないという選択をするかもしれない。
　教師の忙しさは周知のとおりだが、いじめ対応の優先度は明らかに高い。時間不足を理由にするわけにはいかないだろう。

いじめ対応のリスクと困難さ

　実際、いじめの対応は難しい。
　あなたがもしも学校の教師だったとして、自分の担任する教室のなかで「いじめかもしれないこと」を見かけたとしよう。あからさまではない。教室のな

かにたくさんの子どもが遊んでいて、その隅のほうに、ちょっと気になる雰囲気がある。数人の子どもが、一人の子どもをからかっている、もしくは仲間外れにしている、そんな様子に見える。だが、「遊んでいる」と見えなくもない。そこでどうするのか、ということなのである。

　選択肢は2つある。

　1つは、その「いじめかもしれないこと」が行われている場に近づいていき、何が起こっているのか確認することである。もう1つは、それを気にしないように（意識に上らないように）して、通り過ぎることである。

　幸い、といってよいかどうか微妙なところだが、その「いじめかもしれないこと」は、教室の片隅で行われている。「見えなかった」と言い訳できる場所だ。それに「遊んでいる」と見えなくもないから、何気なくやりすごすことに問題はないだろう。

　ただ、一方で、「もしもいじめだったら」と考える。このことが「深刻ないじめにつながる」、もしくは「すでに深刻になっている」可能性も否定できない。

　だったら、さっさと行動を起こすべきだと思うかもしれないが、そうもいかないのがいじめ対応なのである。

　第2章で説明したとおり、加害者にはシンキング・エラーがある。自分の行為をいじめだと自覚していない場合が多く、彼らなりの理屈がある。指導をするには、そのシンキング・エラーを正さなければならない。

　また、被害者がすでに深く傷ついている場合は、そのケアに時間がかかる。自己肯定感が下がっていると、いじめの原因が自分にあるのではないかと恐れ、教師の介入を嫌がるかもしれない。

　それに加えて、彼らの後ろには保護者がいる。

　第12章でくわしく触れるが、「いじめの事実」は、加害者の保護者にとっても被害者の保護者にとっても、とても残念で、学校への信頼を揺るがす出来事である。加害者の保護者は、わが子の（シンキング・エラーに基づいた）言い分を最大限に採用して抵抗するかもしれない。一方で、被害者側の保護者は、学校と担任教師の責任を追及するかもしれない。しかしだからといって、学校は「いじめの事実」があったことを保護者に連絡しないわけにはいかない。

　そして、さらに気をつけなければならないのは、その周りに傍観者である子どもたちがいることである。

彼らはあなたの行動を、固唾を呑んで見守っていることだろう。この先生は、いじめ問題をどのように解決するのだろうか。表面上の解決だけをして、終わりにしないだろうか——と。

もしあなたがうまく解決することができれば、クラスの正義は守られ、雰囲気はよくなり、あなたへの信頼はアップする。担任がいじめをなくすことを本気で考えていると子どもたちは理解し、みずからの行動を振り返ることだろう。

だが、もしもあなたが下手な対応をしたなら、子どもたちは大人を見限るかもしれない。もしくは「このクラスはいじめをしてもかまわない場所なのだ」「いじめ加害はやり得なのだ」と学習する。その結果、クラスの雰囲気は悪くなり、いじめはさらに増える。学級崩壊に進むかもしれない。

つまり、いじめ介入は、教師にとってリスクのある、難易度の高い仕事なのである。

教師はいじめ加害者による報復を恐れている

さて、傍観者が傍観者でいる理由の①と③が教師にも当てはまることについて指摘してきた。残りは、②の「報復（次のいじめのターゲットになること）を恐れている」という点だが、これはどうだろうか。

相手は子どもだ。大人である教師が報復を受けることなど、ありえないと思うかもしれないが、そんな単純な話ではない。

何度も述べてきたように、「いじめを深刻化させる２つのキーワード」の１つはアンバランス・パワーである。いじめの加害者は、被害者に比べて強い力をもっている場合が多い。その力は、肉体的なものに限らない。精神的なタフさかもしれないし、知的な高さ、友人の多さかもしれない。もちろんそれらを併せもつ場合もある。

要するにいじめの加害者は、子どものなかでも強いのである。良い悪いは別にして、クラスでも部活でもリーダー格で、ムードメーカーだろう。授業では重要な発言をし、勉強も運動もそつなくこなせるタイプで、さらには、生徒会長、学級委員、クラブの部長・レギュラーなど、学校生活において何らかの重要な役割を果たす子どもである可能性が高い。つまり担任、もしくは部活の顧

問であるあなたにとって、無視できない存在といえるだろう。

　教師も子どもも人間だ。日々をうまく過ごすには、人間関係が大切だ。学級経営、部活経営を行ううえで、もしくは授業を円滑に進めるうえで、いじめの加害者の立場にある子どもは、重要な役割を担っていることが多い。実際、過去に社会問題化した深刻ないじめ事件を振り返ってみても、いじめの加害者、もしくは加害者グループが、教師の指導を無視できるほどの力をもっていた例、あるいは保護者が地域の重鎮で、子どもがその権力を笠に着ていた例があったはずだ。

　しかも加害者にはシンキング・エラーがある。「自分にはそういうことをしてよい権利がある」と考えている場合が少なくない。

　そこに教師が指導を入れたらどうなるか。

　教師であっても、報復の対象になるだろう。あからさまな教師いじめでなくても、学級経営や部活経営がやりにくくなる、授業が進めにくくなるといったことが起こりうる。とすると教師も、程度の差こそあれ、やはり報復を恐れざるをえないのである。

教師が傍観者でいる理由を取り去る

　いじめの事実を見つけ、速やかに指導することは、実は教師にとって、非常にリスクのあることだ。そのことと、傍観者が傍観者でいる3つの理由は重なっている。

　だから、教師にとって最も楽なのは、「いじめかもしれないこと」に気づかずにすませることだ。何しろ仕事そのものが消えてしまう。良心の呵責を感じることもなく、忙しくも平和な生活を継続することができるだろう。

　しかし、教師がそうした「見て見ぬふりをする」ことは、当然だが、問題が大きい。いじめ被害者を救うことができないうえに、学校はいじめが容認される場であると子どもたちに伝えてしまうからだ。

　だから、どうしても教師には、「いじめかもしれないこと」を見逃さず、対応してもらいたいのである。

　では、どうすべきなのか。

傍観者が傍観者でいる3つの理由が教師にも当てはまるのがわかったのだから、それを取り去ってしまえばよい。
　①「何をすればよいか、わからない」と③「何かをして状況をさらに悪くすることを恐れている」は、ある意味、単純だ。正しい知識と方法を提供すればよい。だが、マニュアルを提供するだけでは不十分だ。個人的な経験則を当てはめてはならないという原則をあらためて知らせ、さらに実践的な研修（たとえばロールプレイを含んだもの）を実施することが重要だろう。
　②「報復（次のいじめのターゲットになること）を恐れている」についても、同様に考えることができる。正しい知識と方法は、結局、学校全体による組織的かつ包括的な取り組みになり、さらに、児童生徒への予防教育と保護者への啓発を含むことになるからだ。
　なかでも、あらかじめ子どもたちに、加害者がシンキング・エラーを起こしやすいことを伝えることが大切だ。保護者に対しても、いじめかもしれない出来事について、教師および学校が何を目的にどういう対応をするのか、前もって情報を提供しておく。加えて、子どもにも保護者にも、いじめにかかわることのリスク（加害者・被害者・傍観者いずれも予後がよくないこと）を知らせておくのである。
　シンキング・エラーがあることを知っていれば、加害者に対する指導も入りやすくなる。いじめの予後の深刻さを知っていれば、子どもも保護者も、学校の対応に協力するだろう。
　そして、こうした対応を学校全体で組織的に行っていく。
　いじめは複雑な事象で、加害者、被害者だけでなくクラス全体、もっといえば学校全体に関係する。教師個人での対応には限界がある。教師が報復を受けるリスクを減らすためには、その指導が、担任個人の問題ではなく、組織全体が「いじめをなくす」という強い意志に基づいていることを、子どもにも保護者にも理解してもらうことが重要なのだ。

いじめの加害モデルはどこに？

　「蛙の子は蛙」のことわざを引くまでもなく、子どもは親の性質を受け継ぐ。これを遺伝によって説明することもできるだろうが、身近にいる人の行動を

真似ているのだ、と考えることも可能であろう。何しろミラーニューロンの働きもある。子どもたちは、無意識のうちに周りの人の行動を取り入れて成長していくのである。

行動分析学では、人の行動を、個人とそれを取り囲む環境との相互作用によって生じると考えるが、こうした流れのなかでいじめを捉えると、どうなるだろうか。

ボンズら (Bonds & Stoker, 2000) は、いじめの加害者の身近に、そのモデルとなる存在が過去にいたか、もしくは現在もいる可能性が高いことを指摘している。またオーピナスら (Orpinas & Horne, 2006) は、いじめ加害行動リスクを高める因子として「虐待(を受けたこと)」「友だちのいじめ行動の目撃」「大人のいじめ行動の目撃」「体罰など痛みを伴う指導システムの存在」を挙げているが、それも納得のいくことのように思える。

つまり、いじめ加害者が加害行動をとるにあたり、その加害行動を教えた誰かがいたはずだということだ。では、その「誰か」はどこにいるのか？

もちろん、他のいじめ加害者がモデルを提供している可能性はある。たとえば、被害者だった子どもが、二度といじめられないように、自分をいじめた加害者を真似て行動することがある。しかし、問題は子どもだけではない。大人のなかに、いじめ加害者にモデルを提供している者はいないだろうか。

子どもの身近にいる大人といえば、親と教師だろう。当然、親も教師も子どもを守り、いじめをやめさせようとする立場にあるが、その彼らが図らずも子どもたちにいじめ加害者のモデルを提供しているとしたら、事は深刻である。

大人のいじめ

大人の世界にもいじめはある。

子どものいじめに関する事件を前にすると、大きな問題ではないように感じてしまうが、そうではない。子どものいじめは、加害者も被害者も子どもであり、学校の管理下で起こるから話題になりやすいだけであって、大人の世界のいじめも相当、深刻である。

実際、大人の世界のいじめは、十分に話題になっている。

たとえば厚生労働省は、2011 年に「職場のいじめ・嫌がらせ問題に関する円卓会議」を招集している。この会議は、2012 年 3 月に「職場のパワーハラスメントの予防・解決に向けた提言」をまとめ、職場のパワーハラスメントの存在とそれをなくすことの意義を強調しているが、それだけ職場におけるハラスメントは深刻なのだ。

　この会議のワーキング・グループの報告 (厚生労働省 職場のいじめ・嫌がらせ問題に関する円卓会議ワーキング・グループ, 2012) によると、職場のいじめ・嫌がらせの増加や深刻さは、各種調査結果からすでに明らかである。たとえば、都道府県労働局に寄せられる「いじめ・嫌がらせ」に関する相談は、2002 年度には約 6600 件だったのに対し、2010 年度は約 3 万 9400 件とのことだ。また東証一部上場企業を対象にした調査によると、43％の企業がパワーハラスメント、あるいはこれに類似した問題が発生したことを回答している。

　さらに厚生労働省が 2012 年に行った「職場のパワーハラスメントに関する実態調査 (従業員調査)」によると、従業員 (正社員) 30 人以上の企業約 1 万 7000 社および民間企業に勤務している者約 9000 人のうち、過去 3 年間にパワーハラスメントを受けたことがある者は 25.3％だったとのことだ。また小副川 (2010) によれば、過去に職場でいじめられた経験がある人は 31.0％であるという。

　もちろん、これは日本だけの問題ではない。むしろ欧米では、早い時期から研究が進んでいる。たとえば、アメリカには職場いじめを専門に扱う組織 The Workplace Bullying Institute があり、職場いじめに関する研究を毎年発表している。その 2014 年の報告 (Namie et al., 2014) によると、職場いじめの被害経験率は 27％、目撃経験が 21％であるが、職場いじめの存在があると認識している者は全体の 72％にのぼるとのことだ。

　これは私見だが、職場いじめのほうが、子どものいじめに比べ、ある意味、真剣な対応がなされているように思う。その理由として、加害者も被害者も大人であるため、即座に当事者の責任を問う方向に向かうことが多いからだ。前述の職場のいじめ・嫌がらせ問題に関する円卓会議による報告書 (2012) の参考資料には、職場いじめについて、使用者責任および当事者責任が問われた例が、賠償金の額とともに掲載されているのである。

　さらに、職場いじめは、企業の生産性、つまり収益に影響を与えるとの指摘もある。前述の厚生労働省「職場のパワーハラスメントに関する実態調査 (従

業員調査）」によると、日本企業のなかにも、パワーハラスメントをなくす努力をすることにより職場環境がよくなったり生産性が上がったりすることにつながるとの意見が垣間見られる。諸外国ではもっと重要視されており、バターワースら（Butterworth et al., 2016）は、職場いじめが被害者の精神的な健康に悪影響を及ぼすことを示している。こうした研究は他にもたくさんある（たとえばNielsen et al., 2014）が、このことはさらに他の問題へと波及する。

　まず、労働者の精神衛生の悪化は離職につながる。企業側からすれば、訴訟リスクはもちろん、新たな雇用と新人教育が必要になる。つまり時間とお金がかかる。しかも、いじめのある職場環境は、生産性の悪化につながる。

　よって、職場いじめは会社の経営に悪影響を与え、さらには社会全体の経済活動にダメージを与える。このことをヤマダ（Yamada, 2012）は、「職場いじめを放置することは、従業員の生産性、士気などで大きな代償を払わされることになる」と明快に述べている。

教師が子どもをいじめていないか

　職場でのいじめがあるならば、家庭でのいじめもある。その対象が子どもならば虐待となり、夫婦間であればDVとなる。もちろん、きょうだい間の場合もあるだろう。こうした家庭の問題は、現在、社会問題化し、注目を集めている。

　家庭で虐待を受けている、もしくは受けた経験がある子どもは、自分が被害を受け、そのつらさを十分に学んでいるはずなのに、加害者側に回ることがある。これは虐待の世代間連鎖の話と似ている。要するに、子どもは加害者である親の行動を見て、「弱者に対して暴力で支配してよい」ということを学ぶ。もしくは「加害者側に回らないと、被害者になってしまう」という恐怖が根底にある。これは、いじめ加害のモデル以上のものと理解するべきかもしれない。

　ところで、教師はどうだろうか？　子ども同士のいじめが問題になっている一方で、教師が意図せずに、子どもをいじめている可能性はないだろうか。

　そこに「いじめ行為」があり、「被害者が心身の苦痛」を感じているなら、いじめ防止対策推進法でいじめと認定されるわけであるが、実のところ、この

法律の定義は、子ども同士の人間関係に限っている。

　そこで、本書で「いじめを深刻化させる2つのキーワード」と位置づけているアンバランス・パワーとシンキング・エラーについて考えてみよう。まずアンバランス・パワーだが、教師と子どもに限らず、大人と子どもの間には、常に力の不均衡が存在する。さらに教師の側にシンキング・エラーがあって、指導したつもりになって子どもをいじめていることがある。つまり、シンキング・エラーが生じているかもしれない。よって、当たり前のことではあるが、教師が加害者になると、そのいじめは深刻化しやすいという特徴をもつことになる。

　このことについて、少々古くはなったが、非常に興味深い研究がある。秦(1999)による「いじめ問題と教師」と題するレポートである。このなかで秦は、教師の態度や行動と子どものいじめ、教師同士のいじめなどについて、福岡県の小・中学校の教師と小・中・高校生を対象にした調査を行っている。その結果、教師が子どもに対して、八つ当たりをすることが「よくある」もしくは「ときどきある」と回答する小学生が合わせて23.6％、中学生が23.3％であったという。また、えこひいきをすることが「よくある」「ときどきある」と回答する小学生が合わせて25.6％、中学生で27.9％であるとのことだ。さらに直接的なこととして、先生に「いじめられた」と感じることが「よくある」「ときどきある」と答えた小学生が合わせて12.2％、中学生が12.7％であったという。

　これだけでもインパクトのある結果だが、さらに秦は、こうした教師の行動とクラスで起こるいじめとの関連を明らかにしている。残念ながら統計的解析が行われていないが、具体的数字をみると、先生からいじめられたと感じることが多い子どもは、他の子どもたちへの加害行動を起こしていることがたしかに多い。秦自身も「教師に『いじめられた』と感じている子どもたちが、いじめに走っているだけでない。それと並んで、いや、それ以上に深刻な事態は、子どもたちからみて『いじめられた』と感じさせるような態度・行動を取っている教師のクラスでは、いじめがよく生じているという状況である」としている。

　大西ら(2009)の研究も、同様の傾向を示している。不適切な権力を行使するタイプの教師のクラスでは、いじめ加害傾向が増えるとのことである。逆に、受容的だったり親近感があったりする教師のクラスは、いじめに対して否定的になるという。教師がモデルを提供している可能性はやはり高いといえるだろう。

学校という職場でのいじめ

　教師同士のいじめもある。
　秦によると、今の学校での教師間のいじめについて「よくある」「ときどきある」とした小学校教師は合わせて15.1％、中学校教師は20.6％であり、実際に自分が他の教師からいじめられることが「よくある」「ときどきある」とした小学校教師は合わせて13.0％、中学校教師は14.8％とのことだ。これは、厚生労働省による職場のいじめの報告に比べると少ないように思われるかもしれない。しかし秦の調査についてさらにくわしくみていくと、他の教師から陰口を言われたという小学校教師は46.1％、中学校教師は48.5％であり、嫌味を言われた小学校教師は58.6％、中学校教師は60.5％である。さらに「新しいなんらかの教育実践をしようとして、他の教師に足を引っ張られること」が「よくある」と回答した教師が小学校で3.5％、「ときどきある」が17.3％、中学校では「よくある」が5.5％、「ときどきある」が20.9％である。つまり、教育活動にも影響が出ているのである。
　こうした教師同士のいじめは、子どもにも影響を与える。秦によると、担任教師が他の先生の悪口を言うことが「よくある」もしくは「ときどきある」と回答した小学生は合わせて15.1％、中学生は18.1％とのことだ。さらに、他の教師からいじめを受けている教師のクラスの状況をみてみたところ、いじめを受けている教師の担任するクラスほど、いじめが多く生じているらしい。
　こうした調査結果を受けて秦は、教師の姿勢がいじめを容認するような環境の形成に影響を与えるとし、さらには、「子どものいじめに対して、どんな対応をするのか、いじめを起こさせないためにどんな指導をするかといったことばかりに議論が集中してきたが、それ以前に教師の日常的な態度や行動、教育活動、そして教師集団の人間関係を、きちんと点検する必要がとくに求められている」と述べている。
　同様の視点は、福岡県教育センターの研修資料「いじめに対する基本的考え方　いじめのメカニズムとその対応」（2007）のなかにもある。そこでは、いじめを招くと考えられる教師の言動として、「触発型」「共同型」「是認型」「対処型」「不介入型」があるとしている。

たしかに、わが国における子どものいじめ対策の中心は、子どもへの指導をどうするのかを議論することだ。たとえば国立教育政策研究所 生徒指導・進路指導研究センター (2016) のいじめ追跡調査でも、いじめの被害や加害と子どものストレス等の関連を明らかにしているが、教師の行動や教師集団の人間関係との関連については何も語っていない。

いじめの加害者に対して、身近な大人がモデルを提供している可能性がある以上、少なくとも教師の行動については、いま一度、確認をする必要があるだろう。

指導なのか、いじめなのか

古い話で恐縮だが、『巨人の星』というアニメに、スパルタ（この言葉も古くなったが）の父親が登場した。主人公が所属する野球部の練習は、肉体を痛めつけることが中心に描かれ、主人公はそうした厳しいトレーニングに根性で耐え、少しずつ強くなっていく。これが当時のスポーツアニメの常道だった。こうした作品は「スポ根もの」と呼ばれており、それはアニメに留まらなかった。漫画はもちろんテレビドラマや映画でさえ、同様の価値観、同様のストーリーを展開し、人気を博していたのである。

当然だが、これは当時の世相を反映している。

今の40代、50代世代が子どもだったとき、体罰は当たり前に存在した。忘れ物をして叩かれたり正座をさせられたりしたことがある人は少なくないだろう（筆者だけが特別だったら申し訳ないが）。とくに運動部に所属した者なら、それこそ漫画のような厳しいトレーニングや指導に耐えてきた経験があるだろう。

そこで、私たちは考えなければならない。あれは「いじめ」だったのか、と。

いじめ防止対策推進法では「相手に影響する行為」と「被害者の心身の苦痛」が要件だから、「いじめ」と考えてよいだろう（本来は子ども同士の人間関係に限定されている）。しかし、「いじめを深刻化させる2つのキーワード」を確認してみると、シンキング・エラーのところで、首をかしげざるをえないのである。

たとえば、体罰や厳しいトレーニングを課す側（加害者）は、それを指導だと認識し、対象者のためであると信じていたとする。それに対し、やられる側・

やらされる側（被害者）が、やる側（加害者）と同じように、「これは指導だ、自分たちのためにやってもらっているのだ」と認識しておらず、苦しさ、つらさだけを感じているのなら大問題だ。加害者だけが一方的なシンキング・エラーをもっていると考えられ、深刻化するであろういじめと認定できる。

しかし、もしもやられる側・やらされる側が、やらせる側の認識と同じく、たしかに指導をしてもらっている、自分たちのためになっていると認識していたとしたら、シンキング・エラーは成立しないことになる。

それらを苦しい、つらいと感じたとしても、やられる側・やらされる側が納得しているのである。被害者が、自分が受けた心身の苦痛を容認しているとするならば、現在のいじめ防止対策推進法をもってしても、「いじめ」と断罪できるかどうか、微妙なところではないだろうか。

とくに、漫画、アニメ、ドラマで、そうした体罰や激しいトレーニングが「スポ根」としてもてはやされていた時代である。そのときの社会の空気は、こうしたことを容認していたといえるかもしれない。

時代の変化

ところが、時代は変わった。

たとえば文部科学省（2013c）が挙げた体罰の例に、「宿題を忘れた児童に対して、教室の後方で正座で授業を受けるよう言い、児童が苦痛を訴えたが、そのままの姿勢を保持させた」というものがある。スポ根世代が子どもだったとき、どの教室でも当たり前に行われていた（かもしれない）ことが、今は「体罰」として法律違反に問われることになった。

この時代の変化に、いわゆるスポ根世代は、ついていっているだろうか。彼らは、正座をさせるくらいはOKだ、多少の厳しい指導は必要だという学習を過去にしてきている。しかも、それはみずからの体験だけではない。漫画、アニメ、ドラマを視聴して楽しんだし、それを多くの人が楽しんでいるところを実際にみてきている。この体験に基づいた学びを、社会の変化は否定するのである。

ところで、体罰を辞さないスポーツクラブの顧問、監督、コーチだけでなく、

プロの選手が、「体罰があるから強くなるんだ。厳しい指導があるから勝てるんだ。オレはそれを体験してきたし、そういう人がプロとして残っている」といったことを発言するのを聞いたことがあるかもしれない。

彼らの言葉は、時として重みをもつ。なぜならば、彼らは指導者、もしくはプロの選手として成功しているからだ。

だが、それが事実かどうかという点では、慎重に検討する必要がある。もちろん彼らの経験、意見を否定するという意味ではない。どういうことかというと、彼らは少数派である可能性があるのだ。

たとえば、スポ根世代で、子ども時代、運動系の部活動に所属していた者が1000人いたとする。そのうちの何人が、体罰や厳しいトレーニングをとおして実力が高まったのか、もしくは、そうした指導を「自分のためだ」と了解したか、ということだ。

これまで考察したとおり、時代による差はあるだろう。しかし想像するに、実力が高まった、自分のためだと思ったと回答する者が全員だったはずはない。とくに、体罰や厳しい指導に耐えられなかった子どもはそのスポーツをやめてしまう。こうした子どもを、根性がないからダメだと切り捨てるのは偏った考えだ。彼らのなかには、厳しい指導でさえなければ才能を開花させることができた子どももいただろう。問題は、こうして脱落した子どもたちの存在がみえなくなってしまうことなのである。

うまくいった者のみの意見がサクセスストーリーとともに広がる。本当は、成功した人よりはるかに多い人数の子どもたちが、そのスポーツを嫌いになったかもしれないのに、である。

実は、体罰や厳しい指導には効果が期待できないことは、日本行動分析学会(2014)の体罰反対表明にあるように、すでに証明されている。よって、声高に語られる成功体験は、稀な例であり、全体に当てはめることは非常に危険だといえる。

話を元に戻そう。教師のなかに、自分の経験則を信じて強い指導をする者が、どれだけいるだろうか。

自分はそれでうまくいったかもしれないが、それを全体に当てはめることは乱暴だし、時代は変わったのである。今の時代、教師がいくら「指導」とか「子どものためだ」と信じていても、子どもや保護者にとっては、痛みとつらさし

かないものになる恐れがある。これはいじめであるばかりか、「いじめを深刻化させる2つのキーワード」を満たしてしまうだろう。

　子どものいじめの予防をする最も大切な条件は、大人の行動を振り返ることだ。子どもに「いじめをしてはいけない」というメッセージを出している大人自身が、子どもをいじめたり、いじめ加害者にモデルを提供していたりするのなら意味はない。

　繰り返しになるが、時代は変わった。

　みずからの行動が否定されることはつらいが、子どもたちの未来を幸せなものにしたいのであれば、自分がどう子どもたちと接しているのか、勇気をもって振り返るべきだ。

　なぜならば、子どもの行動は大人の行動の映し鏡だからだ。もしかしたら、子どものいじめは、大人の問題が反映しているにすぎないかもしれないのである。

第7章のまとめ

★ 教師は普通、子どものいじめの傍観者の立場にある。傍観者がいじめを傍観する理由として「何をすればよいか、わからない」「報復を恐れている」「何かをして状況をさらに悪くすることを恐れている」があるが、それが教師にも当てはまる可能性がある。

★ いじめの対応をすることは、教師にとってリスクがあり、困難な仕事になる。よって、いじめの対応方法について明確にし、実践的な研修を積むことが必要である。

★ いじめ加害者には、加害行動のモデルがいることがわかっている。教師が子どもをいじめていたり、教師同士がいじめをしたりしていると、その教師が担任するクラスではいじめが起こりやすくなるかもしれない。

★ 体罰はもちろん、厳しい指導は、いじめにあたる可能性が高い。すでに時代は変わり、そうした指導に効果がないことは証明されていることから、大人がそうした行動を変えていかなければならない。

第Ⅱ部　いじめを予防する

第8章 包括的取り組みの必要性

ケース1

　某国立大学、教育学部に在籍する女子大生からの相談である。
　教育学部附属の小学校に、週に1回、子ども支援のボランティアに行っているのだが、そこでいじめがあるという。
　くわしく聞いてみると、対象になっている子どもは、小学校の中学年、勉強があまりできないタイプ。仮にA男とするが、そのA男が、クラスの友だちから悪口を言われたり、遊びの仲間に入れてもらえなかったりする。象徴的な出来事としては、先日、このA男が鼻血を出したことがあった。そうすると、クラスの友だちが「汚い」と彼の周りに近寄らなくなり、助ける者もおらず、グループ活動や給食のときにも、机を微妙に離していたのだそうだ。
　その女子大生は、これはいけない、と思って、「汚くないよ」「そういうことはしてはいけないよ」と指導した。すると、子どもたちは神妙な顔をして行動を改めたが、それだけではすまなかったという。
　「私がその子のところに行くのは、1週間に1回だけなんです。なので、私がいるときはいいのですが、次の週に行くと、だいたい元に戻っていて、やはりいじめられているんです」
　つまり、彼女がいるときは指導が入るので、いじめはなくなるが、彼女がいない間に、いじめは復活し、深刻化する。その結果、A男の自己肯定感が下がるうえに、A男自身の行動が悪くなる。やられているからやり返せ、ということで、友だちに対する意地悪な行動が増え、それがさらにいじめを生むという悪循環に陥っているとのことだ。
　当然だが、これに対処するのは担任の仕事である。そこで、担任に指導をし

109

てもらうようにお願いしたらょ　　　　ないかとアドバイスをしたのだが、それが難しいという。

「担任の先生は、『Ａ男に悪いところがあるからいじめられるんだ』『Ａ男が変わればいじめは止まる』と言うんです。それで逆に、Ａ男に対する指導が厳しくなってしまったんです。周りの子どもたちは、私がきちんと指導すると、気まずそうな顔をするから、そういうことをしてはいけないと薄々わかっていると思うんです。でも、担任の先生がそういう考え方だと、いじめをしてもいい、ということになってしまって……」

結果として、Ａ男に対するクラスの友だちからのいじめはひどくなっているのだそうだ。

実は、これは国立大学の附属小学校での出来事である。担任の先生はベテランの実力者だそうだ。それなのに、この状況はどうしたことだろう。

ケース２

公立の中学校１年生、女子の母親からの相談である。

その生徒をＢ子としておく。Ｂ子は、自閉スペクトラム症（ASD）の診断を受けているが、知的に問題はなく、通常学級の授業にも問題なくついていくことができる。それで、以前は特別支援学級（情緒・自閉症）に在籍していたが、インクルーシブ教育の時代でもあるので、今はほとんどの時間を通常学級で過ごしているのだそうだ。

ところが２学期終わりの面談で、母親は通常学級の担任から次のように言われたという。

「Ｂ子さん、何とかなりませんか？　他の生徒からいつもニヤニヤしていて気持ち悪いと苦情が出ています。それから、授業やそれ以外の活動のなかで、グループ分けをすることがあるんですが、そのとき、Ｂ子さん、余ってしまうんですよね。これも何とかなるといいんですが……」

母親によるとＢ子には、友だち関係がうまく作れないという自覚がある。だから笑顔でいようと心がけているとのことだが、それを「ニヤニヤして気持ち悪い」と受けとられてしまった。また、ASDであるから、社会性の問題を

もつのは当然であり、グループ分けのときに、みずから仲間に入れてもらうスキルはない。勉強はともかく、そこは支援が必要な部分なのだが、それを問題視されたという。

さらに、こんなことも言われたのだそうだ。

「授業態度が悪いです。それでは、テストの点がよくても成績は上げられません」

それに対し母親が、どんなふうに授業態度が悪いのかを尋ねたところ、「全体の指示に従えない」「教師の質問に対して、頓珍漢な答えをすることがある」「自分から発表しない」「作業が遅い」などということだった。

どれもASDの特徴を理解し、インクルーシブ教育、特別支援教育の理念がわかっていれば、問題にすらならない。むしろ合理的配慮を提供していないという意味で、学校や担任のほうが責任を追及されかねないと思うのだが、そういう理解はなく、担当はさらにこのように言ったという。

「だから、いじめられるんですよ。B子さんが授業中に発表すると、みんな笑いますよ」

教師がこんなふうにB子を見ていたら、周りの子どもも同じように反応する。いじめの対象になっているのは、教師の責任ではないかと母は涙を浮かべる。

もちろん、こうした対応は許されるものではない。まずは校長に相談して、改善を求めるべきだが、それについても母親は次のように言うのである。

「校長先生にお願いしても無駄です。この前、少し話をしたら、『お母さん、気にしすぎです』と言われました」

また、母親はすでに教育委員会にも相談に行っていたが、そちらも期待できないとのことだ。

「教育委員会は親身に相談に乗ってくれたんですが、結局何も変わりませんでした。教育委員会の担当者が、学校との面談に同席してくれたときはいいんですが、その後はダメです。元通りどころか、嫌みを言われるようになって……」

さて、どうしたものか。

これはいじめ問題であると同時に、人権問題であり、障害者差別解消法違反である。

ちなみに人権相談に行ってみたところ、その担当者からも「学校にはお世話

になっているんだから、穏便に。事を荒立てないほうがいいでしょう」と言われたとか。

アメリカであれば、確実に訴訟になるだろうが、日本ではそうはならない。もちろん、先生たちのなかには素晴らしい方も多いのだが、「先生によって違う」「学校によって違う」「地域によって違う」という点では、問題が大きいように思えるのである。

科学を使う

ケース1と2は、かつて筆者が実際に受けた相談を改変したものである。ほとんど事実であると思っていただいてかまわないが、このことから、みなさんは何を感じられただろうか。

いろいろな感情をもたれたと思う。間違った対応をする教師や学校への怒り、被害を受けている子どもや母親への同情、こうした事実が学校現場で今も起こっていることの驚きなどである。

これらは、いじめ防止対策推進法が施行されてからのケースである。よってケース1も2も、この法律に違反しており、問題は大きいのだが、それでもこのとき、学校も教育委員会も十分な動きをしなかった。

そこで、いま一度、これら2つのケースについて、「科学」を使って検討してみることにする。これらのケースに「いじめを深刻化させる2つのキーワード」を当てはめてみよう。

まずアンバランス・パワーだが、ケース1も2も被害者は1人なのに対し、加害者は複数の可能性がある。そのうえ、ケース1の場合、担任はそれらを黙認するどころか、被害者を責めている。つまり加害者の側にいる。ケース2の場合、教師はもちろん、見方によっては校長や人権相談の相談員まで加害者の仲間だ。

さらに、シンキング・エラーも疑いなく存在する。被害者は苦しんでいる一方で、加害者側は被害を与えていると考えていない。ケース2の担任教師に至っては、自分が正しいと信じている。でなければ、こんな行動をとれるはずがない。

2つのキーワードに当てはまるわけだから、当事者同士では解決が難しく、

周りの大人が介入すべきだと判断できるだろう。では、これらのケースについて、この2つのキーワードを崩せないか確認してみる。

　加害者が子どもであるならば、話は簡単である。シンキング・エラーを正すように教師が指導をすればよい。ところが、ケース1と2は難しい。学校内で絶対的な影響力をもつ教師が加害者側にいるためだ。校長もそれをよしとしているとすれば、校長もまたシンキング・エラーに陥っている。これでは手の出しようがない。

　ケース1と2をきちんと解決するには、教師にいじめに関する正しい知識を得ていただく必要がある。それができない限り、他のどんな方法をとっても、本質的な解決にならない。

　ところが残念なことに、これらのケースでは加害者の側に改善を求められない状況にある。それでも何とかしたいとするならば、次に考えるべきは、被害者と傍観者へのアプローチだろう。

　先行研究は被害者の特徴として、受け身（孤立）型、誘発型（Garrity et al., 1994）、捌け口型（Ross, 1996）があり、とくに孤立がリスクを高めるとしている。

　傍観者についての研究からもヒントが得られる。傍観者の多くは何もしないが、実はいじめをよくないことだと考えていて、「何をすればよいか、わからない」「報復を恐れている」「何かをして状況をさらに悪くすることを恐れている」などの理由によって行動を起こせない（Hazler, 1996）。

　両ケースとも、被害者が孤立していることがいじめ被害のリスクを高めている。別の表現をするならば、孤立を何とかすれば、当面のリスクが減る可能性がある。

　教師を味方にできないのは厳しいところではあるが、ケース1・2では、相談者である女子大生や保護者に、被害者の孤立を防ぐような働きかけができるかもしれない。周りの状況はわからないが、傍観者のなかに、潜在的な味方がいるはずだ。大人が被害者の子どもにずっと付き添うことは難しい。その代わりに誰か、彼らを守ってくれる（積極的に加害者と戦ってもらう必要はない。孤立を防ぎ、何かがあったらそれを報告してくれるだけで十分、力になる）者を見つけることができれば、当面の彼らの心と体の安全は保たれるかもしれない。

科学で共有することの意義

　いじめの状況は複雑である。加害者、被害者の両者に事情があり、環境にもさまざまな因子が絡んでいる。子どもの世界で起こるため、事実の認定さえ、難しいことがある。

　被害者にも加害者にも保護者がいる。それぞれの保護者はわが子を守ろうとするだろうし、教師だって、自分の身と組織を守ろうとする。そのうえ、いじめのエピソードは、悲しみ、怒り、不安など、さまざまな感情を強く引き起こす。そして感情は時として、冷静な判断を難しくする。

　また、本書で何度も触れているが、私たちのほとんどすべてが、過去にいじめの経験をしている。ただし、その経験は人によって異なり、ぶつかり合うことがある。ある人は、過去に自分がいじめを克服した経験があるがゆえに「いじめなど、自分の力で何とかすべきだ」と言い、別の人はいじめに関する悲しい経験があるがゆえに「いじめは、絶対に許してはならず、大人が即座に介入すべきだ」と主張する。

　経験則を否定するものではないが、経験則だけを用いることには限界がある。そこで科学の出番になる。

　科学的研究の結果は、経験則や価値観を超えて共有が可能だ。宗教、イデオロギー、国家を超えて科学は共有され、それに不自然さを感じる者はない。いじめに関しても同様で、科学は一定の視点を提供する。

　今回挙げたケース1も2も、複雑であり、多様な情緒的反応を引き起こすが、科学的知見で整理することは可能だ。そして、この視点であれば、さまざまな経験をもつ者、さまざまな立場の者（たとえば、教師、加害者の保護者、被害者の保護者）の間でも共有ができるだろう。

　ただしそれを可能にするには、科学的知見を関係者が知っているという前提がなければならない。

包括的取り組みの必要性

　滝（2011a）は、「いじめの未然防止に必要なのは、①すべての教職員が、いじめに対する思い込みや誤解を捨て、正しい認識で取り組みを行うこと、②一部の教職員で動く、個々の学級担任がそれぞれ注意する等の姿勢を改め、教職員全員で学校として取り組みを実施できる仕組みを作って取り組むこと、③取り組みの中心は、生徒会のいじめ根絶宣言等のイベント的なものより、地味に見えても『いじめを起こさない』児童・生徒に育てるための授業や行事の改善に置くこと」と主張している。滝は他でも一貫して「（いじめを許さないということについての）教職員間の温度差は、最も避けるべきこと」（滝, 2007a）「記名式アンケートでいじめ加害者、被害者を見つけようとするのは甘いこと」（滝, 2014）であると主張し、さらに各学校や教育委員会がアンケートでいじめを発見して面談すればよいといった誤解をしていること、その誤解の背景にはいじめ問題に対する無知と無理解、簡単にいじめを減らしたいという安直な発想があると思われることを痛烈に指摘している（滝, 2013b）。
　同様の主張は他にもある。
　国立教育政策研究所 生徒指導・進路指導研究センター（2013c）は、いじめ防止対策推進法の施行を受けていじめ対策についての学校基本方針を作成するにあたり、「全ての教職員でいじめの問題に取り組む契機とする」ことが重要であると述べている。またバッチェら（Batsche & Kenoff, 1994）は、学校環境を変化させ、学校文化をよりよくすることは、「社会的によい行動を教える」「戦闘的な行動の限界を教える」「生徒同士のよい関係を作るためのスキルを教える」といったことが含まれた包括的な戦略を実施することによってのみ可能であるとし、エリオットら（Eliot et al., 2010）は、安全な学校を作るには、長期的、包括的なシステムを構築しなければならないとしている。さらにヴレーマンら（Vreeman & Carroll, 2007）は、単一の領域だけに焦点を当てたり、いじめの加害者と被害者だけを対象にしたりしたプログラムは効果が薄いとし、結論として、いじめ対策には学校全体が包括的に取り組むことが重要性であると訴えている。
　では、なぜ学校として包括的に取り組むべきなのか。教師個人、もしくは教師のグループによる実践ではなぜ不十分なのだろうか。

その理由は非常に簡単である。

これは実際にあった話だが、ある教師がいじめについて、正しい知識を得たとする。たとえば「被害者はどんな場合でも悪くない」というごく常識的なことでもよい。

ある日、その教師が担任するクラスでいじめが起こったとしよう。加害者も被害者もすぐに特定できた。当然、その教師は正しい知識に従って指導を行おうとしたが、そこに正しい知識を得ていない主任や先輩教師が登場するのである。そして、「被害者の側に落ち度があったのではないか。加害者を指導するよりも、被害者を指導したほうがいい」と言う。加害者の言いぶんを鵜呑みにして、「それは遊びだったんだ。被害者の気にしすぎじゃないのか」と主張する。

それどころか、正しい知識を得ていない教師は、いじめ被害を訴え、助けを求めてきた子どもに対し、「そのくらい自分で何とかすべきだ」「おまえが隙を見せるから悪い」などと言うことがある。もしくは教師がいじめを黙認して加害者になったり、いじめ加害のモデルを提供したりすることもありうる。

残念なことに、一人の力には限界がある。

子どもの世界からいじめをなくそうとするならば、学校全体、保護者や地域を巻き込んだ包括的な取り組みが必要になる。それも長期にわたって継続しなければならない。なぜならば、担任が替わったり年度が替わったりしたとたん、いじめが容認される環境になるのでは、子どもは学校を信頼しなくなるからだ。しかもいじめ問題は、子どもの人権問題と絡んでいる。包括的に取り組まないと、学校教育全体に悪影響を及ぼすことになる。

冒頭の2つのケースに戻って考えてみよう。

どちらのケースも、担任、学校がいじめについて正しい理解をしていない。そのため、いじめはいじめとして認められないうえに、被害は拡大するばかりだ。それどころか、両者とも学校そのものがいじめを容認する環境になっている。被害者は増えるばかりだろう。

したがって、これらを根本的に解決するには、やはり学校と地域による包括的かつ継続的な取り組みが必要であり、そのなかには特別支援教育や人権教育も含む必要がある。

シャープら (Sharp et al., 1994) は、「いじめと学校のいじめ対策についての意識を高めるには、年間2～3時間を必要とする。しかしながら、意識を持続し、

いじめや態度に挑戦し、改善していくには、教師は長期にわたって徹底的な努力をする必要がある」としている。

この「長期にわたって徹底的な努力」を行っていくためには、学校が組織的、包括的な取り組みをするしかないし、そのためには社会全体がかかわる必要がある。

いじめは、いうまでもなく深刻な結果を引き起こす。そして、残念なことにこれまでいじめをなくそうと多くの人が努力を続けてきたにもかかわらず、改善の様子はあまりみられない。それどころか、いじめに関連する深刻なニュースは相変わらず社会を騒がせている。

とすると、どうすべきか。

個人的な努力、経験則のみの視点では限界がある。今こそ、科学を用いて、学校全体、社会全体で包括的かつ継続的な取り組みがなされるべきだ。それには地道な努力を続けるだけの覚悟が必要だが、子どもたちの明るい未来を考えたとき、やらないという選択肢はないはずである。

第8章のまとめ

★ いじめにはさまざまなケースが考えられるが、それらに対し「加害者はシンキング・エラーをもつという特徴がある」「被害者の孤立がリスクを高める」など、科学的研究から明らかになった知見を用いることが重要である。

★ 科学的な視点は、経験、立場などの違いを超えて共有することができる。

★ いじめ対策は、教師一人でできるものではない。学校全体、社会全体で包括的かつ継続的に取り組むことが必要である。

第9章 いじめ対策の全体デザイン

公衆衛生学的手法

　興味深い論文がある。スラトキン (Slutkin, 2017) によるもので、タイトルが Reducing violence as the next great public health achievement、訳すと「公衆衛生の次の重要な課題は、暴力を減らすことである」となるが、その概要は以下のとおりである。

　「毎年10億人以上、すなわち世界の半数の子どもたちが暴力にさらされていて、毎年100万人以上の子どもたちが暴力行為によって殺害されていると推定されている。暴力は、身体的にも、心理的にも、社会的にも、経済的にも悪影響を及ぼす。暴力は平均余命を短くし、成功の機会を奪い、経済的には世界で毎年10〜14兆ドルのコストがかかると見積もられている。

　暴力を犯す人に対する原始的な考え方は、その人が『悪い』あるいは『悪い選択をしている』というものである。ただし、このような考え方は、科学的には根拠に欠けている。むしろ『暴力は伝染する』のである。これは決して比喩ではなく、科学的根拠に基づいている。私たちは50年以上前から、行動は社会的学習を通じて獲得されることを知っている。つまり行動は人から人へと伝達される (伝染する)。他の行動に比べ、暴力は目立つ行動であり、脳に与える影響が大きいため、とくに伝染性が高い。

　インフルエンザやエボラといった伝染病については、公衆衛生学の問題とされ、制御し、根絶するための手法が急速に発展してきた。しかし暴力問題については公衆衛生学の問題とされておらず、適切な対処がなされていない。公衆衛生学分野では、一般的にアクセスが困難な集団に対してさえも、不健康な性行動や埋葬習慣といった、長年続いた行動を変容させることに成功している。

同じように、暴力を犯す人や集団、組織に到達し、不健全な行動への対処の仕方を教え、社会やその他の圧力を変容させる方法を発展させるべきである。このアプローチは、家族内の暴力から戦争まで、すべてに用いられるべきである」

　この論文の主張は、子どもたちが直面している「暴力」を公衆衛生学的手法を用いて減らしていくべきだというものであり、その前提として、「暴力は伝染する」こと、すなわち「子どもたちは社会的学習を通じて暴力を身につけていく」ことを指摘している。

　当然であるが、子どもたちが直面している暴力にはいじめも含まれている。いじめが伝染することについては、加害者の特性を論じた第2章で述べた。いじめ加害者にはモデルがいる。また、傍観者にとっての最も大きなリスクは、いじめを見ているうちに共感性をなくしてしまい、加害者の仲間になることである。いじめは放っておくと、加害者の増殖現象が起こり、集団の雰囲気を変えてしまう。たしかにこれは伝染病と似ているが、だとすると、公衆衛生学的手法が使えるというスラトキンの主張は非常に理にかなっているのではないだろうか。

　ここで、公衆衛生学的手法について確認しておこう。武藤（2010）によると、公衆衛生学は疾病予防と深く結びついている。その予防は、一次予防（Primary Prevention）、二次予防（Secondary prevention）、三次予防（Tertiary Prevention）の3つに分かれるという。一次予防とは疾病の発生を防ぐことであり、二次予防は発生した疾病を自覚症状が出る前に発見し、早期に治療しようとするものである。そして三次予防は、主に医療における治療により、病気の進展や合併症の発生を防ぐもの、とされる［図9-1］（→P.120）。つまり、一次予防がすべての人を対象にした啓発的なものが主になるのに対し、二次予防、三次予防と進むにつれ、対象になる人の数が減るとともに、医学的な介入が行われていくことがわかる。

　この図式を、スラトキンの主張に従い、暴力、とくにいじめの防止に当てはめてみよう。一次予防は、すべての子どもを対象にした啓発的な取り組みになり、二次予防は、いじめかもしれないことをされた子ども、見た子どもを対象にした初期対応、そして三次予防は、いじめの事実が明らかになった後に行う介入支援と考えることができるだろう。

図9-1 公衆衛生学の予防の段階

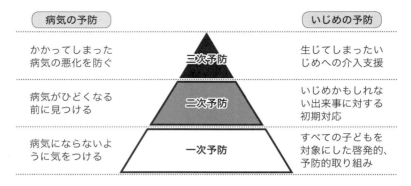

RTIモデルとPBIS
──ディスクレパンシーモデルと異なる手法

　みなさんはRTI（Response to Intervention）モデルをご存知だろうか。最近、国立特別支援教育総合研究所でMIM（多層指導モデル〔海津 他, 2008〕）が開発されたこともあり、学習障害（LD）の支援モデルとして理解が深まっているものである。

　Response to Interventionを日本語に直せば「介入支援への反応」となる。その名のとおり、「支援に対する子どもたちの反応をモニターしつつ、彼らのニーズに応じて、科学的で妥当性のある指導支援を提供するプロセス」をいう（Bender & Shores, 2007）。

　具体的には、まず子どもたち全体に対して、質の高い指導支援を行う。これを第一段階として、それで十分に反応しない、すなわち指導支援に対して期待する結果が出ない子どもたちに、第二段階の指導支援を行う。多くの場合、第二段階の支援はグループによる。そしてその結果をさらにモニターし、第二段階の指導支援を受けても十分に反応しない子どもに対して、第三段階の、より強力な個別支援を行うのである。この第三段階に該当する児童生徒は、検証結果の如何にかかわらず特別支援の対象になる。

　当たり前のことのように思うかもしれないが、実はこのなかには非常に大切な視点が含まれている。このことは、いわゆる学習障害の定義、そして、多く

の学校教育場面で行われている学習障害への指導支援と比較して考えるとすぐに理解できるだろう。

文部科学省 (1999) は、学習障害を次のように定義している。

「学習障害とは、基本的には全般的な知的発達に遅れはないが、聞く、話す、読む、書く、計算する又は推論する能力のうち特定のものの習得と使用に著しい困難を示す様々な状態を示すものである。学習障害は、その原因として、中枢神経系に何らかの機能障害があると推定されるが、視覚障害、聴覚障害、知的障害、情緒障害などの障害や、環境的な要因が直接的な原因となるものではない」

これを受けて、多くの教師、専門家は次のように理解している。「学習障害の子どもとは、知的発達の遅れがないのに、読み・書きなど特定のことがすごくできない子どもなのだ」「だから、学習障害を見つけるには、まず知能検査をやって、知的発達の遅れがないことを確認しなければならない。その後、何か不得意なことがあるのがわかれば、学習障害だとわかる」。

これをディスクレパンシーモデルという。ディスクレパンシーとは「差」ということである。すなわちこのモデルでは、子どもたちの個人内差を見つけてはじめて、学習障害が明らかになるという立場をとる。

ところが、RTIモデルは、これが大きな問題だと指摘する。どういうことかというと、ディスクレパンシーモデルは、子どもたちの失敗を待つことになるというのである。

まず、学習障害を特定するために、知的発達の遅れがないかどうかを知能検査で確認しなければならない。手間のかかることだし、それだけで傷つく子どももいるだろう。もちろん集団式知能検査を行うことも可能だが、学習障害の子どもを見つけるためには、そのうえさらに子どもたちが不得意なことを見つけるというプロセスが必要になる。学習障害を「特定のことができない子ども」と考えるのがディスクレパンシーモデルであるが、それは教師が「できない子どもだ」と認識するまで、彼らに支援は入らないことを意味している。子どもの立場からすると、教師の前で失敗してみせないと支援を受けられない。つまり、これは子どもが傷つくことが前提で学習障害を見つけるモデルなのである。もちろん、子どもが失敗するまで支援に入らないのは好ましくない。自己肯定感が傷つき、何らかの別の問題（二次障害）に発展してしまう場合も少なくない

図9-2 PBISのデザイン

学習支援		行動支援
個別のアセスメントに基づく強力な支援	**三次支援** 1〜5% 〈個別支援〉	個別のアセスメントに基づく強力かつ継続的な介入
〈グループ支援〉効率のよい迅速な対応	**二次支援** 5〜10%	〈リスクのある児童生徒が対象〉効率のよい迅速な対応
予防的、積極的指導支援	**ユニバーサル支援** 80〜90% 〈すべての児童生徒が対象〉	すべての場面。予防的、積極的指導支援

児童生徒の成功を保障する学校包括システム

※ Multi-tiered System of Support（MTSS）& PBIS（https://www.pbis.org/school/mtss）

からだ。

　一方、RTIモデルは、子どもの失敗を待たないし、作り出さない。まず前提として、科学的で妥当性のある、質の高い指導支援が全体に対してなされていなければならない。そのうえで、子どもが少しでも十分な反応をしなかったら即座に第二段階の指導支援に、それでも十分でなかったら第三段階の個別支援に入り、子どもは必要な支援を受け続けることができる。

　このRTIモデルは、学習障害の支援モデルとして脚光を浴びているが、実は生徒指導上の問題にもこれを使うべきだとの考えがある。その代表格がPositive Behavioral Intervention and Supports、略してPBISと呼ばれるもので、これはRTIモデルそのままに、3段階による行動支援を行うデザインになっている［図9-2］。全体の80〜90％を占めるいわゆる一般的な児童生徒を対象としたユニバーサル支援を行うことを前提に、二次支援、三次支援がデザインされているが、注意すべきは、それぞれの段階において、科学的で妥当性のある質の高い支援が求められることだ。

　PBISは、アメリカにおいて、子どもの行動支援、とくに問題行動の予防という点で効果があることが証明されており、日本の学校でも導入を期待する声がある。しかしPBISの導入は日本の生徒指導の抜本的な見直しに直結するため、容易ではない。それでも、このようにPBISがRTIモデルを採用してい

ること、それが先ほど取り上げた公衆衛生学の予防システムと同じであることには注目しておくべきだろう。

日本のいじめ対応の構造的問題

　現在の日本の教育現場で行われているいじめ対応について、あらためて考えてみたい。
　予防の必要性がいわれている。いじめ防止対策推進法でも文部科学省（2013b）の通知でも予防の重要性は指摘されているし、国立教育政策研究所はいじめ追跡調査をもとに何をすべきかを明らかにした資料の提供を行っている。さらに、2018年から道徳が特別な教科とされた動きもある。これは文部科学大臣のメッセージ（文部科学省, 2016a）にあるように、いじめの防止を念頭においたものである。
　だが、それでも現場でいじめ予防の取り組みが十分にできているとはいいがたいように思う。これはいじめの問題だけではない。不登校しかり、暴力行為しかりである。
　すべてとはいわないが、多くの学校は、RTIモデルでいうところのユニバーサル支援と二次支援の機能が不十分なのではないだろうか。ユニバーサル支援として、通常学級の授業でいじめを取り上げ、いじめをなくすために必要な知識やスキルを身につけさせたり意欲を高めたりしている学校がどれだけあるだろうか。子どもたちが「いじめかもしれない出来事」が起きたと訴えてきたときにどう対応するのかを、すべての教職員が組織的に理解して指導している学校がどれだけあるだろうか。さらに、「いじめが起きやすい環境にいる子ども」「いじめの加害者や被害者になりやすいリスクのある子ども」にあらかじめ何らかの支援をすることがなされているだろうか。
　日本には素晴らしい先生方がたくさんいる。だから、教師が個人的に正しい知識を得て、精力的にいじめ予防のために努力を積んでいる例は多いだろう。しかしそれがベストであるとはいいがたい。これまで何度も触れてきたように、教師の経験則のみに基づくことは危険であるし、仮に科学的に正しい知識・方法によって裏づけられた実践だったとしても、一人の力はあまりにも小さすぎる。
　一方、三次支援は、多くの学校でなされている。つまり「いじめの事実が

あった」ことを起点として行われる指導支援である。被害者を守り、加害者に指導をする。いじめ防止対策推進法において重大事態への対応が重視されていることから、多くの学校がいじめ介入についての詳細なマニュアルをもっている。このことは評価すべきだ。

　反面、不登校や暴力行為など、別の子どもの発達にかかわる問題でも、ユニバーサル支援、二次支援が不足している傾向がみられる。とくに、全体に対する予防的支援の実施はかなり難しい。たとえば、不登校や暴力行為の予防として、子どもたちに対し、不安や怒りなどの感情への対処法を科学的根拠に基づいて教えている学校がどれだけあるだろうか。最近では、千葉大学が「勇者の旅」という認知行動療法をベースとした不安軽減に焦点を当てた予防教育プログラムを開発し（Urao et al., 2016）、注目を集めているが、まだまだこうした取り組みは少ないといっていいだろう。

　つまり日本の場合、問題が顕在化して（三次支援の段階になって）初めて指導支援が入るという構造になっている。しかも、ユニバーサル支援や二次支援において行われていることが十分である（科学的に妥当で質が高い）という保証がない。もしかしたら、質の悪い指導支援もしくは放置が、子どもを三次支援の段階に陥らせているかもしれない。だとしたら大問題だ。学校が子どもを傷つけている可能性があるからだ。

　そして、支援が必要な子どもは、何らかの問題を起こしてみせるしか、支援を得る方法がないかもしれない。とすると、問題が増えるのは当たり前である。なぜなら、問題を起こすと支援が得られるという構造は、行動分析学的にいうならば、問題行動を起こすことを強化し、問題行動そのものと、問題行動を起こす子どもの数を増やしていることになるからだ。

いじめ対策をデザインする

　いじめ対策は、教師の個人技ではできず、学校全体、地域全体の包括的な取り組みが必要なことはすでに述べた。とすると、学校全体で取り組める仕組みが必要だ。そうしないと、結局、教師はバラバラになり、その場限りの対応の繰り返しになる可能性がある。なかには質の高い、丁寧な対応もあるかもしれ

ないが、継続できないのは問題である。

　よって、RTIモデル、もしくはスラトキンが提案するような公衆衛生学の手法を取り入れて、いじめ対策をデザインする必要がある。なぜなら、全体像を把握することで、一つひとつの授業や対応に意味が見出され、教師が意欲をもって取り組めるようになるからだ。

　では、ここであらためていじめ対策のシステムを考えてみよう。これは3つのステージに分けることができる。

- **ステージ1**（ユニバーサル支援）
  学校全体での包括的ないじめ予防教育。すべての教室で、すべての教職員によって行われる。
- **ステージ2**（初期対応、早期支援）
  いじめかもしれない出来事があった場合の初期対応。もしくは、いじめが起きやすい環境の改善、いじめの加害者や被害者になりやすい児童生徒への指導支援。
- **ステージ3**（介入支援）
  いじめが起きた後の対応。二度といじめが起きないようにするための指導や環境改善。

　このなかで最も重視すべきはステージ1である。では、その具体的方法をどう考えるべきだろうか。

　1つには、すでにパッケージ化されたプログラムの導入を図るという方法がある。実際、欧米にはそのようないじめ予防を狙いとしたプログラムがたくさん存在する。それらを翻訳して紹介したり、導入したりしようとする試みが続いているので、知っている人も多いかもしれないが、有名なところで、いじめ研究の第一人者であるオルヴェウス（Olweus et al., 2007）が開発したオルヴェウスいじめ防止プログラム（Olweus Bullying Prevention Program：OBPP）がある。また、最近、非常に注目を集めているのがフィンランドのキヴァプロジェクトである（北川他, 2013）。これらは大きな成果を挙げているし、効果が科学的に証明されているため、これらを日本でも行おうとの動きがあってもおかしくない。

　しかし、諸外国のプログラムを持ち込むことは、制度や子どものもつ背景の

違いから困難だし、もしかしたら期待した効果が十分に出ないかもしれない。だから筆者としては、日本の教育現場で実行可能なプログラムの開発が急務であると考える。

では、プログラムを開発するにあたって、何を重視すべきだろうか。

ここで私たちは科学を重視する。つまり、先行研究の成果を活かすべきだと考える。

ここまで本書のなかで、たくさんの先行研究に触れてきたが、それらの情報をここで整理しながら、私たちが考えるべきいじめ予防プログラムの中身を具体化してみよう。

まず、私たちは、傍観者がいじめ予防の鍵を握っていることを知っている。傍観者は、いじめをなくしたいと思っているにもかかわらず、「何をすればよいか、わからない」「報復を恐れている」「何かをして状況をさらに悪くすることを恐れている」などの理由で行動を起こさない (Hazler, 1996)。しかし、行動を起こしさえすれば、いじめ予防に最も力を発揮する可能性がある集団でもある。

一方、いじめ加害者の特徴はシンキング・エラーである。また、スキル不足が間違った行動に結びついてしまうことがある。たとえば適切な問題解決の方法を知らなければ、身近なモデルに従って、力で相手を屈服させようとするだろう。周りの傍観者がそれを黙認すれば、さらに加害者は力をつける。また、いじめ加害行動が多い環境は、さらなるいじめ加害を引き起こす。とくに特定の子どもを孤立させると、その子どもがいじめ被害にあうリスクは倍増する。

以上をまとめると図9-3のようになり、やるべきことは以下のように整理できる。第一に「シンキング・エラーの解消」、第二に「スキル不足の解消」、第三に「いじめリスクの高い環境（傍観者の黙認、被害者の孤立）の解消」である。

では、この3つを達成するために、何をすべきだろうか。

これについては、先行研究をひもとくまでもなく明確であろう。すなわちシンキング・エラーを解消するためには、正しい知識を教えることが重要であり、スキル不足の解消には、正しいスキル（すなわち行動）を教える必要がある。そしていじめリスクの高い環境の改善には、正しい知識をもった行動する教師集団と、思いやりのある行動をする児童生徒の集団を作ることが大切だ。

つまるところ、私たちが必要としているのは、次の3つの変化を引き起こすことなのである。

図9-3　いじめのメカニズム

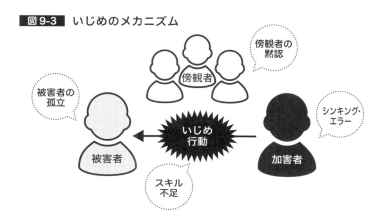

① **考え方を変えること**（Cognitive Change）

　加害者のシンキング・エラーを正すだけでなく、すべての人の間違った考え（いじめは被害者が悪い、いじめはなくせない、いじめがあるのは仕方がない、など）を変える。

② **行動を変えること**（Behavior Change）

　子どもたちがいじめ被害者や加害者にならずにすむスキルを獲得し、実際に今までとってきた行動を変える。

③ **集団を変えること**（Climate Change）

　一人ぼっちの子どもがいないこと、いじめかもしれない出来事を許さないこと、そして教師が正しい知識に基づく正しい指導をすることにより、いじめが起きにくい集団に変える。

　この3つの変化をいかに作るのか。次章から、その具体的方法について考えていこう。

第9章のまとめ

★ いじめ対策にも公衆衛生学的手法を用いる必要がある。公衆衛生学的手法とは、予防を目的とした一次支援、初期対応の二次支援、治療介入の三次支援のように組織だった方法をいう。

★ 現在の日本のいじめ対策は、三次支援が中心になっているという点で問題である。ステージ1（ユニバーサル支援）、ステージ2（早期対応、早期支援）、ステージ3（介入支援）というデザインでいじめ対策は行うべきである。

★ ステージ1を最も重視すべきだが、諸外国で使われているいじめ予防プログラムをそのまま導入することは無理がある。

★ ステージ1のプログラムを開発するときに何を重視すべきかは、これまでの研究が明らかにしている。シンキング・エラーを正すことにより、子どもたちの具体的な行動を変え、さらには、いじめが起きにくい集団を作ることである。

第10章 いじめ予防授業を始める前に

いじめ予防と道徳授業

　いじめ防止対策推進法によると、学校の設置者及び学校が講ずべき基本的施策は、①道徳教育等の充実、②早期発見のための措置、③相談体制の整備、④インターネットを通じて行われるいじめに対する対策の推進である。
　2013年にこの法律が制定・施行されて以来、現場ではさまざまな取り組みがなされている。
　たとえば、「いじめ防止」でインターネット検索をかけると、いくつかの教育委員会が取り組み例をホームページで知らせている。いわゆる「いじめ対応マニュアル」や「いじめを許さない学校作りに向けたパンフレット」等を掲載しているところもある。また、NHKは、番組「いじめをノックアウト」と関連したいじめ予防授業の実践例をホームページで掲載している。
　法律や人権の専門家が出張授業を行い、いじめについて教員とは違った角度から説得力のある取り組みをしている例もある。もちろん、いじめを受けて自殺をした子どもの保護者が、みずからの体験を語りながらいじめの悲惨さを訴える取り組みもある。
　そんななか、2016年11月18日には、文部科学大臣が「いじめに正面から向き合う『考え、議論する道徳』への転換に向けて」というメッセージを発表した (文部科学省, 2016a)。これは、平成30 (2018) 年度から道徳が特別な教科にされることを踏まえたものである。
　以下にその一部を抜粋する。

これまでも道徳教育はいじめの防止に関して大きな役割を負っていました。しかし、これまでの道徳教育は、読み物の登場人物の気持ちを読みとることで終わってしまっていたり、「いじめは許されない」ということを児童生徒に言わせたり書かせたりするだけの授業になりがちと言われてきました。
　現実のいじめの問題に対応できる資質・能力を育むためには、「あなたならどうするか」を真正面から問い、自分自身のこととして、多面的・多角的に考え、議論していく「考え、議論する道徳」へと転換することが求められています。
　このため、道徳の授業を行う先生方には、是非、道徳の授業の中で、いじめに関する具体的な事例を取り上げて、児童生徒が考え、議論するような授業を積極的に行っていただきたいと思います。
　いじめやいじめにつながる具体的な問題場面について、例えば、
・どのようなことが、いじめになるのか。
・なぜ、いじめが起きるのか。
・なぜ、いじめはしてはいけないのか。
・なぜ、いじめはいけないと分かっていても、止められなかったりするのか。
・どうやって、いじめを防ぐこと、解決することができるのか。
・いじめにより生じた結果について、どのような責任を負わなくてはならないのか。
といったことについて、自分のこととして考え、議論して学ぶことが大切であると考えます。

　説得力のあるメッセージではあるが、それでは本当に「考え、議論する道徳」こそが、いじめ予防の切り札になりうるのだろうか。また、文部科学省のいうところの「考え、議論する道徳」とは、具体的に何を指し示すのだろうか。
　このことについては、上述の文部科学大臣メッセージに添付されている「道徳の質的転換によるいじめの防止に向けて」という資料（文部科学省,2016b）の冒頭に１つの回答がある。その部分を抜き書きすると、まず「これまでも道徳の時間の中には、いじめに関することが数多く含まれていた。しかし、指導が『読

み物教材の登場人物の心情理解』に偏ったり、分かりきったことを言わせたり書かせたりする指導に終始しがち。現実のいじめの問題に対応できていなかった」との反省があり、そのうえで、「『あなたならどうするか』を真正面から問う、『考え、議論する道徳への転換』」が必要である、とのことだ。

この取り組みの評価は、今後の展開をみてからすべきであろうが、道徳の時間のなかで真正面からいじめを取り上げること、子どもたちがみずからの問題としていじめについて考えたり議論したりしていくことについては、大賛成である。ただし、考えたり議論したりした結果、間違った結論に達することの危険はあるのではないか。

実は、文部科学省も同様の危惧を抱いているようで、上述の資料のなかに以下のようなQ&Aがある。

> Q：考え議論した結果として「いじめられる側にも問題がある」という考え方もあってもよい？
> A：いじめは重大な人権侵害であり、「いじめられる側にも問題がある」という考えを乗り越える必要があります。

考えたり議論したりした結果、間違った結論にならないように指導すべきであるとの見解だが、正しいかどうかを判断する基準を何におけばよいのかが明らかではない。

もちろん私たちは、ここに経験則や情緒的な判断ではなく、科学を用いるべきだという立場をとる。

正しい知識の必要性

正しいことを正しく伝えることはとても重要である。たとえば「人権を守る」ということも、先人たちがそれまでの歴史から学び、二度と同じ過ちを繰り返さないために生み出した考えである。これを実現するために、法律や宣言をはじめ、さまざまな形で明文化がなされている。

いじめも同様で、同じ過ちを繰り返さないために、これまでの歴史や研究か

ら明らかになったことを正しく次の世代に伝えるべきだろう。

　当たり前のことではあるが、これを強調するのには理由がある。というのは、いまだに教師のなかにも、「いじめは、子どもが自分たちで解決すべき問題だ」「だから教師は介入すべきではない」「いじめられる被害者にも問題がある」などと言う者がいるからだ。

　もちろん、これらは明確に否定しなければならない。

　いじめのなかには、当事者同士では解決できないという特徴をもつものがある。それらは、放っておけば深刻化しやすく、被害者だけでなく加害者、傍観者の将来にも深刻な負の影響を与える。だから、教師はいじめに積極的に介入すべきであるし、何よりもいじめが起こりにくい環境を作らなければならない。もちろん、いじめは「被害者が悪いから起こる」ということはない。被害者に何らかのスキル不足などがあったとしても、それをいじめ被害と結びつけるべきではない。

　教師が間違えれば、当然、子どもも間違える。その結果、いじめは減るどころか、増えかねない。

　これらの誤解は、「いじめを深刻化させるキーワード」のうちの1つ、シンキング・エラーに当てはまると考えていいだろう。なぜならば、こうした間違った考えをもつことは、いじめの存在を認め、助長することに他ならないからだ。

　そこで、正しい知識に基づく、正しい考え方を身につけさせたいのだが、そのためには、先ほど取り上げた「考え、議論する道徳」の形で、子どもたちに考えさせたり議論させたりするだけでは不十分かもしれない。なぜなら、子どもはもちろん大人も、いじめに関する事実を正しく知っているとはいえないからだ。

　正しい知識により、一人ひとりの行動が変わり、その結果、集団の雰囲気が変わって、いじめが起きにくくなる。それが重要であり、よってこうした「正しい知識」を子どもたちに授業をとおして伝えるべきなのだが、その前提として確認しておくべきことがある。

いじめ予防授業の前提

ボンズらは、いじめ予防授業を行う前提を以下のように整理している。

A 教員と管理職
- 教員（教員以外のスタッフを含む）にいじめが問題であるとの認識があり、それを改善するために「安全な学校」を作ることが必要だという理解があること
- 管理職がいじめの予防をする必要があると強く思い、真剣に実施しようとしていること（時間と費用をかけるつもりでいること）

B 学校の状況
- 学校としてすでにルールがあり、それを守らせる方法が存在していること
  - *ルールが実用的であること
  - *ルールを破ったときの指導が確立されていること
  - *ルールのなかに「いじめの禁止」が含まれていること

C 組織
- いじめ予防を計画的に実施するための組織があること
- トレーニングを受けたリーダーがいること

D 客観的評価
- 現在の学校の安全（いじめ等）について客観的評価が実施されていること

まずA「教員と管理職」であるが、いじめ予防は一人の教師、1つのクラスだけで行うことはできない。いじめはクラスのなかだけで終わるものではないし、一人の担任教師の力だけで効果が出るものではない。管理職、スタッフ、さらには保護者との協働があってこそ、効果が上がる。

また、いじめの予防は、すぐに効果が出るとは限らない。とくに「いじめが起きにくい集団」ができるまでには、1年以上かかる可能性がある。よって、管理職の参画はもちろん、C「組織」として、実施するための体制作り、トレーニングを受けたリーダーの存在が欠かせない。

さらには、これは見落としがちなところなのだが、D「客観的評価」が必要

になる。なぜなら、「起きてしまったいじめ」を解決することができた事実は、教員集団にとって大きな成功体験となりうるが、「いじめが起きない状態」を保持したことは、客観的な評価を行わないとみえてこないからだ。

　もっとも、単なるアンケートでは、いじめの状況を客観的に評価することは難しい。記名式のアンケートに意味がないことは明らかだが、無記名であればよいというわけではない。科学的に信頼性と妥当性が保たれている尺度を用いる必要がある。

　さらに、使用する尺度や調査方法によっては、その学校のなかでいじめの起きやすい場所、いじめ被害につながる危険因子等を明らかにすることができる。そうすると、いじめ予防のターゲットがはっきりし、効率的な取り組みが期待できる。

　最後にＢ「学校の状況」についてであるが、いじめ予防を実現するには、いじめの傍観者を育てることが重要になる。私たちが最終的なゴールと考えるのは、「いじめの起きにくい集団」を作ることだからだ。

　こうしたことから、いじめ予防授業をする前提として、ルール設定が重要である。当たり前のことと思われるかもしれない。しかし、現実にそうしたルールが崩壊している集団が存在する以上、このことを明記する必要があるだろう。

集団のルール

　数年前のことになる。いじめ防止対策推進法の制定・施行が話題になっていた時期に、ある中学校の校長から電話がかかってきた。

　「本校では、日々、いじめが行われています。先生方もかなり頑張っているのですが、どうにも止まりません。なんとかしたいので、アドバイスをいただけないでしょうか」というのである。

　この要請を受けて、その中学を訪問したのだが、かなり大変な状況だった。

　まず、授業中なのに生徒が廊下にいる。教室内にいる生徒たちも、寝ているのはましなほうで、なかにはトランプに興じたり、勝手に席を移動しておしゃべりをしたりしている者もいる。当然、先生が注意をするが、それを無視する。怒鳴り返したり威嚇したり、ぷいと外に出ていったりする。

校長によると、この状況のなか、弱い者いじめが多発しているのだそうだ。それが原因で転校したいと申し出てくる生徒もいるという。
　端的にいうならば、この学校ではルールの崩壊が起きている。学級崩壊ならぬ、学校崩壊の状態にある。
　こうなってしまうと、学力低下、非行、不登校の児童生徒の増加など、さまざまな問題が起こる。とくに大変なのは、教師と生徒の立場が逆転し、ルールを守らない生徒が力をもつことだ。そうなると、ルールを守らない力のある生徒がモデルになり、同じような行動をする生徒が増えていく。
　このような学校が現実にあるのかと問われれば、あるというほかない。そして、このような学校で、いじめの予防・撲滅が可能なのかどうかが問題になる。
　結論からいうならば、この状況でのいじめ撲滅は非常に難しい。理由としては、いじめ加害者のモデルが存在し、そのモデルが力をもっている。そのために、加害者のシンキング・エラーを正すことができない。さらに、このような集団には、いわゆる「物言わぬ多数派」と呼ばれる普通の子どもが極端に少なくなっている。通常、そうした子どもたちが集団の雰囲気を作り、いじめをなくす鍵になるのだが、その彼らが力をもたないため、集団を変えることが困難になるのである。
　順番から考えても、いじめ予防を問題にする前に（もちろん、いじめへの対応も重要だが）まずはルールを再設定し、集団を立て直さなければならない。健全な集団があって初めて、いじめ予防に集中することができる。
　では、こうしたルール崩壊への対処法について、簡単に触れておこう。
　さまざまな方法が考えられるが、最も一般的に行われている方法は、いわゆる生徒指導に長けたカリスマ教師をその学校に集結させるということだ。一度ルールが崩壊した学校を建て直すのは難しいが、年度が替わり、先生と生徒が入れ替わるにつれ、効果は上がる。中学校や高校の場合、３年経てば全生徒が入れ替わってしまう。すると、学校そのものは再生したことになる。
　もっとも、そこでルールの崩壊を経験した生徒がその後どのような影響を受けるのかを考えると、非常に心配だ。しかし、学校そのものは見かけ上、問題がなくなるので、その結果をもって問題はなくなったとするのが、よくあるパターンではないだろうか。
　だが、生徒の入れ替わりを待たずに介入する必要があるとするならば、先に

紹介した PBIS が効果的であろう。

　もちろん、一度身についてしまった行動を元に戻すことは簡単ではない。だからこそ予防の必要性があるのだが、すでに問題が大きくなってしまった場合は、徹底的な介入をするしかないだろう。年度の途中であっても、担任を変え、集団を変え、ルール設定を変え、指導方法を変える。いわばリセットボタンを押して、「当たり前のルール」を一から教える。保護者や地域の協力を仰いだうえで、職員が応用行動分析の手法を理解し、よい行動を徹底的に強化する。問題が多い生徒については、個別のアセスメントを行い、場合によっては特別支援教育の枠組みで支援を組み立てる。家庭が困難な状況にある場合は、行政、福祉等と連携のもと、ケースワークが必要になる。

　放っておくことは、問題が多い生徒に対して、十分な教育をしていないことになる。もちろん周りの生徒の教育権の問題もある。困難ではあるが、子どもの権利を守るという点からも、強力な介入支援が必要になる。魔法のようによくなる方法はありえないわけだから、勇気をもって大胆に介入し、その後、地道に支援を続けるべきだろう。

　さらに集団のルールについて注意すべきは、ボンズが述べているように、「ルールが実用的か」「ルールを破ったときの指導が確立されているか」という点である。

　「ルールが実用的か」を逆にいうと、「意味のない、もしくは生徒や保護者にとって理解しがたいルールはないか」となる。たとえば、靴下の色、髪の毛の色や長さなどの細かな規則は、今の時代、どれだけの説得力をもつだろうか。そのルールを守らせることにより、どんな効果があるのか。ルール1つを守らせるためには、教員の労力と時間が必要になる。それに見合うだけの意味があるのか、生徒に十分な説明ができるのか、ということだ。過剰なルールは、生徒の自由を奪うという点で人権問題にもなりうる。生徒が納得して守れるルールを設定しないと、ルールそのものに対する信頼をなくしてしまう。

　さらに、「ルールを破ったときの指導」であるが、これが単なる叱責や罰を与えることに終始するのは問題であろう。ルールには教育上の意味があるはずで、それを踏まえ、公平かつ意味のある指導をすることが大切だ。初歩的なことかもしれないが、よい行動を具体的に教えなければならない。そして、それが当たり前の行動だったとしても、ほめたり認めたりしないと行動は定着しな

いのである。

予防授業のための教員研修

　では、前提条件が揃ったとする。そこでいよいよいじめ予防授業を行うわけだが、その前に教員研修を行わなければならない。
　当たり前のことだが、これが意外に難しいのである。
　最近、社会問題化しているが、教師は本当に忙しい（文部科学省初等中等教育局，2017）。いじめは重要な問題ではあるが、授業を充実させて児童生徒の学力をつけることも大切だし、特別支援教育も待ったなしの状態だ。中学になれば部活の指導もあるし、進路の問題もある。思春期特有の悩みもひっきりなしに持ち込まれるうえに、保護者からの相談だってある。そんななか、いくら必要なこととはいえ、いじめ予防に特化した研修の時間を確保してもらうことは並大抵のことではない。
　もしかしたら、いじめ予防を学校全体の体制として行えない最大の理由は、この多忙さにあるのかもしれない。しかし逆の見方をすると、科学的なプログラムが導入されないこと、科学的測定がなされないことが、子どもの問題に対する予防的支援を阻み、それが多忙につながっているのかもしれない。いわば悪循環であるが、その流れを断ち切るには、やはりどこかで決断をして、科学を教育に取り入れることしかないように思えるのである。
　とはいえ、前提条件がクリアされ、管理職もその他の教員もやる気になったとしよう。いじめをテーマとした研修を行うわけだが、その目的が「いじめについての正しい知識を得る」という段階に留まるのでは意味がない。一人ひとりの教師が、自分の担当する生徒たちに対して「いじめ予防授業」を行えるようにするための研修として位置づけるべきである。
　このことについては反対の意見がある。担任がいじめの授業をするのではなく生徒指導主事などいじめを担当する職員が各教室を回って授業をすべきだ、学年もしくは学校全体での特別授業とすべきだ、といったものだ。さらには、いじめに関する専門性を有する団体、いじめ予防授業を行っているNPOなどに講師派遣を依頼し、出前授業をしてもらうほうがよい、という意見もあ

る。そのほうが現場の負担軽減につながるし、専門家のほうが正しく教えられる、また、いじめ被害を受けた当事者や被害者の親などの話には説得力があり、効果が高い、という。

こうした意見に、筆者は基本的に賛同するが、それでもなお、担任がいじめの授業をすべきだと考えている。なぜなら、担任教師は、子どものいじめの重要な関係者であるからだ。

すでに述べたが、通常、担任などの大人は、子どものいじめにとって傍観者の立場になる。いじめ予防の鍵は傍観者の行動であるから、担任の行動は非常に重要だ。その担任を、いじめ予防の取り組みに巻き込まなければならない。いじめ予防授業を別の誰かにやらせ、それを眺めているような立場においてしまっては、そのクラスでいじめが起きたとき、「自分は指導をしていない」という無責任な立場を担任に許すことになる。

日々の指導を行い、クラスの児童生徒の様子を細かく観察できる担任は、子どもにとって身近なモデルになる。担任がいじめに積極的にかかわる姿勢を見せるようにするためにも、いじめを取り上げた授業をみずから行わせ、自分の言葉で子どもたちに語りかけるようにさせるべきだろう。

いじめは、子どもの問題であると同時に、大人の問題でもある。教師が率先して考え方を変え、行動を変える必要がある。ただし、教師がみずからの経験則を根拠に行動するのは危険だ。よって、科学的研究に基づいた正しい知識、正しい方法を学ぶための研修が必要なのである。

第10章のまとめ

★ いじめ予防を考えたとき、子どもたちにいじめについて話し合わせたり考えさせたりするだけでは不十分。(科学的に)正しい知識を提供しなければならない。

★ いじめ予防授業を行う前提として、いじめ予防のための組織や客観的な評価があることなどが重要である。また集団のルールが十分に機能していない場合、いじめ予防にとりかかる前に集団の立て直しが必要

になる。
★いじめ予防は、学校内の一握りの担当者が行うのではなく、すべての担任、教職員がかかわる必要がある。なぜなら、すべての教職員が子どもたちのモデルになるからだ。

いじめ予防授業の具体的内容

いじめ予防に必要な「再現性」

　本書のタイトルは『学校を変える いじめの科学』となっているが、このなかの「科学」という言葉が意味するところを、あらためて確認しておきたい。
　これまで、科学的研究の成果を数多く紹介してきた。そこで、いわゆる先行研究で証明されたこと、すでに確立している理論などを根拠にすること、それらの知識をベースにして現場を変えるための方法を提案すること、そういった意味で、読者の方がこの「科学」という言葉を捉えてくださるとしたら、それは筆者として、非常に嬉しく思う。しかし実はもう1つ、別の意味がある。「再現性の確保」だ。
　たとえば、みなさんが病気になったとき、服薬をするだろう。市販薬の場合もあれば、医師が処方したものの場合もある。こうした薬剤が、科学的研究を経て商品化されたことは常識であるが、そこで重視されるのが再現性なのである。
　私たちが病気になったときに使う薬は、一定の条件下で服薬すれば、期待される効果が上がることが科学的に証明されている。つまり、再現性が確保されている。もしも再現性の確保がなされていなければ、私たちはその薬を飲むことはできない。効くか効かないかは運まかせになるからだ。
　科学を標榜するならば、再現性の確保は重要だ。薬に限らず、物理の法則も、化学変化も、機械の動きも同様で、それが前提にあるからこそ私たちは電気を使い、自動車に乗るのである。
　さて、いじめ予防においても、私たちは再現性の確保を期待する。なぜなら、特定の学級、特定の教師、特定のグループでのみ効果があったり実施可能だったりする取り組みでは、不十分だからだ。これだけいじめが問題になっている

わけだから、できるだけ多くの学級、多くの教師、多くのグループが実践し、同じように効果が期待できる方法が必要になる。

とすると、どうすべきか。

理念だけでも情緒的な訴えだけでも不十分だ。ここは、学校現場を変えうるレベルの具体的なものを作らなければならない。

ちなみに、前に紹介したように、欧米ではエビデンスがある、すなわち効果の再現性が科学的研究で確認されているプログラムが多数存在する。

ただ注意を払わなければならないのは、こうしたプログラムは非常に精緻に作られており、簡単に真似することができないことだ。本を読んで、勝手に解釈して実践すればよいというものではない。なぜなら、教育は複雑な営みで、担当教師が自己流の解釈をほんの少し加えただけで意味が変わってくることがあるからだ。

いじめ予防に関連していえば、これまで「いじめをなくすには、いじめを見たり聞いたりした子ども（傍観者）の行動を変えることが大切だ」ということを先行研究と関連づけて説明してきたが、それを過剰に解釈して、「いじめを見たり聞いたりした子どもは、何が何でもいじめをやめさせる行動をとりなさい」とだけ教えたらどうなるだろうか。状況によっては、傍観者が危険に陥ったり、逆効果になったりすることがある。いじめ傍観者が介入するには、いくつかの条件が整わなければならないわけで、そうした細かなところまで実践者が理解し、子どもに教えなければならない。

よって、再現性を確保するには、どうしてもプログラムをきちんと組み立てなければならない。だが、そうすると、実践が広がらなくなる可能性がある。実際、それが欧米のプログラムの日本への導入を難しくしている理由の1つになっている。

オルヴェウスのいじめ防止プログラムでは、リーダーとなる者は丸2日間の研修を受けたうえに、その内容を学校の全職員に伝達する必要があるし、継続して指導を受けることが推奨されている（http://www.violencepreventionworks.org/public/bullying_prevention_training_info.page）。また前章で取り上げた生徒指導の包括的プログラム PBIS（Positive Behavioral Interventions & Supports）は、これを実際に導入している教育委員会の担当者の話によると、導入するまでに2年ほどの準備期間が必要であり、各校1人リーダーを養成しなければならないという。校長を含め、教

師の異動が頻繁にある日本の学校では、2年も経てば教師の3分の1ほどが入れ替わってしまう。準備をしている間に学校の方針が変わってしまう場合だってあるわけだから、そう簡単にはいかないのである。

プログラム化とは

　とはいえ、いじめを予防するための方法は、ぜひともプログラム化して、再現性を確保したい。それをしないと、日本のいじめ対策はこれまでと同じように教師一人ひとりの経験則や思い込みに丸投げされてしまい、継続することが難しく、結局はこれまでと同じような悲惨な事件が続くことになる。
　ここでまず、「プログラム化」とは何を意味するのかをもう少しくわしく定義しておこう。世の中には「プログラム」というものがあふれているが、ここでいうプログラムとは、**目的達成の再現性**（ここではいじめが起きにくい集団作り、いじめへの正しい対応、いじめ被害率の減少など）を確保するために必要なものをパッケージとしてまとめたもの、とする。
　イメージとしては、いわゆる教科指導を考えればよい。わが国の教育が優れている点の1つに、全国の公立小中学校で行われている教科指導の質の高さが挙げられるが、これこそ再現性の確保がなされていることを意味する。もちろん画一的であることへの批判もあるが、たとえばアメリカでは州によって指導内容が違うし、貧困地域と裕福な地域では学校環境そのものが違う。教師の質が一定でないという問題もある。よって教育の質の担保が問題になるが、日本ではそれがない。なぜかというと、再現性が確保された**教科指導プログラム**（あえて「プログラム」と表現する）が走っているからである。
　では、わが国における教科指導を構成する要素を考えてみよう。
　教科指導プログラムには主に3つの要素がある。①**カリキュラム**、②**教科書**（教材）、そして③**教員研修**（指導者トレーニング）である。
　カリキュラムとは指導の目標、教える内容とその順番などを意味し、教科書（教材）は教えるときに使うツールである。この2つだけでは十分ではない。カリキュラムの内容やテキストの使い方を指導者が理解することが重要であり、だからこそ教員研修（指導者トレーニング）が必須になる。

日本の教科指導には、学習指導要領があり、検定教科書があり、文部科学省や教育委員会が行う教員研修がある。だから再現性が確保され、質が担保されるのである。
　では、いじめに関してはどうだろうか。
　これまでも確認したとおり、文部科学省や教育委員会は、いじめ予防を呼びかけ、その対策の大まかな方向性は出している。しかし児童生徒に何を教えるのか、どのような順番で教えるのかという具体的なカリキュラム、それに対応する教科書や教材はほとんど見つけられない。また、いじめをテーマにした研修はあるが、予防授業の内容、やり方、指導法について、特定のプログラムに沿って研修する取り組みは、ほとんどみられないのである。

いじめ予防プログラム Triple-Change の挑戦

　いじめ予防に包括的かつ効果的に取り組むには、再現性が確保されたプログラムの開発が急務だ。しかし、諸外国でエビデンスありとされているものをそのまま持ち込むことは難しい。となれば、日本の教育制度、学校環境下で継続的に、別の言い方をすると過度な負担をかけずに、行えるプログラムが必要になる。
　ただし、再現性を実証するには時間がかかる。なぜならば、日本の学校を舞台に、精緻な研究デザインに沿った介入研究を行わなければならないからだ。
　エビデンスが存在する、すなわち再現性が担保されたプログラムであると証明するには、RCT（ランダム化比較試験）デザインによる研究が行われるべきとされている（たとえばキャンベル共同計画 Campbell Collaboration）。そうなると、複数の学校をランダムに２群に分け、一方にはプログラムを実施し、他方には一般的な取り組みのみとして、その効果を比べなければならない。
　しかし、それには時間と労力がかかるし、学校現場の協力を得なければならない。残念ながらわが国では、そうした研究を行うことは簡単ではない。したがってその前段階としては、これまでの世界のいじめ研究の成果と、諸外国のプログラムの内容を取り入れ、最大限に効果が期待できる方法を、プログラムとしてまとめるしかない。

そうした経緯から、子どもの発達科学研究所は、「いじめ予防プログラムTriple-Change」を開発した。現在、これを試行的に取り入れている学校が存在し、それぞれの学校で効果的であるとの評価をいただいてはいるが、まだ科学的な研究によって効果を確認する段階には至っていない。また、忙しい学校現場に導入することの問題点も指摘されているところであるが、それでもわが国では貴重な第一歩であろうと考えている。

プログラムであるから、前述のとおり、カリキュラム、教科書（教材）、教員研修の3点セットを用意している。Triple-Change はその名のとおり、3つの変化、すなわち考え方の変化、行動の変化、集団の変化を狙っている。いじめ対策では、RTI デザインを採用し、3つのステージを設定して包括的に取り組むべきであることは前章で説明したとおりである。本章では、そのうち一次予防、つまりすべての子どもたちを対象にした予防的取り組みについて説明したい。

いじめ予防授業で教えるべきこと ①
いじめに関する事実

いじめを予防しようとするとき、いじめ加害や被害の経験がある、もしくはリスクの高い生徒のみを相手にするのでは効果がない。いじめ予防は学校全体での包括的な取り組みにしなければならない。

そこで Triple-Change では、いじめを真正面から取り上げた授業を行うべきだと考え、できれば年間6回、少なくとも3回程度の予防授業をクラスごとにすべての教室で行ってほしいとしている。

そこで何を教えるのか、であるが、Triple-Change の最初のステップは Cognitive Change、つまりシンキング・エラーを正すことを目的とするので、おのずとその内容は決まってくる。

まず、「いじめとは何か」を正しく伝える。いじめ防止対策推進法があるのだから、その法律を真正面から取り上げ、いじめが法律違反であることを伝えたい。

そこで、法律にあるいじめの定義を共有したうえで、「いじめを深刻化させる2つのキーワード」を教えることにしている。

この２つのキーワードを知っていると、子どもたちはもちろん、誰もが、「いじめ加害者にならないように気をつける」ことができ、「いじめかもしれない出来事にあったとき、助けを求めるタイミングがわかる」ことになる。
　加えて重視しているのが、いじめに関係した人たちの予後研究である。たとえば、いじめ被害者の精神疾患リスクが高くなることは誰もが想像できるだろうが、それを研究結果として提示すると説得力は格段に増す。加害者と傍観者のリスクも同様である。加害者の犯罪リスク、傍観者の精神疾患リスクの増加に関する研究報告を提示すると、「いじめをやめさせることは、被害者だけでなく、加害者、さらに傍観者までを救う」ことが理解され、全員が当事者になりうるのである。
　実際に授業を受けた小学生が、「今までも、いじめはいけないことだ、なくさなければならないと思っていました。でも、世界の研究でわかっていることを聞いて、いじめは絶対になくさなければならないものだと思うようになりました」と感想を述べているが、まさにこの考え方の変化が重要なのである。

エモーショナル・フックを使う

　いじめについての正確な知識を子どもたちに教えたとしよう。だが、それで彼らの行動が変わるだろうか。
　私たち大人もそうだが、いくら理屈を教えられても頭に入ってこないことがある。それでは意味がない。いじめに関する正しい知識を得ることが、次のBehavior Change、すなわち行動の変化に結びつかないからだ。
　そこで「エモーショナル・フック」を活用するのである。
　エモーショナル・フックを直訳すると「感情の鉤（かぎ）」となるが、これは一人ひとりのエモーション、感情をかきたて、そこに鉤を引っかけてこちらに引き寄せる、すなわち、いじめをやめさせる・なくすための行動をとろうという気持ちを高めることを意味する。
　たとえば、いじめ予防授業のなかに「体験談を聞く」というものがある。いじめ被害にあってその後苦しんだ当事者の話、場合によっては、いじめ被害がきっかけで自死してしまった子どもの保護者の体験談を聞くというものだ。そ

うした話を聞けば、誰もがいじめの悲惨さを痛感し、二度とこうしたことを起こしてはならないと強い決意をもつことだろう。こうした取り組みの意義は、その話を聞いた子どもたちの感情が揺さぶられることだが、これこそエモーショナル・フックの活用なのである。

　同様のことを、いじめについての知識を教える授業でも取り入れなければならない。

　具体的には、いじめについてのエピソードを教材としてグループワークを行う。本当の体験談、実際に起きた悲惨な出来事を用いることもできるだろうが、架空のものでかまわない。

　エピソードは、なるべく子どもの生活に近いところで起きそうなもの、エモーショナル・フックに引っかかりそうな、感情をかきたてられるものがよい。あまりにも直接に現実を反映していると、「これって、○○さんのことみたい」などと子どもを傷つけかねないのでその点に注意する必要があるが、とにかく子どもたちが現実のものとして考えられる素材を提供する。そして授業のなかで、わが身に起こったことのように考えさせるのだ。

　エピソードを読んだ後、グループでそれについての議論をさせる。たとえば、そのエピソードで紹介されている出来事は本当にいじめなのか、それとも遊びやふざけと考えてよいのか。当事者で解決すべきか、第三者の助けを得なければならないのか。もしもそれがいじめだったとしたら、いじめ加害者はなぜそういう行動をするのか、被害者はなぜ我慢するのか、傍観者はどうして何もせずに見ているのか、などである。

　グループワークをするのと、単に教師の話を聞くのとでは大違いだ。グループワークであれば、一人ひとりが考え、みずからの意見を表明しなければならない。疑問があれば出させ、友だちの意見を聞くなかで、自分たちが正しいと思う結論を導き出させる。

　もちろん子どもたちがグループワークで出した結論をそのまま使うことはしない。「いじめが深刻になる２つのキーワード」「いじめに関係する人の特徴」など、先行研究から明らかになったことを学ばせる。もしも出てきた意見がそれと違っていたら、シンキング・エラーに陥っていたのであるから、丁寧に説明する。そして、クラス全体でいじめをなくさなければならないということを共有するのである。

いじめ予防授業で教えるべきこと ②
いじめにあったときの行動

　いじめについて正確な知識を得たとしよう。「いじめが深刻になる2つのキーワード」がわかると、助けを求めなければならないタイミングがわかってくる。同時に傍観者として、何らかの行動をとらなければならないこともわかってくる。
　そこで今度は、「いじめにあったときの行動」を教えることになる。
　助けを求めればいいじゃないか、と簡単に考えてはいけない。いじめ被害者の沈黙には3つの理由があることを第4章で述べたが、この沈黙の状況に陥ると、いじめ被害はより深刻になってしまう。傍観者はいじめをやめさせたいと思っていても、3つの理由から行動を起こせずにいるし、そのまま放っておくと加害者になってしまうリスクがある。
　こうしたリスクを回避するために、具体的な行動を教える。知識は、行動の変化を引き起こしてこそ意味がある。Cognitive Change（考え方を変える）に続くBehavior Change（行動を変える）である。
　ここで考えていただきたいのだが、みなさんはいじめにあったとき、どのような行動をとるだろうか。みずからが被害を受けたとき、もしくは近くで友人がそのような目にあったときを想定してみてほしい。
　いじめにはたくさんの種類がある。言葉による中傷や、嫌なあだ名で呼ぶこと、実際に叩いたり蹴ったりすること、仲間外れにしたり無視したりすること、嫌がることを強要すること、金品を取り上げたり壊したりすること、性的な嫌がらせ、インターネットを通じて行われるものなど多様である。そのさまざまないじめ行動に、どう対応するのがベストだろうか。
　大人であれば、これまでの経験からある程度、冷静に反応することができるかもしれない。しかしスキルのない子どもたちは、いじめの被害にあったとたん、体が硬直したり考えられなくなったりする。傍観者の立場にある子どもも同じである。そしてその反応がいじめ加害者を力づける。
　だから、いじめ加害者の行動をエスカレートさせず、二度と同じような行動をさせない反応をしなければならないのだが、その好ましい反応とは何だろうか。

こうしたことについては、欧米でさまざまな教育がされている。たとえばグーグル等の検索エンジンで、Bullying（いじめ）と Coping（対処法）の２つの言葉を入れて検索してみてほしい。たくさんの情報がヒットするだろうが、ここでは、イギリスのウェブサイト Skills you need（あなたが必要とするスキル〔https://www.skillsyouneed.com/parent/coping-with-bullying.html〕）にある「いじめにあったときの対処スキル」を紹介しておこう。

■ 行動を起こす前に
　・まず、自分がひとりぼっちでないことに気づく
　・いじめは加害者側の問題で、自分に落ち度があるわけではないと知る
■ ４つの基本的な行動
　① 誰かにこのことを言う（助けを求める）
　② 加害者にいじめをやめてほしいと伝える
　③ 加害者の行動を無視し、その場から離れる
　④ 自信のある態度をとる（そのほうがいじめが続きにくい）

　いじめにあったときの対処方法をあらかじめ知らせておくことで、子どもに安心感をもたせることができる。さらに、これらの方法は傍観者の立場での対処法としても活用できる。たとえば、被害にあった子どもの代わりに、①助けを求める、②加害者にやめてほしいと伝える、③加害者の行動を無視し、その場から離れるように被害者を促す、④被害者に対して自信をもった態度をとるようにアドバイスする、のようになるだろう。
　もちろん、言葉だけで教えても意味はない。さまざまな種類のいじめを含んだエピソードを用意し、わが身にそうした出来事が起こったとき、どうしたらよいかを考えさせる。グループで議論させると、スキルの高い子どもが、そうでない子どもにアドバイスすることが期待できる。ロールプレイをさせると、子どもたちに確実なスキルとして身につくだろう。
　このような授業を行うと、子どもたちは知らず知らずのうちに、みずからの行動を振り返る。シンキング・エラーを正し、それまでいじめ加害をしていたかもしれない子どもたちもそれをやめるようになるだろうし、傍観者のままでいた子どもたちも、声を上げ始めるだろう。

これが次のステップである Climate Change、すなわち集団の雰囲気の変化につながるのである。

行動の変化を起こす

　どんな子どもでも、いじめかもしれない出来事に遭遇することがある。
　外からみると仲のよい集団のなかにも、簡単に力の差が出現することは、私たちが子どもだった頃からよくあることだし、「これは遊びだから許される」「他の人もやっているから問題ない」のようなシンキング・エラーを起こすことだって稀ではない。
　だからこそ、大人は子どもたちに「いじめかもしれない出来事にあったときの対処法」を教えておかなければならない。
　地震や火災を想定した避難訓練をしておくと、いざというときに速やかに行動を起こすことができる。いじめ対策もそれと同じで、理念だけではダメだ。行動に移せるレベルまで具体化しておかなければ意味がない。
　ただし、いじめ被害にあっても、それがいじめだとみずから気づくことは案外難しいかもしれない。「自分が悪いからだ」、もしくは「自分が招いたことだから仕方がない」など、被害を受けた側もシンキング・エラーを起こすことがある。だから私たちは「いじめを深刻化させる 2 つのキーワード」を教えておくのである。
　では、いじめ被害（いじめかもしれないと子どもが思う出来事を含む）にあったとき、どうするのがよいのか。
　先ほど、イギリスのウェブサイト Skills you need にある「いじめにあったときの対処スキル」を紹介したが、さまざまな先行研究から考えていくと、大概は同じような対処法を教えるべきだとの結論に達する。ここでは、私たちが提供するいじめ予防プログラム Triple-Change で教えている方法を挙げておこう。

いじめ (かもしれないこと) にあったときにとるべき行動

■「やめてほしい」ことをはっきりと言う

いじめ行動に対して被害者が受け身であると、加害者は問題ないと感じてしまう。だから、いじめ行動について、自分がどのように感じたのか、つまり嫌だと感じたこと、つらいことなどを明確に伝えることが大切である。

ただし、いじめ行動がエスカレートしているとき、加害者がグループであるときなどは、火に油を注ぐ結果になってしまう。また自己主張をするとき、相手を非難するような言葉を使うのもよくない。あくまでも「私の感じたこと」として伝えるほうがよい。

■ その場から離れる、その場所を避ける

自分が嫌な気持ちになったら、速やかにその場から離れるべきである。相手が何を言おうと、その場から離れれば、それ以上傷つきはしないし、相手がエスカレートすることもない。また、いじめ被害は、特定の場所、状況下で発生する。極端な話、学校に行かなければ学校内のいじめ被害にはあわない。よって、その場を避けることも、いじめ被害を最小限にする方法である。

■ 助けを求める

これが最優先の方法になることには異論がないだろう。「被害者の沈黙現象」が起こると、いじめは深刻化するからである。

助けを求めるという方法は、他の方法がうまくいかないときにこそ積極的に用いる必要がある。ただし、相手によっては、「そんなことで助けを求めてはいけない」「自分で何とかしなさい」などと言われてしまう場合があるため、複数の人、それも信頼できる人に助けを求めるようにする必要がある。

以上が、とくに重要な3つの行動だが、加えて、次のような方法があることも紹介しておこう。

■ 自分に問題がないことを確認する

いじめはあくまでも加害者の問題である。いじめられたことによって自己肯定感が傷ついてしまうことを避けなければならない。よって、いじめられてい

る状況では、被害者は自分自身に対して、「自分に問題はない」「相手は自分がやっていることをわかっていないかもしれない」などと語りかけ、自己肯定感の低下を防ぐ必要がある。

■ 受け流す

加害者は被害者の反応を楽しむ傾向がある。よって、加害者が言ったことにとりあえず同意してやりすごすことも、いじめ被害を深刻化させない方法である。

■ ユーモアを使う

ユーモア、笑いは、深刻な雰囲気を和らげる効果がある。ブラックユーモアや皮肉、加害者を笑うものは逆効果だが、その場を和らげるユーモアを言い、すぐにその場から立ち去るのはとても効果的である。ただし、ユーモアを使うことが得意な子どもに限られるかもしれない。

実は、これらには元ネタがある。HAHASO Strategy (Garrity et al., 1994) というもので、子どもたちにいじめを「ハハ、ソーなのね」とうまく対応してほしいという語呂合わせの名称である。

ただし、これらの方法をただ覚えておけばよいというわけではない。状況によっては使えない場合がある。たとえば、助けを求めるのはとても重要なことなのだが、助けを求められない状況も考えられる。子ども自身のスキル、発達段階によっては難しすぎる場合もある。

そこで、こうしたスキルをどう具体的に教えるのかが問題になる。

スキルをどう教えるか

こうしたスキルを教えるとき、最もやってはいけないのは、言葉だけですませることだ。

「いじめられてつらいときは、まず『やめて』と言うんだよ」。そんなふうに言葉で言われたら、子どもも「はい、わかりました」と答えるだろう。

だが、わかったからできるとは限らない。それ以前に、「わかりました」と答える子どもは、私たちが期待するレベルでわかっているのだろうか。

私たちが子どもだった頃を思い出してほしい。先生や親から何回も「わかっ

ているの？」と尋ねられてきたはずだ。片づけをしなかったとき、質問に答えられなかったとき、何もしないでいたとき……。さまざまな状況で、大人は子どもに「わかっているの？」と尋ねる。

そうしたとき、子どもは普通、「わかっている」と答える。「わかっていない」場合があるにもかかわらず、である。

これは大人も同じだ。

たとえば、あなたが自分の専門分野の会議に出席したとする。そのなかで、重要な語句が解説なしに語られていた。みんなそれを理解しているようである。そんなとき不意に、誰かがその語句の理解の程度について質問をした。「みなさん、この言葉の意味をご存知ですよね？」というわけだ。周りの人は無言で頷く。そして、あなたは直接、質問を受ける。「〇〇さん、わかっていますか？」と。

わからないと正直に言う人もいるだろうが、多くの大人がわかっているふりをするだろう。もしくはわからないことを隠して、必死に情報を得ようとする。今どきだと、スマートフォンを使って検索を試みるだろう。

つまり、「わからない」を表明することは、とても難しい。恥ずかしいし、周りからの評価を下げることが怖い。怒られるかもしれないし、余分な説明をさせて、周りに迷惑をかけるかもしれない。大人でもそんなふうに感じてしまうのだから、子どもはもっと大変だ。

よって、「子どもは『わからない』『できない』を言わない」ことを前提にしよう。「わからない」「できない」を無理に言わせる必要はない。「わからない」「できない」を表明させたところで、何も始まらない。その子の自己肯定感を傷つけるばかりか、子どもに嫌なことを強いることになるだろう。そのうえ、そうした指導は、いじめの加害モデルを提供することになってしまう可能性がある。

私たちが目指すのは、「わからない」「できない」子どもが、いつの間にか「わかる」「できる」になっている指導である。とくにいじめ被害にあったときの対処スキルは、子どもを守るために必要なものだ。すべての子どもに身につけさせたいわけだから、余計に丁寧な指導が大切になる。

そこで私たちは、いわゆるソーシャルスキルトレーニングの手法を使って教えることを提案している。マッギニスら (McGinnis & Goldstein, 1997) が開発したスキルストリーミングという手法で、これは1つのスキルを教えるとき、次の4つの段階を経ることになっている。

① モデリング
　モデルの提供。どういう場面でどういうスキルを使えばよいのかのモデルを見せて教える。
② ロールプレイ
　実際に子どもが演じてみる。
③ フィードバック
　ロールプレイをしてみたうえで、そのよさ、難しさなどを話し合う。
④ トランスファー
　現実場面で、そのスキルを使用する。

　スキルは簡単に身につくものではない。しかも、どのようなときに、どのような対処法がベストなのかを冷静に判断する必要がある。だからこそ、さまざまなシチュエーションにおける対処法についてモデルを提供し、丁寧に教えなければならない。
　もちろん、スキルをもともともっていない子どもにとっては非常に難しいことになる。しかし、知らないより知っているほうがよいし、たとえロールプレイであっても経験がないよりあるほうがよいのである。

傍観者としての行動も教える

　いじめの被害にあったときの対処法を教えただけでは、片手落ちであろう。なぜなら、いじめは傍観者を伴うものだからだ。
　第4章で紹介したが、クレイグら (Craig & Pepler, 1995) が2つの小学校で、2学期間、子どもの校庭での遊びをビデオに録画して詳細に検討したところ、いじめと思われる状況のうち85％の現場に、加害者と被害者以外の子ども、つまり傍観者がいた。ホーキンスら (Hawkins et al., 2001) によると、傍観者はいじめエピソードの88％に存在したとのことだし、ジョーンズら (Jones et al., 2015) の調査も、ネットいじめを含めて、80％に傍観者が存在するとしている。つまり、すべての子どもたちは傍観者になる可能性がある。

しかも傍観者は、普通、何も行動しない。しかし、彼らはいじめ行動をよくないことだと認識している。そのうえ、もしも彼らがいじめをやめるように加害者に言うと、即座にいじめ行動がストップする可能性が高いこともわかっている（Hawkins et al., 2001）。

だから傍観者の行動を変えることは、いじめを深刻化させないために必須である。そこで、傍観者になる可能性のあるすべての子どもたちに対して、自分が傍観者の立場になったときの行動も教えなければならない。

さて、傍観者に教えるべき行動は何だろうか。実は、被害者がとるべき行動と同じように考えればよいのである。

いじめ（かもしれないこと）を見聞きしたときにとるべき行動

■「やめて」とはっきりと言う

いじめ行動に対して被害者が受け身になってしまうことが多いことから、被害者の代わりに、その行動が被害者を傷つけていること、被害者が嫌がっていること、見ている側も嫌な気持ちがすることを告げる必要がある。もちろん、そう主張することで傍観者自身もいじめ被害にあう危険性がある場合は、自分の安全を最優先にすべきである。

■その場から離れさせる、その場を避けるようにさせる

いじめられたときに、被害者がその場で動けなくなってしまうことがある。傍観者がそんな状況で助け船を出し、その場から逃げ出せるように支援することは非常に有効な方法である。また、いじめが起きやすい場所、状況を避けるようにアドバイスしたり、一緒にいたりすることも大切である。

■助けを求める

被害者は助けを求められない状況になっている可能性がある。傍観者は被害者の代わりに、周りの友だち、信頼できる大人に助けを求めることが大切である。

■被害者に問題がないことを確認する

被害者が「いじめられているのは自分に問題があるからだ」などと考えてしまう場合があるので、「いじめはあくまでも加害者の問題である」ことを被害者に告げ、勇気づける。

■ 受け流す

　加害者は被害者の反応を楽しむ傾向がある。よって、傍観者が両者の間に入り、被害者が大きく反応せず受け流せるようにする。

■ ユーモアを使う

　ユーモア、笑いは、深刻な雰囲気を和らげる効果がある。その場に居合わせた傍観者が、ユーモアを使い、雰囲気を和らげることは、深刻化を防ぐことになり効果的である。

　友だちがいじめられているのを見たり聞いたりしたとき、傍観者の多くは行動できなくなってしまう。加害者は、その集団のなかで大きなパワーをもつ子どもである可能性が高いため、報復を恐れるのである。

　そこで傍観者には、とるべき具体的行動を教えると同時に、集団の力に気づかせる必要がある。

　たとえば、みなさんが子どもだったとき、こんなことはなかっただろうか。

　クラスのなかで一人の男子Aがいじめられている。加害者は男子Bを中心とした集団だ。初めは遊びだったのだろうが、だんだんとエスカレートしてきて、ある日、ついにBは何人かの仲間とともに、Aの教科書をこっそりと隠してしまった。それをあなたは目撃している。いや、あなただけではない。他にもたくさんのクラスメイトがそれを見ていたとする。だが、誰もそれを咎めない。あなたも、そんなことをしてはいけないと言いたかったが、言えない。

　そのうち、教科書がないことで、Aは先生に叱られる。あなたはそれを見ていて、Aは悪くない、Bがやったのだと言いたい。だが言えない。その後も何度も言いたいと思うのだが、どうしても言えない……。

　このようなエピソードを子どもたちに提示すると、ほとんどの子どもが同じような場面を経験したことがあると言う。そこで子どもたちに、「なぜ言えないのか」について考えさせるのである。

　すぐに意見が出ることだろう。たとえば「他の人が言わないから」とか「自分がいじめられるのが怖いから」「勇気がないから」といったことだ。しかし、そこで気づかせなければならないのは、多くの人が同じように思っているという事実なのである。

　いじめ行動を見たり聞いたりした傍観者のほとんどが「いじめなんてやめれ

ばいいのに」と思っている。しかし、怖かったり勇気がなかったりして行動しない。

　だが、子どもたちに気づいてほしい。そのように思うのは自分だけではないことを。そして、そこで傍観者が何もしないと、いじめはエスカレートすることを。

　なぜなら、傍観者の黙認ほどいじめ加害者を勇気づけることはないからだ。

　いじめ加害者は、傍観者の行動の影響をもろに受けることがわかっている(Craig & Pepler, 1995)。だから、傍観者が異を唱えるのは重要なことだ。とくに集団で立ち向かうと、加害者は引き下がらざるをえなくなる。なぜならいじめを深刻化させるキーワードの1つ、アンバランス・パワー（いじめ加害者のほうが被害者より力が強いという状況）が崩れるからだ。

いじめ予防授業で教えるべきこと ③ いじめが起こらない集団作り

　いじめについての正しい知識を子どもたちに教えたとしよう。とりわけシンキング・エラーとアンバランス・パワーが重要であることを知らせ、さらには、被害者はもちろん加害者や傍観者も、将来にわたっていじめの負の影響を受ける可能性があることを子どもたちに教えたとする。

　そうすると、いじめを撲滅しなければならない理由が明確になる。被害者がかわいそうだからといった情緒的な理由に加えて、自分を含めたすべての子どもが負の影響を受けるという事実は大きな説得力をもつ。そして、加害者にならないようにしよう、被害者や傍観者になったとしても何とかして早く対応しようという意欲をもつことになる。

　次に、これまで説明したような、いじめの被害者や目撃者になったときにとるべき具体的行動を教える。すると、子どもたちも安心できる状況になる。だが、それだけでは十分ではない。

　いじめの被害者、もしくは傍観者になったときの行動を教えるのは重要だが、それらは「いじめがあること」を前提とした取り組みにすぎない。私たちの目的は、あくまでもいじめがない学校を作ることである。そこからもう一歩進め

なければならない。
　そこで、いじめ予防授業の最終段階では、「いじめが起こらない集団を作る」ことを目的に授業を行う。
　すでに子どもたちは、いじめについての知識を得ている。集団のもつ力にも気づいている。だから、それまでの復習を行ったうえで、「いじめがない集団のほうがいいよね」という当たり前のことを確認する。そして、いじめのないクラスを作るためのガイドラインを設定し、守ることを約束させるのである。

いじめのないクラスを作るためのガイドライン

　小学校高学年以上を対象にした場合のガイドラインとして、私たちは以下の4点をまとめている。

① **自分と相手の両方を尊重すること**
　　自分が嫌なことは、相手も嫌なことです。私たちは、相手の立場、自分の役割を考えて、集団の一員としての責任を果たします。

② **安全で楽しい学習環境に貢献すること**
　　学校は勉強をするところです。児童生徒全員に「学習する権利」があります。私たちは、みんなが楽しく学習に集中できるように、クラスの雰囲気を良くするように努力します。

③ **相手に共感した上で行動し、特に友達を孤立させないこと**
　　ひとりぼっちは悲しいです。どんなに平気な様子を見せていても、心の中では悲しい気持ちで一杯になります。私たちは友達の気持ちを考え、ひとりでいる友達を進んで仲間に入れるように努力します。

④ **正義を守る行動**（正しい行動）**をすること**
　　どんな理由があっても、悪いことは悪いのです。悪い行動をしていたら、お互いに正しい行動を教えるのが、本当の友達です。私たちは、このクラスが良い集団になるように、どんなときでも、正義を守る行動（正しい行動）を取るように努力します。

小学校低学年を対象とした場合、もっとシンプルに、「友達をいじめない」「いじめを見たら助ける」「ひとりでいる友達を仲間に入れる」の3つにしている。

　尊重、貢献、孤立、正義など、難しい言葉を使いすぎているように感じるかもしれない。しかし、こうした概念の理解はいずれ身につけなくてはいけないし、逆に、別の言葉に言い換えてしまうほうが、その本質を見失いかねないだろう。

　さらに指摘しておきたいのは、この4つの項目は、いじめのないクラス作りのみを目的にしていないということだ。将来、この社会を支える人、すなわち民主主義社会の市民になるために必要な行動規範にもなっているのである。

BE A HERO プロジェクト

　いじめをなくすために、学校における予防の方法について考えてきた。だが、これで十分といえるのだろうか。

　本書のテーマは「学校を変える」ことであるし、学校は子どもの生活の場でもある。だから学校全体を変えていかなければならないのだが、一方で、学校という組織は新たな取り組みがしにくい場でもある。学校のなかに変化を起こすために、その周り、すなわち社会全体で何かできることがあるならば、それに越したことはない。

　そこで子どもの発達科学研究所は、IWA アカデミー、B-creative agency と共同で、「BE A HERO プロジェクト」（http://be-a-hero-project.com/）を立ち上げた。

　BE A HERO プロジェクトは、読売巨人軍の岩隈久志投手を発起人にしており、すべての子ども、すべての大人を対象にしたものだ。

　このプロジェクトの目的はいじめの撲滅にあるが、「いじめを見つけよう」とか、「いじめられている子どもを救おう」という発想はとっていない。むしろ「いじめない人」「いじめを見たら注意できる人」、さらには「友だちと仲よくできる人」「相手に共感し、相手の気持ちを考えて行動できる人」を育てようとするプロジェクトである。

　2018年はスポーツ界においてよいニュースも多かったが、一方でパワハラ、いじめとも思われるニュースもたくさんあった。実のところ、スポーツの世界

は、いじめリスクが高いかもしれないところである。

「いじめを深刻化させる2つのキーワード」を考えてみてほしい。

スポーツ界では、コーチと選手、レギュラーと補欠、先輩と後輩のように、アンバランス・パワーがあることが多い。しかも「勝つためだったら何をしてもよい」のようなシンキング・エラーを生じやすい。いじめ予防は、スポーツを行っている部活や団体にとって、大きな課題になっていることだろう。

BE A HERO プロジェクトは、岩隈投手を発起人にしていることから、とくにスポーツをしている子どもたちに大きな影響を与えることが期待できる。

スポーツをする子どもの多くは、クラスのなかでムードメーカーだろうし、子どもたちのグループのなかでリーダー格になることが多いだろう。その彼らが正しい知識を身につけ、正しい行動をとることができるようになれば、大きな効果が期待できるのではないかと考えている。

第11章のまとめ

★ 子どもの発達科学研究所は、いじめ予防プログラム Triple-Change を開発した。まだエビデンスがあるといえる状況にはないが、これまでの研究成果や海外のプログラムを参考に、最大限、効果が期待できる内容になっている。

★ Triple-Change のいじめ予防授業では、子どもたちに「いじめを深刻化させる2つのキーワード」を教えることにしている。またエモーショナル・フック（感情の鉤）を効果的に使うことにより、子どもたちが自分のこととしていじめ予防に取り組めるようにしている。

★ いじめ被害にあったときの行動として、「やめてほしいと言う」「その場から離れる」「助けを求める」などの具体的行動をとることができるように、ロールプレイなどを取り入れて教えることが必要である。

★ いじめが起きにくい集団を作るために、「いじめのないクラスを作るためのガイドライン」を子どもたちと共有することが重要である。このガイドラインの内容は、いじめ予防だけに留まらず、子どもたちが

大人になってからの行動規範にもなりうる内容である。
★BE A HERO プロジェクトは、社会全体に対しいじめ予防を呼びかけ、とくにスポーツが好きな子どもたちに対し、正しい行動をするように促すものである。

第12章 保護者支援のデザインと方法
——何を知らせ、どう支援するのか

保護者と教師の対立

　子育てをするうえで最も大きなリスクは何かと聞かれたら、多くの人がいじめだと答えるかもしれない。いじめが原因と思われる子どもの自殺は、相変わらずニュースになっているし、そこまでいかなくても、深刻ないじめが原因で不登校になったり受験に失敗したりする例は少なくない。

　私たち大人は、いじめをめぐる深刻な問題を自分自身が経験している（当事者でなくても、その集団に所属していたという意味で）場合が多いし、だからこそわが子に同様の問題が起こることを恐れざるをえない。

　一方、学校現場は、子どものいじめをめぐる保護者対応に悩まされている。岡本（2005）による公立小中学校の教諭を対象にした調査によると、小学校教師の92％、中学校教師の100％がいじめ指導の難しさを感じており、その難しさの1つとして、保護者との感情的な齟齬を挙げている。

　たとえば、子どもが別の子どもにちょっかいを出すといったことは、学校現場ではよくあることだ。通常、単なる遊びと見なされ、子どもたちもそう考えるが、それを見たり聞いたりした保護者が過敏に反応し、いじめと認定せざるをえなくなることがあるらしい。また、実際にいじめ問題があって、教師がそれに対し正当な指導を行ったのにもかかわらず、加害者もしくは被害者の保護者が怒鳴り込んでくることもあるという。保護者にしてみれば、わが子を守りたい一心でそういう動きをするのだが、それが本当にわが子を守ることになるのか、検討する必要がある。

　子どもを守りたいのは、教師も同じである。自己保身に走る学校関係者がいないとはいわないが、ほとんどの教師は善良であり、子どものことを考えてい

る。それなのに保護者と教師が対立することが増えている。この原因を特定しなければならないだろう。

十分な情報を得られない保護者の状況

　親という立場からすると、学校の状況はほとんどみえないように思う。
　学校が悪いといっているわけではない。おそらく学校は、さまざまなお便りや行事の機会を使って、学校の様子を保護者に知らせているつもりでいるし、筆者自身、教員として働いていたときには、そのように心がけていた。
　今は、学校をできる限り地域に開放していく時代である。もちろん子どもの安全確保の観点をおろそかにしてはいけないが、保護者はいつでも子どもの様子を見に学校に来てかまわない。基本的に教員は親からの相談に乗るし、担任で難しければ管理職やスクールカウンセラーが対応する。
　しかもいじめに関しては、いじめ防止対策推進法が施行されてから、どの学校もホームページなどでいじめ防止に関する基本方針を明らかにしている。しかし、そうした努力をしているのにもかかわらず、保護者は十分な情報を得られないでいるように思う。
　残念ながらこのことについての研究は見当たらないが、筆者が想像するに、学校や教育委員会が保護者に知らせている（もしくは、そのつもりになっている）いじめ対策は、保護者の知りたいこととずれている可能性がある。
　たとえば、グーグル等で「子どものいじめ」「保護者」といった言葉を入れて検索してみると、残念ながら公的な機関のサイトよりも、民間のいわゆる情報サイトと呼ばれるものの関連ページ、有名人の発言、民間の専門家の意見（スクールカウンセラー経験者等）のほうが多くヒットする。「Yahoo! 知恵袋」のように、インターネット利用者なら誰でも質問・回答ができるサイトも出てくる。なかにはくわしく書かれたものもあるが、情報の出所が明確ではなく、執筆者の素性も明らかではない。こうした情報は、意見の1つとして捉えるのであれば問題ないが、全面的に信じてよいかというと疑問が残る部分がある。つまり、正しい情報であるとの保証がない。
　しかし、それでもこうしたサイトが多くの人に閲覧されているのは事実であ

り、そういう意味で多くの人のニーズに応えているのである。

　ではそこに何が書かれているのかだが、筆者が確認した限りだと、実際にわが子がいじめの被害者・加害者になったときの具体的対応法が多いように思える。タイトルだけを拾ってみると、「子ども同士のトラブル、どう対処する？　親ができる、いじめ対処法」「子どもがいじめられたら？　親が取るべき対処と深めるべき信頼関係」「自分の子どもが『いじめ加害者』になったときの親の対応は？」などである。

　さらに内容を確認してみると、学校におけるいじめの原因と考えられること、今と昔のいじめの違い、いじめへの対応方法、学校の責任追及の仕方、学校のNG対応への対処法等を、具体的にかつわかりやすく記載している。残念ながら根拠はないが、非常に興味深いし、これを読んで納得し、何らかの行動に移す保護者も多いのではないかと推察する。

　一方、学校や教育委員会が公開しているいじめに関する基本方針には、学校での取り組みこそ書かれているが、保護者がわが子のいじめに対し何をすべきなのかは、ほとんど書かれていない。

　前述の岡本（2005）は、いじめにかかわる研修がその予防に役立ったと回答する教師が1割しかいなかったこと、これまでに出されている指導書でも教師のいじめ指導の難しさに焦点を当てているものが見当たらないことを指摘している。

　普段から、いじめリスクのある子どもたちの集団に対して指導をしている教師でさえそうなのだから、保護者が十分な情報を得ていると考えることはできない。だからこそ不安になり、わが子を守りたいとの一心から、ときとして非常に攻撃的な行動をしてしまうことになるのだろう。

保護者支援の全体デザイン

　第9章で、いじめ対策の全体を考えたとき、公衆衛生学的手法、具体的にはRTIモデルを採用すべきだと述べた。これはいじめが起きた後の介入のみを考えるのではなく、予防、初期対応、介入の3段階で整理するべきだというものだ。再度確認すると次のようになる。

・**ステージ１**（ユニバーサル支援）
　学校全体での包括的ないじめ予防教育。すべての教室で、すべての教職員によって行われる。
・**ステージ２**（初期対応、早期支援）
　いじめかもしれない出来事があった場合の初期対応。もしくは、いじめが起きやすい環境の改善、いじめの加害者や被害者になりやすい児童生徒への指導支援。
・**ステージ３**（介入支援）
　いじめが起きた後の対応。二度といじめが起きないようにするための指導や環境改善。

　これを保護者支援に当てはめてみよう。
　ここまで議論してきた保護者の問題は、ステージ２もしくは３、すなわちすでにその保護者の子どもがいじめの加害者もしくは被害者として認定された後の話になる。その場合、保護者は絶対的な情報不足のなか、わが子を守ることを第一にして、場合によっては非常に強い防御反応を起こす。そのため、学校・支援者側との感情的軋轢、さまざまなトラブルが起きやすい。
　そこで考えるべきは、保護者に対するステージ１の取り組みである。やるべきことはすでに明確だ。保護者は情報不足の状態にあるのだから、それを解消すればよい。つまり保護者に対して、子どものいじめをどう捉えるべきなのか、わが子をいじめの被害者、加害者、そして傍観者にさせないために何をすべきなのか、わが子がもしも加害者や被害者になったときどのように行動すべきなのか、あらかじめ知らせておくのである。
　さらに、いじめをなくすために学校が何をしているのか、子どものいじめに気づいたときに、被害者・加害者である子どもとその保護者に対して学校がどのような対応をとるのか、具体的な情報も必要になる。
　学校の対応マニュアルはすでに明らかにしていると反論があるかもしれないが、保護者にその情報が届いていない可能性がある。とするならば、情報の提供する側の学校が何らかの対策を講じる必要があるだろう。

ステージ1
保護者に情報を提供する

　現在では多くの人が、何かわからないことがあるとインターネットに頼る。保護者も同様だ。だが、インターネットの情報は玉石混交である。しかもいじめは経験者が多いため、さまざまな意見が語られていて、どれが正しいのかわからなくなる。よって、いじめについて、科学的に正しいとされている情報を関係者で共有しなければならない。

　いじめをどう捉えるのか、いじめの加害者や被害者の特徴は何なのかなど、基本的な知識については、すでに本書で述べている。ここでは、そうした情報はすでに共有できていることを前提として、さらに保護者に提供すべき情報を整理しておこう。

　実は、子どものいじめと保護者の養育態度との関連について調べた研究は多数存在する。たとえばシェジリら (Shetgiri et al., 2013) の大規模な研究によると、加害行為をする子どもの保護者には、いつも子どもを邪魔者扱いしたり怒ったりしている、会話が少ないといった一定の傾向があるという。

　こうした情報を上手に活用すれば、わが子がいじめの加害者や被害者になるリスクを減らすことができるだろう。だが、それによっていじめリスクを完全になくせると極端に理解してはならない。国立教育政策研究所 生徒指導研究センター (2010) の調査によると、1年間に半数近くの子どもがいじめ被害を経験する。つまり親がいくら対応を頑張ろうと、どの子どもも被害者になりうるし、同様に意図せず加害者になってしまうことがある。

　このことを説明したうえで、以下にまとめた「わが子をいじめの加害者・被害者にさせないために親が心がけるべきこと」を情報として提供していくことが重要になる。

▶保護者がお手本となる行動をする

　これまでの研究から、いじめの加害者にはモデルがいることがわかっている。前述のシェジリら (Shetgiri et al., 2013) の研究でも、怒ってばかりいる保護者の子どもは、そうでない保護者の子どもに比べて、いじめ加害者になるリスクが

3.15倍になる。一方、親が子どもと考えを共有したり話し合ったりしていると、そうでない親に比べて、いじめ加害者になるリスクが半分程度に減るとのことだ。同様にいくつかの研究が、いじめの加害者・被害者の親が権威的である場合が多いことを示している（Baldry & Farrington, 1998; Georgiou, 2008）。

親は子どもに対して強い立場にある。その親が、みずからの力を振りかざし、弱者の立場にある子どもを力で支配したり傷つけたりしたならば、それはいじめ加害のモデルになる。反対にそうでない行動をとれば、子どもは加害者になりにくくなる。

子育ての現場では、当然、子どもを叱らなければならないことがある。そのとき、子どもに対し、力の差を背景に子どもの気持ちや言い分を無視して叱りつけると、それはいじめ加害のモデルになる可能性がある。子どもは、親の行動を観察し、そこから学んでいる。体罰はもちろん、子どもの心を傷つけるような言動をせず、叱るにしても「（親自身も子どもも）落ち着くのを待ってから話をする」ようなやり方がよい。叱らなければならないことを子どもがしたとしても、親が子どもを叩いたり怒鳴ったりして傷つけると、子どもも誰かの落ち度を見つけたとき、同じように力によって相手を傷つけるようになるからだ。

保護者が「相手に共感すること」「相手の気持ちを考えた問題解決をすること」をやってみせるならば、それは子どもにとって大いによい影響を与えるのである。

▶子どもの行動に興味をもつ

いじめ加害のリスクを高める親の態度として、子どもの行動への無関心が挙げられる。これは同時に、子どもがいじめ被害を受けていることを見逃すことにもつながる。

逆に、子どもの行動に関心をもつことは、子どものいじめ加害を防止する。シェジリら（Shetgiri et al., 2013）によると、保護者が子どもの友だちを知っていると、そうでない場合に比べて、子どものいじめ加害リスクが0.58倍とほぼ半減する。

子どもの行動に興味をもてば、よい行動（とくに相手の気持ちを考え、共感すること、友だちを助けることなど）をほめることにつながる。もちろん子どもの行動の変化を敏感に感じとることにより、子どものいじめ被害に早く気づくことができるだろう。

▶**インターネット、ゲームなど、デジタルメディアとの関係に注意し、コントロールする**

　大人だけでなく子どもたちの周りにも、たくさんの情報があふれている。とくに携帯電話・スマートフォンの普及とインターネット環境の向上によって、親の知らないところで、子どもたちはさまざまな情報に触れている可能性がある。ネットいじめの深刻さについてはすでに触れているが、インターネットやメディアとの関係は、学校だけでは指導しきれない部分がある。

　インターネットとメディアが子どもに与える影響は、いじめだけに留まらない。たとえば、戦闘もののゲームやギャング映画など、暴力的な情報に多く触れると、「他人の痛み」に共感することが難しくなり、他人に対して暴力的な行動をとりやすくなるし (Huesmann, 2007)、インターネットやメディアの性的情報は不正確なことが多く、間違った行動に誘導することがある。インターネット上には、子どもにはそれとわかりにくい形での詐欺、違法薬物、売買春の情報があり、犯罪に巻き込まれるきっかけになるし、LINE、Facebook、Eメール、プロフなどが、ネットいじめの温床になっていることも事実である (警察庁, 2015)。また最近では、インターネット依存が脳機能にまで影響を与えることが明らかになっている (Brand et al., 2014)。

　そこで、以下の対策を推奨する。

- インターネット、スマートフォンとの付き合い方を制限、コントロールする（子どもと親で、使ってよい時間、場所、頻度、訪れてよいサイト、やってよいことなどを約束する）。
- スマートフォンを与えたりインターネットの使用を許可したりする場合には、フィルタリングサービスを使用する。
- 暴力的な情報、ゲームに触れる時間を管理する。もしくはそのことを話題にして、それが現実のものではないこと、現実では別の解決方法をとる必要があること、そうした情報に触れることのリスクなどを伝える。
- 暴力的ではないテレビ番組、ゲームを勧める。とくに読書を勧める。

ステージ2・3
いじめ加害者・被害者となった子どもの保護者を支援する

　ステージ1として、すべての保護者に対し、いじめについての情報を提供し、学校がいじめを発見したときどう動くのか、そして保護者が普段からできる「わが子をいじめの加害者・被害者にしないために心がけること」を伝えたとしよう。

　それでも、いじめは起きてしまう。そうしたとき、加害者・被害者になってしまった子どもの保護者に対して学校がどのような支援をすべきか、ここはボンズら（Bonds & Stoker 2000）のいじめ予防プログラムを参考に整理しておこう。

　ちなみに、いじめ加害者・被害者となった子どもの保護者への対応については、教師はあらかじめ知識を得ておくべきである。とくにステージ2、すなわち初期対応は重要であり、そこの間違いが問題をさらに大きくしてしまうことは、多くの教師が経験的に知っていることであろう。つまり、保護者支援に対する知識を教師が得ておくことは、いじめ予防の点からも重要なのである。

▶一般的な注意事項
■保護者の心配（懸念）を尊重し、しっかりと扱う
　すべての保護者はわが子に対して防衛的に行動する。またわが子の問題を指摘されると落胆し、場合によっては攻撃的になる。初期段階では、とくに保護者の気持ちに十分に配慮して、話を聞くようにする。

■保護者に対する窓口を決め、知らせておく
　いじめに関して、学校側の窓口が誰なのかあらかじめ知らせておく。その場合、一人ではなく、複数であることが望ましい（たとえば担任、生徒指導主事、教頭など）。教室内で起こったいじめについては、保護者は担任に対して攻撃的になる（担任の責任を追及する）場合があることから、担任以外にも簡単にコンタクトできるようにしておく。実際にいじめの事実があったときでも、複数の担当で客観的に対応をすることができる。

■加害者の保護者と被害者の保護者に別々に面談する
　同じいじめに関係するからといって、加害者と被害者の保護者を一堂に集めるようなことはしてはならない。加害者や被害者が複数いる場合も、一人ひと

り別にすることが望ましい。加害者と被害者の保護者間で感情的な対立に発展する危険があることに加え、それぞれの子ども・保護者が抱えている課題は別のものであるからである。

▶いじめ加害者の保護者への支援
■誰が適切な面談者であるかを考える
　加害者の保護者が、どのスタッフならば最も素直に話し合いができるかを考える。一人ではなく、数人での対応が基本だが、多すぎると保護者は自分が責められていると感じて逆効果になるので注意する。
■加害者の保護者が防御的・感情的になることを予測する
　加害者の保護者が防御的・感情的になるのは、親が子を愛する気持ちから当然であることを理解する。
■加害者の保護者に感情的に反応しない
　加害者の保護者が感情的になっても、それに感情的に反応することなく、穏やかに対応する。いじめの事実について間違った理解（たとえば、そういう行動をしても仕方がなかった、本当はやりたくなかったけど他の人にやらされた、など）をしていても、その点は議論しない。むしろ「この学校は、いじめをなくそうとしている」「そのためには、どんな理由があっても、いじめ加害を容認しない方針をとっている」という原則を伝えることに集中する。
■いじめの加害に対しては、容認しない態度を貫く
　学校側は「私たちは、安全な学校環境を目指しています。そのことはご理解いただいていると思います。もちろんあなたのお子さんの安全も願っています」などの言い方で、保護者が冷静な話し合いに入れるように励ます。いじめの事実の細かな点について長い議論はせずに、いじめの加害の事実については容認しないことを明確に示す。さらに、大切なのは「安全な学校」を取り戻すために、保護者と学校が協力することであると強調する。
■加害者である子どもをどう支援するかについて、具体策を話し合う
　加害者である子どもには、シンキング・エラーがあるため、自分の力を正しく使えなかったところに問題がある。保護者が冷静になったところで、家庭と学校が、どのように加害をしてしまった子どもを支援するのか、その協働について話し合う。保護者がわが子のためにすべきことをしっかりと理解すると、

気持ちよく面談を終わらせることができる。

■ **加害者の保護者があまりにも興奮してしまった場合、面談を延期する**

興奮してしまった保護者の話を一方的に切ることはできないが、ある程度の時間が経過したところで、次の話し合いについて提案する。面談終了後、管理職にこのことを報告し、次の戦略を練ることが重要である。

▶ いじめ被害者の保護者への支援

いじめ被害者の保護者は、非常に大きな悲しみと心配で心がいっぱいになった状態にある。こうした反応は当然のことであり、いじめ被害について、学校が責任をもたなければならず、何らかの対応を約束しなければならない。

■ **慎重に話を聞く**

質問をしながら、いじめ被害の事実がどのようなものだったのか、細かく話を聞く。とくにこれまでの経緯について時間を割く。ずっと前にも同じような被害にあっている場合もあるので、そのときにどういう対応をしたのかについてまで情報を得る。

■ **被害者である子どもの安全の確保に全力を尽くすことを保証する**

保護者によっては、いじめ被害を防げなかった学校に対して不信感をもっている。よって、学校として二度と同じことが起こらないように、学校全体で(他の教員や子どもたちの協力を得ながら)努力することを約束する。とくに被害者である子どもが学校を怖いと思わないようにするために全力を尽くすことを保証する。

■ **被害者である子どもをどう支援するか、具体策を話し合う**

被害者である子どもがクラスで孤立しないように、また同じような危険にあわないようにするための方法について話し合う。とくに被害者である子どもの自己肯定感が下がらないように、家庭と学校で本人を励ましたり、よいところを伸ばしたりする。また友だちとの関係のなかで起こる問題を自分で解決できるように、家庭でも学校でも支援する。

■ **保護者との連携を密にする**

被害者である子どもの安全について、1週間に1度は必ず報告する。保護者の心配について聞き、子どもへの支援についても考える機会にし、学校への信頼を取り戻す。

保護者と教師は、子どもたちを教育、支援するうえで最高のパートナーになるべきだ。ところがそれがうまくいかないのは、立場の違いの理解が十分でないこと、情報の共有がなされていないことの2つが原因であると整理できるだろう。

第12章のまとめ

★ 学校は保護者に情報を提供しているが、それが保護者のニーズと合っていない、もしくは十分に届いていない可能性があり、そのため保護者は情報不足の状態にある。

★ 保護者支援に関しても、公衆衛生学的手法に基づいてステージ1（ユニバーサル支援）、ステージ2（初期対応、早期支援）、ステージ3（介入支援）に分けてデザインする必要がある。

★ ステージ1では、保護者に情報を提供する。とくに「わが子をいじめの加害者・被害者にしないために親が心がけるべきこと」のような具体的内容がよい。

★ ステージ2・3は、いじめ加害者・被害者となった子どもの保護者への支援になる。

★ いじめ加害者の保護者に対しては、保護者が感情的に反応することを想定したうえで、いじめ加害については容認しない態度を貫くことが大切である。

★ いじめ被害者の保護者に対しては、保護者がわが子を心配していることを前提に、子どもの安全の確保を約束したり、子どもへの具体的支援の方法を明らかにしたりする必要がある。

第13章 学校風土を改善する

環境が行動に影響する

　学年始めの始業式を思い出してもらいたい。小学校時代でも、中学校時代でもいい。もしも今、ご自身が教員だったりPTA役員だったりして、その場に居合わせることができるならば、今年度の始まりのことを思い出してほしい。

　子ども時代、新学年になって初めて登校したとき、ドキドキわくわくするのはクラス編成だった。昇降口に名簿が張り出してある場合もあるし、とりあえず旧クラスに登校するように指示がある場合もある。いずれにしても、その年、1年をともに過ごすクラスがどんなふうであるかは、子どもにとって大きな問題だ。仲良しの友だちと一緒だろうか、意地悪なあの子と同じクラスは嫌だな、など、いろいろと思うのが普通だろう。

　もちろん人数が少ない学校では、クラス編成はない。入学から卒業まで、場合によっては小学校入学から高校卒業まで、ほとんど人の出入りがないということもあるが、それでも4月の最初の日は、楽しみなのである。

　なぜなら、担任の先生が決まるからだ。

　人気のある先生とそうでない先生がいる。新任の先生は、まだどんな先生かわからない。

　始業式で担任発表があるのが常だが、そのとき、人気のある若い先生が担任だとわかると生徒から歓声が上がる。厳しい先生が担任だとわかると、何も反応がなくても、心のなかではがっかりしているかもしれない。

　とくに小学校では、担任の影響は絶大だ。何しろほとんどの授業を担任が指導する。教科担任制をとる中学校とは大きな違いがある。

　だが、ここであらためて考えてみたい。なぜ子どもたちは、自分のクラスメ

イトや担任の先生が誰であるかを気にするのだろうか。

　簡単に答えられるという人も多いだろう。好きな先生だと、授業が楽しいから。優しい先生だと、怒られなくてすむから。仲良しの友だちがいると、学校が楽しいから——。

　結局、学校が楽しいかどうかがクラスによって決まるから、という話になる。では、さらに質問させてもらおう。なぜ学校が楽しいと「よい」のだろうか。

　楽しいほうがよいに決まっていると言うかもしれないが、科学的に考えるならば、それでは不十分だ。それが、よい結果に結びつかなければならない。学校なのだから、その「よいこと」が教育的な成果でなければならないのである。

　このことについて、行動分析学の考え方は、1つの回答を示してくれるだろう。行動分析学の創始者であるスキナーは、人の行動は環境との相互作用によって生じるとしている。つまりよい環境であれば、よい行動が生じやすくなる。よい友だちやよい先生のいるクラスは、よい環境になる。だからその構成メンバーである児童生徒一人ひとりの行動はよくなると考える。

　ただし、行動分析学での「環境」は、教室環境、一つひとつの教師の指示など、物理的もしくは具体的なものを指す傾向にある。「楽しい学校」という場合には、もう少し複合的なものを指し示していると捉えるべきだ。なぜなら学校は、子どもたちの学習の場であるとともに生活の場であり、さまざまな指導や活動が行われる場所だからだ。

　「楽しい学校」には、たとえば、教室あたりの子どもの人数が関係するかもしれない。たくさんの子どもがひしめき合っていると、やはり余裕はなくなる。先生も一人ひとりの子どもに注意を払えなくなるだろう。それから、校長の学校運営方針や教員集団の指導方針、校則のあり方なども関係するかもしれない。学校によってルールの厳しさに違いがある。同じ学校のなかでも、学年によって微妙に差がある。こうしたさまざまな要因が複雑に絡み合ったうえで、一つひとつのクラスの雰囲気が決まり、それが子どもの行動に影響を与える。

　この複雑な要因によって作られる学校の雰囲気を、学校風土（School Climate）という。この学校風土が、いじめをはじめとする子どもの行動に大きく影響を与えることが、多くの研究によってわかっているのである。

学校風土とは何か

　学校風土への注目は、今に始まったことではない。100年以上前から、学校風土が子どもの行動に影響を与えている事実に研究者たちは気づいており (Perry, 1908; Dewey, 1916)、世界中で学校風土に関する研究が行われている。

　National School Climate Council (2007) は、学校風土を「教師と児童生徒の学校生活での経験パターンからくるもので、学校の決まり、目標、価値観、人間関係、授業実践、組織体などを反映したもの」と定義づけている。よい学校風土を保持することは、将来、民主主義社会で生産的で満足のいく生活を送る可能性が高い若者を育てることになる。また、こうした学校風土は、児童生徒とその家族、教職員が一緒になって作るものとされる。

　タパら (Thapa et al., 2013) は、学校風土に関する206の研究を集めて検討し、学校風土には次の5つの領域があるとしている。

- 安全：規範やルール、身体的な安全、社会的・精神的安全など
- 関係性：違いを尊重すること、学校への所属感、社会的支援、リーダーシップなど
- 教えと学び：社会性や情緒の教育、倫理教育、市民教育、学力支援など
- 学校環境：具体的環境、教材、人的資源など
- 学校改善のプロセス：学校が組織として学校風土を改善しようとしていることなど

　一方、ヴォイトら (Voight & Nation, 2016) は、アメリカ教育局 (U.S. Department of Education School Climate Survey) のモデルを図13-1のように整理して、6つの領域があるとしている。

　さらにタパら (Thapa et al., 2013) は、これら一つひとつの領域について、学校風土がどのように子どもの行動を改善するかに関するエビデンスを挙げ、最終的には、学校風土の改善がいじめを含む問題行動の改善に関連すること、学校風土に関する研究が現在も進んでいること、学校風土に注目することがその学校に通う児童生徒の学力向上にもつながることを強調している。

図13-1 プログラムや実践が学校風土や児童生徒の成績向上およひ健康に与える影響

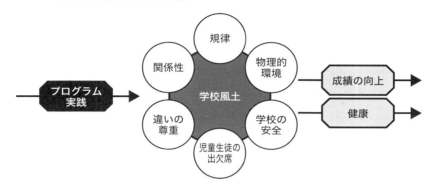

　こうして考えると、学校風土の概念は非常に重要であると捉えざるをえない。私たちの経験からもわかるように、楽しい学校、よい雰囲気の教室では、問題は起こりにくくなる。いじめはもちろん、子ども同士のトラブルも少なくなるだろうし、先生が叱ることも減るだろう。そうなれば、学習に集中することが可能になり、学力も向上する。ある意味、学校風土の改善は、子どもの発達全般を促進する魔法の杖のように思える。

　日本においても、いじめ、不登校、子どもの暴力といったことの予防のためにも、学力向上のためにも、私たちはもっと学校風土に注目するべきだろう。

学校風土といじめ

　学校風土のさまざまな領域のなかでいじめに関連するのは、「安全」や「規律」だろう。

　レラら（Lleras, 2008）によると、大規模の学校では、安全性が低下し、言葉のいじめが発生する傾向が強いという。

　校則についての研究もある。ゴットフレッドソンら（Gottfredson et al., 2005）によると、校則が効果的に運用され、指導されている学校では、いじめ被害も不登校も少ないという。またグレゴリーら（Gregory et al., 2010）によると、校則が一貫

して公平に使われることが重要で、そのためには校則に関する指導が明確に行われると同時に、支援が提供されなければならない。つまり教師が校則を厳しく指導するだけではなく、子どもに応じた支援がなされる必要がある。そして、このような校則の運用は、いじめ加害者を減らすことに加えて、「困ったら助けを求める」意欲を高めることにもつながるという (Eliot et al., 2010; Gregory et al., 2011)。しかも、安全だと感じることは、子どもの学習と健全な発達を強力に促すことがわかっている (Devine & Cohen, 2007)。

　いじめは学校という複雑な環境のなかで起こる。よって、その環境であるところの学校風土はいじめに関連するし、いじめの頻度は学校風土に関連する。つまり、学校風土といじめは、互いに関連がある。なぜならいじめ問題は、学校風土の一部といえるからだ。

　どうやら学校風土という観点は、いじめ予防を考えるとき魅力的であるようだ。いじめのみをターゲットにするのと比べて、さまざまな方法を考えることができるうえに、その効果はいじめ予防に留まらないからだ。

　一方、現在のわが国では、学校風土という包括的な観点を重視するのではなく、いじめ問題を単独で取り上げる傾向にある。たとえば、道徳の教科化に際し、文部科学大臣はわざわざ次のようなメッセージを出して、いじめ対策の重要性を説いている (文部科学省, 2016a)。第10章でも紹介したが、再掲しよう。

> 　現実のいじめの問題に対応できる資質・能力を育むためには、「あなたならどうするか」を真正面から問い、自分自身のこととして、多面的・多角的に考え、議論していく「考え、議論する道徳」へと転換することが求められています。このため、道徳の授業を行う先生方には、是非、道徳の授業の中で、いじめに関する具体的な事例を取り上げて、児童生徒が考え、議論するような授業を積極的に行っていただきたいと思います。

　教育行政の責任者が、いじめを真正面から取り上げることは、1つのメッセージとして重要だ。しかし、他にもある学校現場の問題、たとえば、子どもの暴力、子どものうつ、不登校、自殺、発達障害支援などとの関連は明らかにされていない。もちろん、一方で大きな議論になっている学力との関連も明らかにされず、同時に語られることすらない。

いうまでもないが、いじめも、いじめ以外の問題も、学力も、その主体となっているのは子どもである。その支援を行うのは教師であり、またすべては学校現場で起こっている。

これら全部を、子どもの発達にかかわる問題として同時に語ることが大切だ。そのためには、学校風土という視点が必要だろう。この章の冒頭でも述べたとおり、学校や学級の雰囲気が子どもの行動や学力に影響を与えていることは、私たち自身が経験していることなのだから。

学校風土へのアプローチ

この際だから、いじめだけでなく、すべての子どもの問題を解決してしまおう。解決まではいかなくても、すべての子どもの問題を予防し、さらには学力まで高くしてしまおう。

そのように考えるとしたら、学校風土をターゲットにすべきだ。先ほども述べたように、学校風土は、いわば魔法の杖である。

よい学校風土は、子どもの問題を減らし、予防し、学力を高める。もっというならば、先生たちだってそのほうがハッピーだ。ミハイラ (Mihaly et al., 2018) によれば、よい学校風土は子どもと教師両方のメンタルヘルスによい影響を与える。そうなれば、ただでさえブラックな職業だといわれている教師の離職率が下がり、その仕事の魅力がより高まることになるだろう。

わが国においては、「学校風土」という言い方はしていないものの、教室の雰囲気がいじめや不登校に関連するとの報告 (たとえば河村, 2007) がある。また荻上 (2018) は、「不機嫌な教室」「ご機嫌な教室」と名づけて、学校環境の重要性を指摘している。

とするならば、私たちはもっと学校風土に注目しなければならない。とくに教育行政関係者は、学校風土へのアプローチを行うべきだ。実際、諸外国ではそれが当たり前になっている。たとえば OECD (2013) のレポートでは、学校風土の重要性が取り上げられているし、アメリカには National School Climate Center (https://www.schoolclimate.org/) があり、学校風土に関する調査研究だけでなく、さまざまなワークショップを行っている。学校風土をテーマにした研究は、こ

の10年、増加する一方である。

　もちろん、いじめ予防を目的として、学校風土にアプローチする研究も少なくない。たとえば、ロウら (Low & van Ryzin, 2014) がアメリカの33の小学校で調査したところ、学校風土はいじめの減少に基礎的な役割を果たしているとのことだし、ハンら (Han et al., 2017) によると、中国においても、いじめや暴力の予防には学校風土が重要であるとのことだ。

　学校風土の改善を目的にしたさまざまなプログラムは、アメリカを中心にすでに開発されている。ヴォイトら (Voight & Nation, 2016) は、中学校と高等学校の学校風土改善を目的にしたプログラムのレビューを試みている。学校風土改善プログラムに関する2000年以降の研究を主要なデータベースで検索したところ、216の研究が見つかったという。そこからさらにフィルターをかけて66の研究を抽出して詳細に検討したところ、非常に強いエビデンスがある、すなわち効果がとても高いとされるプログラムが、学校風土の各領域で見つかった。そのうちいじめに関連する「学校の安全」の領域では、2つのプログラムが挙げられている。暴力予防カリキュラムと社会性発達カリキュラムである。

　まず暴力予防カリキュラムは、子ども間の暴力だけでなく、対教師暴力を減らすことについて強力なエビデンスがある。このカリキュラムでは、訓練を受けた講師による50分の授業を25回受けることになっている（学校によって違うが、多くの場合、社会科か保健の授業のときに、1週間に1回の頻度で行う）。その内容は、暴力を防ぐための問題解決スキル（たとえば、暴力的な状況を避けること、話し合いで解決すること）が主になっている。このカリキュラムでは、ロールプレイ、体験学習、演習を重視しているとのことだ。

　次に社会性発達カリキュラムは、アフリカ系アメリカ人の男子生徒を対象にしていて、学校内での暴力を減らす効果が高いとのことである。このカリキュラムは、16回から21回の授業で構成され、その内容は、自己肯定感や共感性を高めること、ストレスや不安のマネージメント、対人関係の構築、自己決定方法、問題解決方法などである。

　これらは学校内での暴力行為を減らすことを目的にしているが、学校風土の安全領域（いじめの予防を含む）に大きな効果があることに注意してもらいたい。

　一方、いじめの予防を中心にしたプログラムは、中程度のエビデンスとのことである。ここで取り上げられていたのはブリーバスターズプログラムという

ものだ。これは、いじめの原因の1つに、児童生徒の社会性スキルの不十分さがあるという事実に注目し、教師に対してトレーニングを行うものである。ベルら(Bell et al., 2010)によると、このプログラムはいじめを減らすことに効果があったが、学校風土全体への効果は定まらず(よい場合とそうでない場合が混在している)、さらなる研究が必要であるとしている。

いじめの予防をターゲットにしたプログラムは重要であるし、効果が見込まれるが、子どもの発達全体を考えたとき、やはり学校風土に注目する取り組みは必須といえるだろう。

わが国における学校風土改善の可能性

では、わが国で学校風土を改善するにはどうしたらよいだろうか。

ここまで説明したとおり、アメリカを中心に、学校風土改善のエビデンスがあるプログラムが開発されている(ヴォイトら〔Voight & Nation, 2016〕が取り上げている学校風土改善プログラム研究では、校内での人間関係をターゲットにしたもの31のうち、アメリカの研究が24であり、続いてイギリスが3、オーストラリアが2、ドイツとイタリアが1つずつとなっている)。

わが国においては、「学校風土」をタイトルに含んだ研究が散見されるものの、その多くが海外の動向をレビューした文書研究(藤岡, 2018)もしくは学校風土が大切であるとの意見を述べたものであり、海外のように学校風土改善を可能とするプログラムは見当たらない。先に紹介したPBIS(Positive Behavioral Interventions & Supports)を日本国内で行ってみたとの報告(池島・松山, 2014)もあるが、残念ながら規模が小さく、プログラムとして広げることは難しいように思われる。

ところで、学校風土を改善するには、2つの代表的な手法があるとされている。1つはSchool-Wide Prevention(学校全体での予防教育：SWP)であり、もう1つはSocial and Emotional Learning(子どもの社会性と情緒の発達教育：SEL)である(Osher et al., 2010)。SWPは、学校全体への包括的アプローチであり、すべての教職員による行動支援の多重システムである。この代表が前述のPBISだ。一方、SELは、学級を基本として、子どもたちに社会性スキルや感情コントロールスキルなどを教えるものである。わが国では、こうしたスキル学習は、自閉スペクトラム症やADHDなど、発達障害児への特別な教育として位置づけられている

が、学校風土改善を目的としたとき、それらはすべての子どもを対象とすべきなのである。

　これらのアプローチは、どちらも数年以上継続しなければならず、その点で日本では取り組みにくくなってしまうが、これは日本の教育システムの問題だ。わが国では、通常、校長は3年（長くても5年）程度で交代する。教師の異動も頻度が高い。しかも、こうしたプログラムを行うには、データ収集、専門家によるトレーニング、教材の確保などのための予算が必要であり、今の日本の教育システムでは、ハードルがかなり高いといわざるをえない。

　だが、それでも学校風土へのアプローチは必要である。それがいじめ予防に留まらず、教育現場が抱えている多くの問題に対して、何らかの成果を上げる可能性が高いとしたならば、今の日本の現場で何ができるのか、さらにくわしく考えてみる必要があるだろう。

学校風土を計測することの必要性

　ここまで、学校風土の大切さについて説明した。学校風土は子どもに大きな影響を与える。学校風土がよければ、いじめはもちろん、暴力行為や非行、抑うつ、不登校も減るだろうし、成績も上がることが、これまでの多くの研究で証明されている (Thapa et al., 2013)。

　ならば、学校風土を改善しよう、ということになり、そうした研究は欧米をはじめとする諸外国で進んでいる。ところがわが国では、学校風土という概念そのものが十分に共有されていない。

　学校風土とは、その学校がもつ雰囲気であり、それは先生と子どもの関係性はもとより、ルールや規範、教えと学び、物理的環境などまでを含み、包括的ではあるが捉えようによって変化する可能性がある、あいまいになりがちな概念である。

　だとするならば、学校風土を正確に定義し、それを科学的に捉える尺度が必要になる。各個人が勝手に学校風土を感じとる、というのではいけない。それでは、ある人がよいとする学校風土と別の人がよいとする学校風土が異なってしまう。そうなると、学校風土の改善という目標そのものが成立しにくくなる。

では、さっそく学校風土を測定してみようという話になるのだが、そこに大きな問題が立ちはだかる。実は、日本には学校風土を科学的に正確に測定できる尺度がないのである。

　調べてみるとこれはわが国だけの問題らしく、欧米には学校風土を測定する尺度がたくさんある。有名なところでは、アメリカの National School Climate Center の The Comprehensive School Climate Inventory（CSCI）がある。それ以外にも多数みられ、信頼性・妥当性の検討がなされていないものまで含めれば、相当な数に上る。ただし、学級風土尺度の検討で伊藤ら（伊藤・松井, 1996）が述べているとおり、それらを翻訳して使うことは可能だろうが、日本の学校システムにそぐわない領域や項目があり、再度の検討が必要であろう。また伊藤ら（伊藤・松井, 2001）は、学級風土質問紙（「学校」ではなく「学級」であることに注意）の開発を行っているが、この質問紙の内容を検討すると、これまで述べてきた学校風土に比較して、学級活動への関与や学級の生徒間の親しさなど子どもと学級集団の関係を主にしていること、学校全体の物理的環境、社会性や情緒への教育、学校の安全などの領域がないことから、学校風土測定の尺度として使うことはできないと考えられる。他にも、学校現場で学級の雰囲気や学級経営の指標として使われている質問紙があるが（たとえばQ-U〔河村, 2006〕、アセス〔石井他, 2009〕）、これらは子ども個人の学級適応の状況や満足度を計測するもので、学校風土を測定しているとはいえない。

　また現在、ほとんどの学校で「学校評価」なるものがなされている。児童生徒、保護者、職員にアンケート調査を行い、学校の状況を把握し、いわゆる PDCA（Plan-Do-Check-Action）サイクルによって学校の状況を改善していこうというものである。その項目をみると、学校風土と関係がないともいえない。さらに、国立教育政策研究所が「魅力ある学校づくり調査研究事業」で用いるものとして公表しているアンケート項目にも、学校風土のことではないかと思われるものが見受けられる（国立教育政策研究所 生徒指導・進路指導研究センター, 2013c）。それらを流用すればすむ話ではないかと考えるかもしれないが、それでは不十分だ。尺度として提供するには、必ず妥当性と信頼性が担保されていることを確認しなければならないからだ。

　そうなると、科学的に正確に学校風土を計測することができる尺度がやはり必要になる。それも日本の学校に合ったものである。

そこで筆者が所属する研究グループは、日本で使用できる学校風土尺度を開発した。その話をするために、まず「子どもみんなプロジェクト」について説明する必要があるだろう。

教育施策の効果測定の必要性

あらためていうまでもなく、子どもの発達上の問題の解決は困難である。いじめはもちろん、子どもの暴力、非行、ひきこもり、インターネット依存などの問題は、文部科学省の調査をひもとくまでもなく、減少するどころか現状維持が精一杯、もしくは深刻化している状況にある。

その結果、子育てはリスクのある営みと感じられるようになる。教師という仕事を「ブラック」だと評価する者が出てくる事態になる。これは私見だが、こうした子育てリスクは、少子化の原因の1つではないだろうか。

この状況に、文部科学省は何も手を打っていないわけではない。スクールカウンセラー、スクールソーシャルワーカーを配置したのはもちろん、学校の門を開き、児童相談所、警察、福祉機関との連携を進めている。国立教育政策研究所はさまざまな調査を実施して対応策を発信しているし、教育委員会や学校が独自の対策を打っていることもある。

こうした動きは、たぶん効果を上げただろう。「たぶん」とするのは、きちんとした科学的検証がなされていないからだ。

これは、わが国の教育における決定的な問題ではないだろうか。つまり、教育に科学的測定がなされていないのだ。子どもの発達上の問題に対し、さまざまな施策がなされ、たくさんの税金が投入されているのに、その効果測定がされない。だから、何がうまくいっていて、何がうまくいっていないのかわからない。結果として、一度始めたことは続けざるをえなくなる。

さまざまな施策、対策におそらく意味はあっただろう。しかし、どの施策がどの成果に結びついたかわからない。何もしないよりは意味があるだろうと想像するしかない。

この状況に対して、これまでと違ったアプローチが必要ではないかとの議論があった。

今から10年以上前、平成16（2004）年に、文部科学省内に「情動の科学的解明と教育等への応用に関する検討会」が立ち上がった。この検討会は、「子どもの情動等に関して科学的に解明するとともに、その成果を集約し、教育等へ応用させていくための諸方策について検討すること」を目的としており、その成果は平成18（2006）年の「情動の科学的解明と教育等への応用に関する調査研究会議」、平成24（2012）年の「情動の科学的解明と教育等への応用に関する調査研究協力者会議」へと引き継がれた。
　こうした会議の成果は、平成19（2007）年4月に発表された「情動の科学的解明と教育等への応用に関する検討会」報告書、平成26（2014）年7月に発表された「情動の科学的解明と教育への応用に関する調査研究協力者会議審議のまとめ」（文部科学省, 2014）にくわしいが、これらで一貫して主張されていることは以下の3点である。

・子どもたちを継続的に見守る追跡研究の重要性
・さまざまな領域で行われている情動に関する研究成果にかかわる情報を集約することの必要性
・領域の異なる研究者間、研究者と教育関係者間等における情報交換等を円滑に行うことができる連携体制構築の必要性

　要するに、子どもの問題について、現在、さまざまな調査がバラバラになされているが、それをもう一度、科学的に精査し、横断的にも縦断的にも、包括的に行う必要があること、そうした調査結果を一元化し、研究者も教育関係者も簡単にアクセスできるようにすることが必要だと主張している。
　これが実現できれば、教育がもっとオープンに語られるようになるだろう。子育て、教育は誰もが当事者であるがゆえに、意見がぶつかり合ってしまう。そこに科学的測定が入れば、少なくとも今より問題が明確になる。問題に関係する因子が明らかになるし、しっかりとした研究を行えば、どの施策が何に効果があったのか、もう少しわかるようになるだろう。
　こうした流れのなか、平成27（2015）年度から文部科学省は、「いじめ対策・不登校支援推進事業」のなかに「脳科学・精神医学・心理学等と学校教育の連携の在り方に関する調査研究」を位置づけた。いじめ、不登校といった子ども

の発達課題について、脳科学、精神医学、心理学など、科学的知見を使って解決していこうというわが国としては画期的な取り組みである。これが現在、筆者が所属する大阪大学をはじめとする大学コンソーシアムが行っている「子どもみんなプロジェクト」(http://www.kodomo-minna.jp/)なのである。

子どもみんなプロジェクト

　「子どもみんなプロジェクト」は、平成27年度から5年計画で始まった。すべての子どもを対象に、すべての教師、すべての研究者、すべての大人たちの参画を得て行うという意味で、「子どもみんな」なのである。

　ターゲットは、子どもの発達上の課題の解決である。そこには当然、いじめの問題も入ってくる。

　そこで必要になるのは研究だ。現状を正確に知らなければならないからだ。

　単にそれらの問題の数や増減を知りたいわけではない。そうしたデータならすでに文部科学省などによる調査で明らかになっている。私たちが本当に知りたいのは、いじめの問題と発達障害の関係、いじめの被害にあった子どもの背景や予後など、子どもの問題同士の関連や、その前後にあるものである。それも科学的に正確に捉えたい。そうしたことが明らかになれば、正しい対応方法を見出すことができるからだ。

　そこでこのプロジェクトでは、連携する教育委員会の協力を得て調査を行うことにした。子どもの問題は複雑である。海外の先行研究をみても、学校の情報だけでは不十分だ。よってこのプロジェクトでは、保護者の年収、学歴など、かなり踏み込んだ情報を得ることにした。そうした意味で、わが国において初めての調査だったのではないだろうか。

　さて、そのときに問題になったのが、学校風土のことなのである。学校風土が子どもの行動に影響を与えることは、先行研究からわかっている。しかも子どもの問題の予防を考えたとき、その影響力は絶大だ。そうなると、わが国における学校風土を正確に測定するための尺度が必要になる。そこで私たちは学校風土尺度の開発を行うことにしたのである。

　詳細はプロジェクトのNews Letter(子どもみんなプロジェクト, 2017)をご覧いただ

表13-1 いじめ被害、加害、被害・加害に関する検討

関連する要因	いじめ被害	いじめ加害	いじめ被害・加害
性別（男子）	1.01	1.28	2.95 **
学年	0.81 **	0.77 ***	0.63 ***
国籍、言語	2.62 *	2.19	3.89 *
世帯年収	1.00	1.02	0.93
母の年齢	0.94	0.87	0.80 *
インターネット使用時間	1.09	1.16	1.23 *（1.19）
不安・抑うつ傾向	1.04 ****	1.02	1.05 ***
ADHDの診断	3.13 *（3.28）	3.26	1.81
欠席日数	1.10	0.98	1.03
遅刻日数	1.19	0.86	1.12
早退日数	1.90 **	1.93 *（1.77）	1.87
SDQ 全体的な困難さ（High need）	2.41 ****	1.43	3.16 *
SDQ 行為（High need）	1.23	1.62	1.74 *（1.55）
SDQ 多動（High need）	1.57 *	1.07	1.15
SDQ 情緒（High need）	1.96 *	1.17	1.82
SDQ 仲間（High need）	2.01 ****	1.17	1.31
学校風土（JaSC合計得点）	0.98 ****	0.98 ***	0.97 ****

※ 括弧内の数値は学校風土で統制したときのオッズ比

きたいが、おおよそ1万人の児童生徒の協力を得て、統計的に調査項目を決定し、学校風土尺度を開発した。その後すぐ、この尺度を使っていじめに関する調査を行った。以下でその結果について紹介しよう。

いじめのリスクを高める要因の探索

このプロジェクトでは、いじめ以外に子どもの暴力行為、不登校についても調査研究を行っているが、ここではいじめの被害、加害、被害・加害（被害と加害の両方の立場）についての研究結果を紹介する。

表13-1のなかでアステリスク（*）がついている項目は、統計的に有意であ

るもの、すなわち関連が証明されたものである。たとえば、男子は女子よりもいじめの被害と加害の両方を訴えるリスクが高く、そのオッズは2.95である。

そんなふうにデータをみていくと、気になることがある。SDQ (High need) がいじめ被害のリスクを高めている点である。SDQとは、子どもの強さと困難さ尺度 (Goodman, 1997) であり、子どもの支援ニーズを明らかにする尺度として世界的に有名なものだ。とするならば、特別支援教育の対象児がいじめ被害にもあいやすいことになる。逆にいうならば、特別支援教育の充実が、いじめ問題の処方箋となりうるかもしれない。

ただし、この調査は一度にデータを取得している点に注意しなければならない。そのためたとえば、不安・抑うつ傾向がいじめ被害と関連があるとされているが、不安・抑うつ傾向をもつ子どもがいじめ被害にあいやすいのか、それともいじめ被害にあった結果、不安・抑うつ傾向が高まってしまうのか、その因果関係は明らかではない。ただ、不安・抑うつ傾向のある子どもが、そうでない子どもよりもいじめ被害の報告をしていることは事実なのである。

次に、学校風土について考察してみよう。

私たちが行った調査においても、学校風土は子どもの問題に影響を与えていることが明らかになった。いじめについては、被害、加害、被害・加害のどの項目でも、0.98もしくは0.97というオッズが出ている。つまり学校風土の得点が1点よくなると、それぞれのリスクのオッズが0.98もしくは0.97になる、すなわちリスクが減ることを意味している。

さらに、アミのかかっている項目に注目していただきたい。これは「学校風土で統制したときに有意でなくなった項目」である。つまり、統計処理上、どの学校・学級も平均的な学校風土 (悪いところはない) であると考えたときに、これらの項目では、それぞれいじめ被害、加害、被害・加害との関連が証明できなくなったことを意味する。ADHDと診断されている子どもを例にとると、普通 (さまざまな学校風土があるという状況では)、ADHDの診断がある子どもは、そうでない子どもに比べるといじめ被害にあうリスクが高いが、学校風土が平均的であれば、そのリスクはみえなくなる、ということだ。これは、ADHDだったとしても、学校風土さえよければ、いじめ被害リスクは他の子と同じ程度になる、と言い換えることができる。

だが、現場の教師のなかには、こうしたことは証明するまでもない、当たり

前のことだと主張する人がいるかもしれない。昨年まで問題行動が頻発していたADHDの診断のある子どもが、クラス替えによって新しい担任のいる新しい集団に入ったとたん魔法にかかったように落ち着いてしまったという事例、反対に、昨年まで問題のなかったADHDの子どもに、クラス替えが行われて間もなく次々に問題行動が現れるなどという事例は、珍しくないからだ。

　さまざまな原因が考えられるだろう。学校以外の要因（たとえば家庭、医療、療育など）が深くかかわっている場合もあるかもしれない。しかし、担任と集団が変わったとたんに行動が変化したとするならば、学校風土の影響を疑うべきだろう。別の言い方をすれば、担任の学級経営、学校風土への働きかけの良し悪しが、発達障害の子どもの行動にダイレクトに影響を与えていることを意味している。

　こうしたことを経験している教師は少なくないし、私たちが子どもだった頃から、そうしたことは珍しくなかったかもしれない。だが、どういうわけか、学校現場ではそうしたことを問題にしにくい雰囲気がある。少なくとも筆者が現役の教師だったときには、そうしたものを感じていた。

　理由はわからない。すべての教師が、教師という点で横並びであるという組織、管理職も一般の教師も数年で異動するといった制度に問題があるのかもしれない。ただでさえ忙しい教師に対して、これ以上プレッシャーをかけるべきでないという意見もあるだろう。

　しかし、子どもの発達を優先して考えるならば、教師はプロとして自分のクラスの環境、学校風土に責任を負うべきではないだろうか。

　いずれにしても、こうして筆者らの調査により、学校風土が子どもの行動に影響を与えていること、そして、学校風土をよい状態に保つことは、発達障害児の問題の軽減（ここではADHDのいじめ被害のみを取り上げているが、暴力行為等でも同様の傾向にあった）など、子どもの問題の予防に影響があることがわかってきたのである。

学校風土を変える3つの試み

　子どもみんなプロジェクトの目的は、研究で成果を上げることだけではない。研究を現場に還元していくことを重視している。よって、学校風土と子どもの問題の関連が証明できたなら、次に行うべきは学校風土の改善である。

そこで平成29 (2017) 年度と30 (2018) 年度、希望する中学校区 (それぞれ1つの中学校と2つの小学校) で、学校風土を改善する試みを行うことにした。

ただし、欧米でエビデンスありとされている学校風土改善プログラムをそのまま取り入れることはできない。なぜならそうしたプログラムの多くが、1週間に及ぶ教師のトレーニングなど長い時間をかけて準備をしなければならなかったり、学校経営そのものの見直しを迫られたりするなど、多くの負担を伴うものだからだ。

ご承知のとおり、日本の学校現場は多忙である。しかも教育委員会や学校には、そうしたことにかける予算もなければ時間もない。プログラムを入れることについての決断を誰がするのか、という問題もある。

そこで子どもみんなプロジェクトでは、日本の学校で実施可能な枠組みのなかで、学校風土改善に挑戦することになった。具体的には、年間2回程度の全体研修 (1回は90分程度、もう1回は夏休みなどに半日かけて行う) と校内プロジェクトチームを中心にした実践である。

校内プロジェクトチームを設けたのには理由がある。日本の教師は優秀なうえに真面目である。子どもたちのために自分たちで研修を行い、実践を積み上げていこうとする校内研修という文化がある。しかも、学校ごとに独自の研修テーマがあったり先生たちの問題意識があったりする。プログラムを提供して、そのマニュアルどおりに実践してもらうよりも、教師自身が当事者になり、自分たちが主導して取り組む形をとったほうが、日本の教師たちの実力が発揮される。そうなれば、時間やお金をかけずに欧米のプログラム以上の効果が出るのではないかと考えたのだ。

では、その具体的内容を簡単に紹介しておこう。まだ実践の途中であること、根本的な考え方やベースとなる科学的根拠は同じだが学校区ごとに教育のニーズが違ったことから、3つの方向からの実践になっていることに注意していただきたい。

▶ A中学校区：教師の行動を変える

教師の日々の行動が学校風土に大きな影響を与える。これまで「子どもの行動を変えよう」と考えることが多かった教師たちに、まず自分たちの行動を変えようと考えてもらうことにした。応用行動分析を学んでもらい、教師の行動

の基準・方法を共有した。具体的には、頭ごなしに叱ったり悪いところだけを取り上げたりすることをやめ、よい行動を見つけそこに注目しほめていくことにより、結果的に不適切な行動を予防するという手法を学校区全体で共有した。

▶ B中学校区：授業における教師の行動を変える

問題行動と低学力に関連があったことを受け、授業に焦点を当てることにした。A中学校区と同じく、応用行動分析をベースにして、授業における教師の行動の改善を目指した。学校区全体で共有することが大切なので、授業における教師行動のチェックリストを作成し、それを基本として授業研究を行った。

▶ C中学校区：感情コントロールを教える

問題行動と抑うつ、不安との関連があったこと、日々の実践で感情コントロールがうまくできず友だちとトラブルを起こす子どもが多いこと、それがきっかけでいじめや不登校に発展するケースがあるという教員の問題意識を受けて、感情コントロールの方法を子どもたちに教えることにした。感情の理解、その対処法（認知コーピング、行動コーピング）について、特別活動等の時間を使って教える。授業を行うということは、授業者（すべての担任）がそのテーマについて研修を受けることになる。それにより教師の行動も変わることを期待した。

平成29年度には、こうした実践をした学校としなかった学校の学校風土を、実践前（6月）と実践後（11月）に計測し、結果として改善がみられている。もちろんこれはあくまでも試みの範疇であり、サンプル数、研究デザインから考えて、プログラムの効果が証明されたと考えるべきではないが、私たちを力づける結果であった。

こうした学校現場を対象にした研究はまだまだ始まったばかりであるが、今後、教育の質を高めることが大切だと考えるならば、こうした取り組みはもっと注目されてよいし、発展させていくべきだろう。

第13章のまとめ

★ 学校風土は、学校の雰囲気であり、これがいじめを含む子どもの行動、学力などと関連することが多くの研究からわかっている。
★ 学校風土へのアプローチは、いじめの予防だけでなく、すべての子どもの問題の予防、学力向上のために有効である。
★ 学校風土改善を目的にしたプログラムはすでにアメリカを中心に複数開発されているが、これらを日本でそのまま取り入れることは難しい。
★ 学校風土の改善に取り組む以前に、学校風土を正しく計測するツール(尺度)が必要である。
★ 教育を充実させるには、教育施策の効果測定が必要であり、そのためには科学的視点の導入が必須である。このことは、文部科学省内の「情動の科学的解明と教育等への応用に関する調査研究協力者会議」などで指摘されており、それが「子どもみんなプロジェクト」に結実した。
★ 子どもみんなプロジェクトでは、学校風土を計測する尺度を開発するとともに、いじめリスクを高める要因の探索、学校風土改善を目指した取り組みなどを行っている。

第III部

起こってしまった いじめに 対応する

第14章 いじめが生じた後の具体的介入

いじめ事案が起こったら

　いじめ対策では、予防を最初に考えるべきだ。

　いじめに関してはさまざまな調査が行われているが、「どの子どもにも、どの学校においても起こりうる」とする文部科学省の認識（「学校におけるいじめ問題に関する基本的認識と取組のポイント」）は正しい。したがって、いじめ被害を訴えた子ども、いじめ加害を行っていることが明らかになった子どもだけを抽出して指導するのでは不十分である。

　そこで本書ではこれまで、いじめを授業で真正面から取り上げたり、学校風土を改善したりすることにより、いじめを予防するべきだとして話を進めてきた。しかし、それでもなお、いじめは起こりうる。よって、いじめ事案が起こった場合の介入支援方法についても議論しておく必要がある。

　このことについては、文部科学省はもちろん、多くの教育委員会が、いわゆるマニュアルを発表している。

　まず文部科学省が発表した「いじめの防止等のための基本的な方針」に付帯している「学校における『いじめの防止』『早期発見』『いじめに対する措置』のポイント」（文部科学省, 2013d）から、いじめの加害者・被害者への対応に関するところを、少々長くはなるが以下に引用しておくことにする（下線は筆者による）。まず被害者については、「いじめに対する措置」のなかの「③いじめられた児童生徒又はその保護者への支援」という部分がそれにあたる。

> 　いじめられた児童生徒から、事実関係の聴取を行う。その際、いじめられている児童生徒にも責任があるという考え方はあってはならず、「あな

たが悪いのではない」ことをはっきりと伝えるなど、自尊感情を高めるよう留意する。また、児童生徒の個人情報の取扱い等、プライバシーには十分に留意して以後の対応を行っていく。
　家庭訪問等により、その日のうちに迅速に保護者に事実関係を伝える。いじめられた児童生徒や保護者に対し、徹底して守り通すことや秘密を守ることを伝え、できる限り不安を除去するとともに、事態の状況に応じて、複数の教職員の協力の下、当該児童生徒の見守りを行うなど、いじめられた児童生徒の安全を確保する。
　あわせて、いじめられた児童生徒にとって信頼できる人（親しい友人や教職員、家族、地域の人等）と連携し、いじめられた児童生徒に寄り添い支える体制を作る。いじめられた児童生徒が安心して学習その他の活動に取り組むことができるよう、必要に応じていじめた児童生徒を別室において指導することとしたり、状況に応じて出席停止制度を活用したりして、いじめられた児童生徒が落ち着いて教育を受けられる環境の確保を図る。状況に応じて、心理や福祉等の専門家、教員経験者・警察官経験者など外部専門家の協力を得る。
　いじめが解決したと思われる場合でも、継続して十分な注意を払い、折りに触れ必要な支援を行うことが大切である。また、事実確認のための聴き取りやアンケート等により判明した情報を適切に提供する。

　次に加害者については、続く「④いじめた児童生徒への指導又はその保護者への助言」の箇所で次のように書かれている。

　　いじめたとされる児童生徒からも事実関係の聴取を行い、いじめがあったことが確認された場合、学校は、複数の教職員が連携し、必要に応じて心理や福祉等の専門家、教員・警察官経験者など外部専門家の協力を得て、組織的に、いじめをやめさせ、その再発を防止する措置をとる。
　　また、事実関係を聴取したら、迅速に保護者に連絡し、事実に対する保護者の理解や納得を得た上、学校と保護者が連携して以後の対応を適切に行えるよう保護者の協力を求めるとともに、保護者に対する継続的な助言を行う。

いじめた児童生徒への指導に当たっては、いじめは人格を傷つけ、生命、身体又は財産を脅かす行為であることを理解させ、自らの行為の責任を自覚させる。なお、いじめた児童生徒が抱える問題など、いじめの背景にも目を向け、当該児童生徒の安心・安全、健全な人格の発達に配慮する。児童生徒の個人情報の取扱い等、プライバシーには十分に留意して以後の対応を行っていく。いじめの状況に応じて、心理的な孤立感・疎外感を与えないよう一定の教育的配慮の下、特別の指導計画による指導のほか、さらに<u>出席停止や警察との連携による措置も含め、毅然とした対応をする。教育上必要があると認めるときは、学校教育法第 11 条の規定に基づき、適切に、児童生徒に対して懲戒を加えることも考えられる。</u>
　　ただし、いじめには様々な要因があることに鑑み、懲戒を加える際には、主観的な感情に任せて一方的に行うのではなく、教育的配慮に十分に留意し、いじめた児童生徒が自ら行為の悪質性を理解し、健全な人間関係を育むことができるよう成長を促す目的で行う。

　文部科学省としては、いじめ対応の大枠の提示を狙ったのだろう。とくに下線部は、教育委員会や学校が、加害者あるいは被害者である児童生徒に対する別室での指導や出席停止、警察を含めた外部機関との連携など、ある程度思い切った対応がとれるようにしている。この点、いじめを原因にした自殺など、悲劇的事件をこれ以上起こすわけにはいかないとの強い意志が感じられる。
　一方、その他の部分、たとえば加害者への対応である「いじめは人格を傷つけ、生命、身体又は財産を脅かす行為であることを理解させ、自らの行為の責任を自覚させる」のような部分は、重要であるし、もちろんそうあるべきではあるが、実際にどのように指導していくのか、具体的な対応を提示するには至っていない。
　国立教育政策研究所 生徒指導・進路指導研究センター (2013c) による「いじめのない学校づくり—『学校いじめ防止基本方針』策定 Q & A」(生徒指導リーフ増刊号) は、「いじめの防止等のための基本的方針」を非常に丁寧に説明している。しかし、肝心のいじめ加害者もしくは被害者になった児童生徒への対応に触れているのはわずか 2 ページのみである。組織としての対応や、個々の事案に応じた柔軟かつ適切な対応が必要だとしているが、その具体的な内容まで踏み

込むことはできていない。
　その点、各自治体の教育委員会は、これらを具体化し、学校現場で速やかに実行できるようなマニュアルを作成している。インターネット上で確認可能なものをざっと調べてみると、静岡県・市町教育委員会代表者会 (2013)、宮城県教育委員会 (2007)、奈良県教育委員会 (2009)、兵庫県教育委員会 (2013) などによるものが見つかるが、いずれも加害者・被害者の児童生徒に対する指導に留まらず、保護者への対応、学校体制のあり方などについてくわしく書かれている。とくに奈良県教育委員会は、いじめの具体的事例を挙げ、それらの事例から学ぶべきことを明確に示している。
　以下に、兵庫県教育委員会が2013年にそれまでにあったものを改訂して発表した「いじめ対応マニュアル」から、いじめが起こった場合の加害者・被害者である児童生徒への対応について抜粋して紹介しよう。

■ いじめられた子どもに対して
・事実確認とともに、まず、つらい今の気持ちを受け入れ、共感することで心の安定を図ります。
・「最後まで守り抜くこと」「秘密を守ること」を伝えます。
・必ず解決できる希望が持てることを伝えます。
・自信を持たせる言葉をかけるなど、自尊感情を高めるよう配慮します。

■ いじめた子どもに対して
・いじめた気持ちや状況などについて十分に聞き、子どもの背景にも目を向け指導します。
・心理的な孤立感・疎外感を与えないようにするなど一定の教育的配慮のもと、毅然とした対応と粘り強い指導を行い、いじめが人として決して許されない行為であることやいじめられる側の気持ちを認識させます。

　こうしたマニュアルの作成は必要であるし、納得のいく内容である。だが、これで現場が変われるかというと、そうでもない。
　ここで紹介した兵庫県教育委員会のいじめ対応マニュアルは、他の教育委員会のものに比べて遜色がないどころか、素晴らしいものである。しかしたとえば、いじめた子どもすなわち加害者に対して、「子どもの背景にも目を向け指

導」「一定の教育的配慮」「毅然とした対応と粘り強い指導」が必要だと言われても、それが具体的にどのようなものなのか、結局は現場の教師次第になってしまう。

では、どのようにすれば現場が変われるのであろうか。

具体的介入を先行研究から考える

いじめは、どの子どもにも、どの学校でも起こりうる。そのため一口に「いじめ」と言っても千差万別であり、子どもの発達段階や背景によってさまざまな面がある。

こうしたバリエーションの多い事象への対応について原理原則を提示したとしても、その効果は限定的である。なぜならば、個に合わせていくうちに、本来あるべき指導がぶれてしまうからだ。かといって、さまざまな事例を挙げて、その対応方法について説明していってもキリがない。そういう意味で、いじめへの対応を学校現場で共有し、深めていくことには限界が出てきてしまうわけだ。

では、どうしたらよいのか。

ここで大切になるのは、教師（支援者）のトレーニングである。

さまざまなバリエーションのある問題に対して、原理原則を提示するだけでは不十分だが、その原理原則の根拠、あるいは原理原則の具体的な使用方法にまで言及し、いくつかのシナリオ（事例）を提供し、その運用方法を練習させる。つまり、科学的根拠のある知識（原理原則）と、それを使うスキルを身につけさせることを目的としたトレーニングを受けてもらうことにより、教師自身がさまざまなバリエーションに対して、自分が得ている知識（原理原則）を適切に応用できるようにするのである。

とくに大切なのは、必要な知識（原理原則）について、教師が深く納得することだ。この納得がないと、教師は自分の経験則に頼ってしまうことになる。そうなると教師間で対応に差が生じ、結果として関係した児童生徒を傷つけてしまうことも生じるだろう。

では、いじめ加害者・被害者の児童生徒に対し、どのように対応すべきなのか、その原理原則を整理するとどうなるだろうか。本書でこれまで確認してき

た先行研究を活かして考えていくことにしよう。

いじめ加害者への支援

▶事実確認

　いじめ事象があったことがわかっていても、その内容がわからなければ指導支援を適切に行うことはできない。したがって、加害者であろうが被害者であろうが、事実確認を最初に行わなければならない。

　このとき最もやってはいけないことは、いじめ事象を表面的にのみ捉えて、「よくあること」「大したことはない」などと過小評価することだ。

　加害者は、子どもたちのなかでも力のある者である可能性が高い。たとえばクラスのムードメーカー、頭がよく誰もが優秀だと認める者、人気のある者、部活では中心となっている最上級生や部長・レギュラーの場合が多いだろう。そのため教師としては、「あんなにいい子がなぜ」とか、「たまたまそういう部分がみえただけで、いつもではない」「ちょっとした間違いを深刻に捉えると、かえって周りに影響がある」など、さまざまなブレーキがかかってしまう（これは大人のシンキング・エラーである）。

　しかし、いじめは「大したことはない」と思えるうちにきちんと指導しておくほうがよい。本当に深刻になってしまうと困難なことばかり起こるし、周りの子どもへの影響が大きい。しかも、いじめ加害の見逃しは、加害者にとっての悪い学びになる。「あの程度なら OK だ」「見つかっても大したことないし、見つからなければまったく問題ない」のように考え、それが次の深刻ないじめを生むのである。

　よって、いじめの事実認定は慎重に行うべきだ。加害者である児童生徒の言い分を簡単に信じてはいけない。私たち大人でさえ、意識的であれ無意識的であれ、事実を自分に都合のよい形に変えてしまうことがある。嘘をつくつもりはなくても、いつの間にか事実があいまいになる。細かなところはともかく、加害者である児童生徒の行動によって傷ついた者がいるという事実について、その状況（時間、場所、その場にいた人など）、行動の内容、頻度を明確にしなければならない。

第 14 章　いじめが生じた後の具体的介入

▶シンキング・エラーへのアプローチ

　いじめ加害者の特徴は、体格でも性格でもなく、シンキング・エラーをもっていることだ。シンキング・エラーとは、たとえば「このくらいのことはしてもよいのだ」「自分さえよければ問題ない」「誰かが傷ついても、多くの人が楽しければ遊びだ」のような間違った考えをいう。

　いじめ加害者の特徴がシンキング・エラーならば、指導のターゲットも当然、シンキング・エラーになる。

　たとえば、ある子どもが、自分より弱い子どもの悪口を言い続けていたとしよう。加害者である子どもにはシンキング・エラーがある。この場合、「みんな笑っていたし、言われた本人も笑っていたから問題ない」かもしれないし、「ボクも言われたことがあるから、これで公平だ」かもしれない。

　いずれにしても、そこで傷ついている子どもがいるわけだから、どんな言い訳や理屈があっても、やってはいけないことだ。だから、まず悪口を言ったこと（細かな回数や言い方は別にして）とそれが相手を傷つけたという事実を認定する。そして、被害者の気持ちに共感させ、みずからのシンキング・エラーに気づかせていくのだ。

　「自分も悪口を言われたのだから、自分ばかり指導を受けるのは不公平だ」などと主張するかもしれないが、これは自分が悪口を言われたことと、自分が悪口を言ったことの2つの別の話を勝手に関連づけているところに問題がある。もしも本当に加害者である子どもが悪口を言われてつらかったという事実があるのならば、それはそのときのいじめ加害と切り離して、公平に対応すべきなのだ。

　いじめ行動は、大人の目の届かないところでも起こりうる。だから一つひとつの行動のみを取り上げていては、たんに「見つからなければよい」と思うようになるだけだ。なぜいけないのか、どの考えが間違っていたのかを知らせること、つまりシンキング・エラーに指導を集中することが大切だ。そうしないと、彼らは同じ行動を繰り返してしまうかもしれないのである。

▶モデルの確認と対応

　いじめ加害者にはモデルがいる。誰かが誰かをいじめているところを見てい

たから、その行動を真似たということだ。

　ということは、加害者の児童生徒が、別の場面では被害者もしくは傍観者になっていることも考えられる。したがって、この点について確認することが必要になる。加害者の児童生徒は、別の場面ではいじめ被害を受けて困っているのにもかかわらず、自分が加害者になった部分だけ指導されたのでは、その子は、学校も教師も信じられなくなってしまうだろう。

　ここで気をつけておきたいのは、いじめ加害のモデルが大人だったり家族のなかにいたりした場合だ。たとえば部活のコーチがパワーハラスメントをするような人だった、兄からいじめを受けていた、父が体罰をしたり子どもの失敗を徹底的に罵ったりするような人だった、のような場合である。

　こうしたケースでは、より包括的な介入支援が必要になる。もしもそのような状況を見つけたら、子どもの心と身体の安全を守るためにも、組織的な対応（たとえば、スクールソーシャルワーカーの活用、行政との連携など）をしていくことが大切だろう。

いじめ被害者への支援

▶事実確認

　いじめの被害者になった子どもからも、事実確認をしなければならない。そのとき最も注意しなければならないのは、子どもが言っていることを過小にも過大にも評価しないことだ。つまり「そのくらい我慢すればいい」「騒ぐほどのことじゃない」と過小評価すべきでないし、逆に感情的に騒ぎ立てるべきでもない。

　事実は事実として把握しなければならない。ただし、大人からみて大したことのないケースでも、被害者がつらいと言ったらつらいのである。その子どものなかにある事実として真摯に受け止めなければならない。

　私たちは何としても、被害者になった子どもの信頼を勝ち得なければならない。もしここで「いじめ被害を訴えても仕方がなかった」「逆に傷つけられた」などと思わせてしまうと、その子は二度と助けを求められなくなってしまうだろう。

　今回は大したことではなかったかもしれない。しかし、次はもっと深刻かも

しれない。それに、感じ方は子どもによって大きく違う。その子がつらさを訴えているのであれば、救わなければならない。

もちろん、大げさに扱うのも問題だろう。被害を訴えて大人を巻き込むことを狙う場合がある。そのことで、加害者に対して復讐しようとする場合さえある。

だからこそ、支援者は冷静に事実を事実としてつかむことが大切である。よって被害者、加害者、傍観者等、多くの人から情報を集めなければならない。

▶自己肯定感への支援

いじめ被害者の多くは、自己肯定感が下がってしまう (Ross, 1996)。「私が悪いからいじめられたんだ」「自分に落ち度があるから仕方ないのだ」と思う被害者も多いといわれている。

だが、どんな理由があろうとも、いじめられてよい子どもが世の中にいるはずがない。それを許したら人権問題である。だから、支援者は明確に「いじめの責任は加害者にある（被害者にはない）」と何度でも伝えるべきだ。

被害者の側に何らかの問題があったとみられるケースもあるだろう。たとえば失敗をしたとか、コミュニケーションスキルが十分でないとか、そういうことである。しかし、それといじめ被害は分けて考えるべきである。

たとえ「前に〇〇さんにいじめられていた。だからやり返しただけだ」などという場合でも、同じである。以前のいじめは、そのときに対応すべきである。いくつものいじめが重なって起きていても、一つずつ事実を認定し、「他人を傷つける行為は、傷つける行為をした側が悪い」ことを徹底して伝える。その点で、他の子どもも公平に扱うことが重要なのである。

▶孤立の防止とスキルの獲得

被害者になった子どもに対し、その傷つき体験への支援を十分に行う。被害にあったときのつらさや無力感に寄り添い、自己肯定感の低下を防ぐようにする。いじめ体験は、学校不信を引き起こす。不登校になることもあるだろう。進路にも影響が及ぶ可能性があるわけだから、そのリスクを下げるよう最大限の支援を行わなければならない。

スクールカウンセラーや医療との連携も欠かせないだろう。うつ状態になることもあれば、PTSDを引き起こし (Idsoe et al., 2012)、治療の対象になる場合も

ある。被害が大きければ時間がかかるのは当然のことだから、学年を超えての支援を視野に入れるべきだろう。

傷つき体験へのケアは重要だが、それだけで支援が終わりというわけではない。その後も、二度といじめられない状況を作らなければならない。

そのときに鍵になるのは、孤立の防止とスキル獲得である。

孤立はいじめ被害リスクを高めることがわかっている (Spriggs et al., 2007)。いじめ被害のケアをしたところで、孤立状態のまま放っておいたのでは意味がないが、かといって、やみくもに集団のなかに入れればよいというものでもない。被害にあった子どもが心地よくいられる、いわば対人スキルが高く、あたたかな雰囲気の集団を選ばなければならない。

もっとも、被害者になった子ども自身のコミュニケーションスキルなどに問題があり、それが孤立やいじめ被害を引き起こした場合があるだろう。

その場合は、特別支援教育のシステムを使いつつ、子どものスキル獲得支援を行う。ただし、そこで気をつけなければならないのは、スキル獲得支援といじめ被害を結びつけないことだ。

確認しておくと、スキルが不足している子どもが不幸にもいじめの被害者になるケースは少なくないが、だからといっていじめられてよい理由にはならない。むしろ、子どものスキル不足を放置したまま、集団のなかに入れてしまった大人の側に問題があるといえるだろう。

子どもの発達科学研究所が行った調査によると、特別な支援が必要な子どもがいじめ被害にあうリスクは、そうでない子どもの4倍という結果が出ている。逆にいうならば、特別支援の不十分さが、子どものいじめに結びついているのだ。

いじめはやはり大人の側の問題なのである。

第14章のまとめ

★加害者への支援としては、「事実確認」「シンキング・エラーへのアプローチ」が重要であり、その後、いじめ加害のモデルがその子どもの周りにいないかの確認が必要である。場合によっては、加害者

が別の場面で被害を受けている可能性があるためである。
★ 被害者への支援としては、「事実確認」「自己肯定感への支援」が重要であり、その後「孤立の防止とスキル獲得の支援」を行う。「孤立の防止とスキル獲得の支援」は、二度と同じようないじめにあわないようにするために重要だが、それを実際にあったいじめ被害と結びつけてしまうと自己肯定感を傷つけることになるので、配慮が必要である。

第15章

わが子が加害者・被害者になったとき、保護者は何をすべきか

親の防衛本能

　ある日、親であるあなたのもとに学校から電話がかかってきたとする。そして担任が言いにくそうに告げるのである。あなたのお子さんがいじめにあっています。もしくは、いじめをしていました、と。

　実際にそうした体験をした人がいるかもしれない。ずいぶん前のことだが、筆者の周りにもそのような体験をした者がいた。職場の同僚だったが、わが子がいじめにかかわっている、つまり加害者だと言われたと憤慨していたことを覚えている。

　わが子がいじめの被害者、あるいは加害者になったという知らせは、保護者にとって残念なことである。また、こうした連絡は突然やってくるため、心の準備ができない。だから、まず防衛的な反応を起こす。

　学校からの連絡ではなく、わが子から直接言われたとしても同様だろう。「お母さん、実はボク、学校でいじめられているんだ。だから学校なんか行きたくない」、などという場合だ。

　子どもの発達科学研究所では、日本で初めていじめ被害の実態を科学的に計測することができる質問紙を開発している。調査を行うなかで、子どもの被害経験と親が把握しているいじめ被害との間には、大きな差があることが明らかになった。

　想像以上に親は子どものいじめ被害の実態を知らない。同研究所が2014年に、静岡県と愛知県の小学校4年生1914人を対象に行った調査によると、子どもの被害体験は、親が報告を受けている被害経験の5.3倍だった。いじめの種類による差は大きく、悪口、からかいなどの言葉のいじめ、仲間外れなどの

社会的いじめは、保護者が報告を受けている3倍程度だったが、性的いじめ、ネットいじめになると、24倍にもなっていた（子どもの発達科学研究所, 2015）。

いじめ被害者について取り上げた第4章でも触れたが、ボンズら（Bonds & Stoker, 2000）によると、被害者は沈黙してしまうことが多く、それには3つの理由がある。

- いじめ被害を誰かに告げても、「いじめられる側が悪い」「成長の過程で、誰もが経験することだ」と言い返され、助けてもらえなかった経験がある。
- 友だちから孤立していたり、親との関係が悪かったりして、助けを求められる状況にない。
- 助けを求めることは「格好悪い」ことだと思っている。

とすると、親は子どものいじめ被害を学校から連絡が入って初めて知る、という不意打ち状態になることが多いといえるだろう。

一方、いじめ加害者は、みずからがいじめをしていることを親に言うはずがない。そもそも加害者には、「遊びだから問題ない」「みんながやっているからかまわないと思った」などのシンキング・エラーがあり、自分がやっていることをいじめと考えていないことが多い。だからわが子がいじめの加害者であることに気づく親は、まずいないと考えてよいだろう。

わが子がいじめに関係したという話は、親にとって突然の残念な出来事である。だからさまざまな反応をする。無理もないことだが、それらは当然子どもに大きな影響を及ぼしてしまう。場合によっては、親の行動が子どもをさらに傷つけてしまったり、いじめの解決を妨げてしまったりすることもある。

それでは困る。

親にとって最も大切なのは、わが子の成長である。

被害者であれ加害者であれ、いじめに関係したことはとても残念ではあるが、ここでしっかりとした対応をして、二度と同じようなことが起こらないようにするべきだ。そして、いじめによる悪い影響を最小限にし、さらには学びの機会としなければならない。だとするならば、もしもわが子がいじめの加害者、もしくは被害者だとわかったとき、どのような対応が最も子どものためになるのか、考えておくべきだろう。

わが子がいじめ加害者になったら

▶問題を深刻に受け止める

わが子がいじめをしていると聞いたとき、親はつい「いじめは誰もがやることだから、大きな問題ではない」と考えたり、「単なる悪ふざけを、大きな問題にしすぎる」と学校や他の大人の対応を非難したりしたくなる。これは親の防衛本能といえる。

しかし、すでに述べたとおり、私たちの願いは、子どもの健全な発達である。万が一、わが子が本当にいじめの加害者であるならば、二度と同じようなことを起こさせないようにすべきだ。第3章でも述べたが、いじめ加害は、その後の人生に負の影響を及ぼす。間違った行動を見逃してしまったり、親がそれを守ったりしてしまうと、子どもはみずからの行動をそれでよいと判断してしまう。子どもの世界でのいじめは、大人の世界では犯罪、ハラスメントなどとなり、より深刻な状況を引き起こす。子どもでいるうちに、そうした行動を改めさせなければならない。

したがって、わが子がいじめ加害者だとの指摘を受けたなら、なるべく深刻に問題を受け止め、事実の確認をするべきだ。

▶話を注意深く聞いて、事実を確認する

わが子がいじめの加害者だと指摘されたとき、最初にやりたくなることは、当事者であるわが子にその事実について確認することだ。

「あなた、本当にいじめをしたの？」と質問し、なぜやったのか、どういう事態が起こったのか、その詳細を聞き出そうとする。そして、多くの親はわが子の言い分を全面的に信じたくなるのである。

気持ちはわかる。親がわが子を疑うことは難しいだろうし、子どもを信じなければ親子の信頼関係が崩れてしまうようにも思える。

しかし、考えてみてほしい。多くのいじめ加害者にはシンキング・エラーが存在する。それに、自分が悪いと責められていることを、正直に話すことは難しい。誰だって、無意識のうちに自分の行動を正当化する。

大人がそれを鵜呑みにしてしまうと、子どもは「自分を正当化できれば許さ

れる」「言い訳をすれば逃れられる」ということを学ぶ。頭から疑う必要はないが、慎重に事実を確認するという姿勢が大切だ。

ただし、そのときに、非常に重要なことがある。「事実」と、それに基づく「解釈」を混同してはならないということだ。

たとえば、「○○さんが私に嫌がらせをしてきた。だからやり返したのだ」と子どもが主張したとする。この「嫌がらせをしてきた」というのは、事実だろうか、解釈だろうかということだ。

「嫌がらせ」と感じたのは子ども自身であるから、これには解釈が含まれている。事実は、○○さんが肩に当たっただけのことかもしれない。それを子どもは嫌がらせと解釈した可能性がある。そこを明確にしていかないと、子どもも大人も感情が優先され、事実に基づいた対応ができなくなる。

さらにいうならば、この段階で理由を聞く必要はない。「どうしてそんなことをしたの？」という質問は、積極的にするべきではない。なぜなら、理由を問われた子どもは、正当な理由があれば許されると勘違いしてしまうからだ。

相手が先に手を出したからやり返しただけだ、相手が失敗したから悪い、みんながやっているから仕方がなかった、○○さんの代わりにやってやった、自分も同じようにやられたから問題ない、など、さまざまな理由があるかもしれないが、いかなる理由があっても誰かを傷つけることは許されない。理解できる理由があるかもしれない。しかし、誰かを傷つける行動を容認してはならないのだ。

▶子どもや自分自身を非難する気持ちを抑える

わが子がいじめ加害をしたなら、親としては子どもを叱りたくなる。もちろん、悪いことをしたのだから、叱ってよいとは思う。しかし、感情的に怒りをぶつけることは意味がないどころか、後々悪い状況を起こす。自己肯定感を傷つけ、親との関係を悪化させる。

むしろ、こういうときこそ、冷静になって対処することだ。子どもは発達の途上にいる。自分が悪いことをしたときに、どのように状況を捉え、どのように対処していくのかを教えるチャンスである。さらにいうならば、親が本当の意味で自分を守ってくれるのか、明らかになる場面でもある。

また、人によっては、親である自分自身を非難したくなるかもしれない。自

分の責任だ、とか、自分がもっと子どもをきちんと育てればよかった、などという思考である。

これもあまり意味のないことだし、子どもはそんな親をみて「親を苦しめている悪い自分」というふうに自責感を強める可能性がある。ここは冷静になるべきだし、そういう意味で、親にとって踏ん張りどころといえるだろう。

▶子どもに対して一貫した態度をとる

繰り返しになるが、親はいじめ加害（誰かを傷つけること、意地悪をしたり不親切な行動をとったりすること）を容認しないという一貫した態度をとらなければならない。なぜなら、理由によっては許される、言葉巧みに言い逃れることができる、などという学習の場にしてはいけないからだ。

誰でも自分にとって都合の悪い話はしたくないものだ。子どもも同じで、「ボクは〇〇さんを1回しか叩いていない、2回というのは間違いだ」「痛いと思うほうがおかしい」「そんなに強く叩いていない、触れた程度だ」といった、細かな部分の議論にすり替える可能性がある。

一貫した態度というのは、細かなところに左右されないという意味でもある。1回でも2回でも、強さがどの程度でもそこは問題視せず、わが子が誰かを傷つけた、少なくとも被害者が傷つけられたと感じていること、それが許されないことについて、ぶれない態度を貫くことが重要だ。

▶子どもの行動の理由を知る

いじめ加害は許されない、という一貫した態度をとったうえで、子どもがなぜそのような行動をしてしまったかの理由を知ることが大切になる。

これまでの研究から考えて、そこにはシンキング・エラー、スキル不足、同じような行動をしているモデルの存在、ストレス、悪い環境の存在などが見つかる可能性がある (Orpinas & Horne, 2006)。ここをきちんと明確にすると、二度と同じような行動をさせないための方法が明らかになる。

ただし、親が知りうる情報には限りがある。よって担任教師、スクールカウンセラーなどに相談していくことも重要になる。

第15章　わが子が加害者・被害者になったとき、保護者は何をすべきか

▶共感することや問題解決のスキルを教える

　いじめ加害者にはシンキング・エラーとスキル不足がある。どちらかかもしれないし、両方かもしれないが、これを放置したら子どもはまた同じことをやりかねない。したがって、シンキング・エラーを正すこと、スキルを身につけさせること、この2つを子どもに対して行う。

　シンキング・エラーへの対応の鍵は共感にある。友だちの気持ちに共感することができていれば、いじめ加害を行わなくなる。もしくは行ったとしても、みずからその行動を悔い改めることができるだろう。

　だから、親は子どもに対して、自分の気持ちと同じように相手の気持ちを考えるよう、日常的に働きかけることが大切だ。たとえば、一緒にテレビを観たりゲームをしたりするとき、いろいろな人の気持ちについて話し合うようにする。子どもが学校での様子を語ったとき、周りにいる人の気持ちについて尋ねるのである。「あなたは、このとき、どういう気持ちだった？　じゃあ、相手の○○さんは、どう考えていたと思う？」のような問いかけがよい。こうした働きかけは、いじめ予防に役立つだけでなく、子どもの内言語を豊かにし、思慮深い行動を増やすことが期待できる。

　もう1つ、スキルを身につけさせることについては、より具体的な対応が必要だ。

　今回のいじめ加害について、その状況や理由が明らかになったら、また同じような状況になったときどのようにすべきか、親が一緒に考えてみるのだ。

　友だちの誘いを断れなかったのかもしれない。楽しかったから我を忘れてしまったのかもしれない。自分のイライラを解消できなかったのかもしれない。状況はさまざまだが、大人が一緒になってシミュレーションをすることで、少なくとも同じような状況に陥ったときに間違った行動をしなくてすむようになる。それは子どもに大きな安心感を与えるだろう。

▶子どもとのよりよい関係を作る

　最後に、当たり前のことだが、同時に最も大切なことを付け加えておこう。

　いじめ加害をした子どもは、自分がやったことに傷ついていることが多い。表面上は平気なふりをしていることはあっても、である。

　つまり自己肯定感（自分を大切に想う気持ち）が傷ついている状況にある。

だからこそ、親は子どもに寄り添いたい。どんな状況にあっても、わが子はわが子であり、大切であることをしっかりと伝えてほしい。

具体的には、子どもと一緒にいる時間、語り合う時間、楽しむ時間を増やし、子どもが誰かを思いやったり共感したりしたら、すぐにほめる。それを子どもが自信を取り戻すまで、続けることが大切なのである。

わが子がいじめ被害者になったら

▶「いじめ被害」の話を注意深く聞く

子どもから、いじめ被害を受けたという話を聞いたとき、親としてはさまざまな感情が湧き起こる。わが子を守りたいという気持ちや、加害者への怒り、学校を責める気持ちが強く出てきて、親である自分が何とかしなければならないと、過剰な反応が起こる可能性もある。逆に、子どもが小さなことに過敏に反応しすぎているのではないかと過小評価したくなる場合もある。

ここで大切なのは、過剰にも過小にも反応せず、子どもの「いじめ被害」の話を注意深く聞いていくことだ。大切なのは、客観的な事実と、それをつらいと感じた子どもの心なのである。

▶いじめ被害を受けた子どもを非難しない

いじめ被害の事実を知ると、「隙を見せるからやられるんだ」「やり返せばよかった」「違う方法をとればよかった」などと考えてしまうことがあるが、それを絶対に言葉にしてはならない。

子どもにとっても、自分がいじめ被害にあっているという事実は、できれば誰にも言いたくないことだ。勇気を振り絞ってそれを打ち明けているのに、それを非難したら、子どもは二度と助けを求められなくなってしまう。

たとえ被害者側に落ち度があったとしても、それを理由にいじめられてよい子どもなどいない。いじめは加害者の問題だ。そこを明確にして話を聞く。むしろ助けを求めた勇気をほめ、親として絶対的な味方になることを伝えるべきだ。

▶ 必要な情報を得る

　子どもの気持ちが落ち着いたところで、いじめ被害の事実について、より正確な情報を得なければならない。具体的には、「いつ」「どこで」「誰が」「どのような行動でいじめたのか」「頻度」「そのときの気持ち」「誰が見ていたか」などとなる。これらをはっきりさせることが、今後、この問題を解決するのに役立つことになる。

　ネットいじめのスクリーンショットをはじめ、何らかの証拠があれば残しておくべきだし、少なくともこうしていじめ被害の話を聞いたことについては、その場で記録しておくべきだ。

▶ 子どもと一緒に「今回のいじめ」を客観的に見直す

　いじめ被害にあった子どもは、当然、傷ついている。その一方で、自分に責任があるのではないかと心配になっている。大人が指摘するまでもなく、「自分が失敗したからいけない」「自分が弱いからいじめられる」「みんなが相手にしてくれているんだから、文句を言ってはいけない」などと考えてしまうことがある。とくに日常的にいじめ被害にあっているときは、余計にその傾向が強まる。

　しかし、これまで何度も触れたとおり、いじめの被害にあった子どもが悪いということは絶対にない。

　今回のいじめが、将来大きな傷にならないように、このことを客観的な視点から親子で共有しなければならない。

▶ 子どもと一緒に「いじめ被害」にあわないための方法を学ぶ

　いじめ被害にあった子どもは、同じようなことがまた起こったらどうしようと心配な気持ちになる。その心配を払拭するために、同じような状況になったときの対処法を親子で確認しておく必要がある。

　いじめが起きそうなところには近づかない、自分を守ってくれる友だちと一緒にいるようにする、などの方法が挙げられるが、いじめが起きそうになったときや起きたときに、すぐに逃げ出して安全を得るための行動（たとえば職員室に行く、自分を守ってくれる友だちのところに行く、親に電話するなど）を明確にしておくことがとくに大切だ。

▶子どもが友だちの輪のなかに入るよう励ます

　いじめの被害にあう子どもの多くは、友だち関係から孤立し (Spriggs et al., 2007)、学校の活動に参加しにくくなっている。そうでなくても、いじめ被害にあうなかで、友だちとの関係に自信をもてなくなっている可能性が高い。

　時期を考える必要があるし、無理強いする必要はないが、親として、友だちの保護者に電話をしたり教員に事情を話したりして、わが子を孤立させないように環境を整えることが大切である。場合によっては、親が学校に付き添い、子どもが自信をもって仲間とかかわれるようになるまで、見守ることも考えてよいかもしれない。

▶学校や関係者・組織に連絡する

　いじめ被害にあった子どもの多くは、その事実を学校などに知らせないでほしいと言うだろう。先生や友だちがどのように感じるのか、自分を馬鹿にするのではないか、かえっていじめがひどくなるのではないかなど、さまざまな不安を抱えるからである。

　しかし、いじめは、被害者とその保護者だけで解決することはできない。深刻であればあるほど、子ども同士ではどうにもできず、関係する大人が真剣に介入することが必要である。

　いじめ防止対策推進法の時代である。学校をはじめ、子どもが集団でいる場を管理する組織はもちろん、いじめの事実を知る大人もその対策に責任を負う。信用できない、という意見があるかもしれないが、いじめの事実を共有しないことには何も始まらない。

　担任には知らせないでほしい、などと子どもが言うかもしれないが、そうした意思は最大限尊重しつつも、必ず学校に連絡を入れ、それでも難しいときには、教育委員会、行政機関などに相談をしていかなければならない。

第 15 章　わが子が加害者・被害者になったとき、保護者は何をすべきか

第15章のまとめ

★ わが子がいじめの加害をした場合も被害にあった場合も、親にとっては残念なことであり、子どもを守ろうという気持ちになるのは当然である。しかし、親の行動がさらに子どもを傷つけたり、いじめ解決の妨げになってしまったりすることがある。そうならないために、わが子が加害者もしくは被害者だとわかったとき、どのような対応をすべきか、考えておくべきである。

★ わが子が加害者になったら、「問題を深刻に受け止める」「話を注意深く聞いて、事実を確認する」「子どもや自分自身を非難する気持ちを抑える」「子どもに対して、どんな理由があってもいじめ加害を容認しないという一貫した態度をとる」などの行動をとることが望ましい。

★ わが子が被害者になったら、「いじめ被害の話を注意深く聞く」「いじめ被害を受けた子どもを非難しない」「子どもと一緒に『今回のいじめ』を客観的に見直す」「学校や関係者・組織に連絡する」などの行動をとることが望ましい。

第III部　起こってしまったいじめに対応する

二次障害としてのいじめ
——いじめ重大事態に含まれる気になるケース

いじめ重大事態とは

いじめ防止対策推進法では、第28条において「いじめ重大事態」を次のように定義している。

> 学校の設置者又はその設置する学校は、次に掲げる場合には、その事態(以下「重大事態」という。)に対処し、及び当該重大事態と同種の事態の発生の防止に資するため、速やかに、当該学校の設置者又はその設置する学校の下に組織を設け、質問票の使用その他の適切な方法により当該重大事態に係る事実関係を明確にするための調査を行うものとする。
> 一　いじめにより当該学校に在籍する児童等の生命、心身又は財産に重大な被害が生じた疑いがあると認めるとき。
> 二　いじめにより当該学校に在籍する児童等が相当の期間学校を欠席することを余儀なくされている疑いがあると認めるとき。
> 2　学校の設置者又はその設置する学校は、前項の規定による調査を行ったときは、当該調査に係るいじめを受けた児童等及びその保護者に対し、当該調査に係る重大事態の事実関係等その他の必要な情報を適切に提供するものとする。
> 3　第一項の規定により学校が調査を行う場合においては、当該学校の設置者は、同項の規定による調査及び前項の規定による情報の提供について必要な指導及び支援を行うものとする。

このことについて、文部科学省(2017)は、「いじめの防止等のための基本的

な方針」のなかでさらにくわしく説明している。

> ① 重大事態の意味について
> 　「いじめにより」とは、各号に規定する児童生徒の状況に至る要因が当該児童生徒に対して行われるいじめにあることを意味する。
> 　また、法第一号の「生命、心身又は財産に重大な被害」については、いじめを受ける児童生徒の状況に着目して判断する。例えば、
> ・児童生徒が自殺を企図した場合
> ・身体に重大な傷害を負った場合
> ・金品等に重大な被害を被った場合
> ・精神性の疾患を発症した場合
> などのケースが想定される。
> 　法第二号の「相当の期間」については、不登校の定義を踏まえ、年間30日を目安とする。ただし、児童生徒が一定期間、連続して欠席しているような場合には、上記目安にかかわらず、学校の設置者又は学校の判断により、迅速に調査に着手することが必要である。
> 　また、児童生徒や保護者から、いじめにより重大な被害が生じたという申立てがあったときは、その時点で学校が「いじめの結果ではない」あるいは「重大事態とはいえない」と考えたとしても、重大事態が発生したものとして報告・調査等に当たる。児童生徒又は保護者からの申立ては、学校が把握していない極めて重要な情報である可能性があることから、調査をしないまま、いじめの重大事態ではないと断言できないことに留意する。

　いじめ防止対策推進法は、平成23（2011）年10月に発生した、大津市の中学校2年生男子生徒がいじめを理由にみずから命を絶つという痛ましい事件への反省から作られた経緯がある。大津の事件の詳細については、すでにさまざまなところで論じられているためここでは触れないが、この事件をはじめとするいじめに起因する自殺事件の被害者およびその家族、関係者の悲しみや喪失感は想像するに堪えないし、そうした大変さを味わいながらも、法律を作るように働きかけ、二度と同様の事件を起こさないために教育現場を改善しようと努力した関係者の方々にはおおいに敬意を表すべきだと思っている。しかし、法

律ができただけでは現状が変わらないのが、いじめ対応の難しさなのである。

実際、いじめ防止対策推進法が施行されて以降も、悲惨な事件が続いている。重大事態への対応は文部科学省の「いじめの防止等のための基本的な方針」や「いじめの重大事態の調査に関するガイドライン」にくわしいため本書では深く触れないが、ここでは重大事態に含まれる気になるケースについて取り上げることにする。

重大事態の具体例から学ぶ
──いじめに起因した不登校のケース

ここから事例を取り上げていくが、これらは筆者が実際に相談を受けたケースを、個人情報保護の観点から改変したものであることをご理解いただきたい。

　　小学校5年生の女子Aさんは、このところ不登校傾向になっている。その理由を母親が本人に確認したところ、学級内でのいじめが原因だという。不登校になった原因がいじめだとすると、これはいじめ防止対策推進法の重大事態といえる。すぐに対応してほしいとの連絡が保護者から学校長、続いて教育委員会のいじめ担当に入った。

　一方学校側は、母親とは違った捉え方をしていた。もともと、Aさんは自閉スペクトラム症（ASD）の診断を受けており、過敏なところがある。周りにそのつもりがなくても、Aさんが被害的に捉えることが多い。

　今回の件についても、担任はAさんの欠席の理由がわからずにいた。周りの児童は、Aさんの特性を理解していて（AさんがASDであることは、保護者の要望により他の児童には伝えていない）、とくにいじめをしているように思えない（Aさんの仲良しの女子児童、複数に確認）。

　そこで、学校がAさんの母親に確認したところ、Aさんが訴えているいじめとは、「友だちが不意に自分の背後を通る」「男子が自分の名前を大きな声で呼ぶ」ことだった。Aさんにとっては、それらが耐えられないくらいにつらいことで、こうした怖いことが起こる学校に行くのは難しいとのこと。

> 　Aさんの母親は、AさんのASDのことをすでに学校に伝えているわけだから、Aさんがつらいと思うようなことが起こらないようにすべきだと考えている。また、法律上、「当該行為の対象になった児童等が心身の苦痛を感じている」ことはいじめなのだから、これはいじめに起因する不登校であり、重大事態として扱うべきだと主張した。

　さて、みなさんはこのケースについて、どのように考えるだろうか。なお、重大事態になったとき、学校は原因究明や再発防止を目的に調査組織を作り、事実関係の調査を行ったうえで保護者に報告すること、教育委員会を通して自治体の首長に報告することが求められる。

　まずこれを重大事態とすべきかどうかだが、法律の定義に当てはめるならば、重大事態として扱うべきだろう。文部科学省（2017b）の方針でも、「児童生徒や保護者から、いじめにより重大な被害が生じたという申立てがあったときは、その時点で学校が『いじめの結果ではない』あるいは『重大事態とはいえない』と考えたとしても、重大事態が発生したものとして報告・調査等に当たる」としている。

　勝手に現場の教師がフィルターをかけ、問題を見逃してしまったことで、悲惨な結果に至ることがあってはならない。よって、本件は調査対象にすべきだろうし、調査の結果、Aさんへの支援が充実し、本人や保護者はもちろん、周りの子どもたちや学校も納得したうえで安全な学校生活が送られるようになるならば、そんなに望ましいことはない。

　だが、このケースに違和感を覚えた人も少なくないだろう。

　その違和感は、このケースを、第1章で説明したいじめの定義に当てはめて考えてみると明確になるかもしれない。

　オルヴェウスの定義に従えば、次の3つのキーワードでいじめが説明できる。「相手に被害を与える行為」「反復性」「力の不均衡」である。

　Aさんのケースの場合、このうち「相手に被害を与える行為」の部分が引っかかってくる。オルヴェウスの言葉をそのまま取り上げるなら、「相手に被害を与える行為」とは、「ある生徒が他の生徒に意図的に攻撃を加えたり加えようとしたり、怪我をさせたり、不安を与えたりすること」である。つまりこの定義では、被害者が被害を受けたと主張しているだけでは十分でなく、加害者

側に被害者を攻撃しようという意図があることが前提になっている。

　いじめ防止対策推進法では、いじめを「相手に影響する行為」と「被害者の心身の苦痛」で定義しているが、この場合、「被害者の心身の苦痛」は確かだとして、この「行為」の解釈が問題になるだろう。小林（2013）によると、仮に客観性を求める文言を加えると、誰がどのような基準で客観性の有無を判断するのかなどが問題になる。オルヴェウスの定義でいえば、「加害者側の被害者を攻撃しようという意図」をどう客観的に評価するのかが問題だと考えられる。

　さらに、いじめ防止対策推進法にある「被害者の心身の苦痛」だが、このケースのように、加害者側はいわゆる一般的な行動（この場合、友だちの背後を通ったり、大きな声で名前を呼んだりすること）をしたにすぎないにもかかわらず、被害者側の特性（この場合、過敏性）のために苦痛を訴えた場合、これをそのまま受け入れることが妥当なのか、という問題があり、ここに私たちは違和感を覚えるのである。

　こうしたケースは他にも存在する。

　やや極端な例を挙げれば、「ある友だちが自分をいつもにらんでくる、それで自分は心身の苦痛を感じている。これはいじめだから何とかしてほしい」というような訴えが出てくるかもしれない。

　このようなケースを、どう考えるべきだろうか。この場合、特別支援教育の問題（過敏性といったASD特性をもつAさんへの支援の問題）という捉え方が必要になる。すなわち、Aさんへの支援が十分でないために、今回の件が発生したと考えるべきなのである。

二次障害としてのいじめ

　二次障害とは、身体的な障害など、生まれつきの特性への対応が不十分であるために生じる二次的な問題をいう。たとえば、ADHDの症状として衝動性が高いということがあるが、その結果、叱られることが多くなる場合がある。そうすると彼らの自己肯定感が下がり、さらに暴力行為など、二次的な問題が引き起こされることがある。

　同様に、発達障害の二次障害としてのいじめという点に私たちはもっと注目するべきだ。Aさんだけでなく、発達障害への特別支援、もしくはインクルー

シブ教育の不全が、いじめを引き起こすことは少なくないかもしれない。

　発達障害児がいじめの被害者もしくは加害者になることが、そうした障害のない子どもに比べて多いと報告されている (Hwang et al., 2018; Zweers et al., 2017; 田中 他, 2015)。そのなかにも二次障害としてのいじめが含まれる可能性があるが、定かではない。ただわが国では、そうした例が散見されるように思う。たとえばこんなケースがある。

> 　小学校2年生の男子Bさんは、ADHDの診断を受けている。衝動性が高く、医師からは服薬を勧められていたが、保護者はそれを拒否していることもあり、学校での問題は大きくなるばかりである。
>
> 　担任の先生は熱心にBさんの支援をしようとしたが、熱心であればあるほど、Bさんはそれに反発するという悪循環に陥ってしまった。そのため、Bさんの行動は日々激しくなり、2年生の2学期になると、ほとんど毎時間の授業でBさんは立ち歩き、友だちの授業参加をさまざまな形で妨害するばかりか、暴力を振るうようになった。
>
> 　そんなある日、クラスのなかでもとくに優しくてBさんのサポートをしてくれていたCさんという女子児童が学校に行けなくなってしまった。保護者が学校に行けない理由を尋ねたところ、Bさんの暴力が怖い、とのこと。話を聞くと、CさんはBさんに優しくしていたのにもかかわらず、Bさんから叩かれたり、唾を吐きかけられたりしたという。Cさんの保護者は、これはいじめだということで、学校長と教育委員会に訴えてきたのである。

　このケースは、ADHDのBさんがいじめ加害者になった例であるが、これについて、みなさんはどのように考えるだろうか。

　この場合も、加害者とされたBさんに被害者を攻撃しようとする意図があるかというと、微妙になる。むしろADHDのBさんへの支援が成功しなかったために引き起こされた二次障害としてのいじめだと捉えるべきだろう。

　すべての子どもが質の高い教育を受ける権利があり、学校はそれを保障しなければならない。保護者の意向などの問題があるのはわかるが、Bさんの暴力や授業妨害が続くことは異常事態である。Cさんはもちろん、Bさんも被害者

のように思える。

　本書はいじめをテーマにしているため、特別支援教育にはこれ以上言及しないが、いじめのケースを取り扱うときに、その問題が、単純にいじめだけの問題なのか、別の問題から二次的に派生したものなのかを精査する必要がある。そうでないと、問題の本質にたどり着けないからだ。

　もう1つ、別のケースを取り上げよう。

>　中学校3年生のDさんは、もともと不登校傾向のある女子生徒である。
>　Dさんは家庭的な問題を抱えている。両親は離婚しており、母方の祖父と同居（祖母はすでに亡くなっている）している。祖父は早朝から働きに出ており、母が専業主婦状態である。しかし母親は家事能力が低く、食事のほとんどがコンビニ弁当であるという。しかも母親は、いわゆるネットゲームの依存状態であり、そのため生活リズムが確立していない。深夜までゲームをやり、昼近くまで寝てしまうのである。
>　そんななか、Dさんは何とか学校に通っていたが、中学校2年生頃から学習についていくのが難しくなり、欠席が増えてしまった。さらに母親の影響を受けて、ネットゲームに熱中するようになり、母親と同じく生活が昼夜逆転してしまい、欠席を続ける形になった。
>　そのことに激怒していたのは、Dさんの祖父である。祖父は、学校に行かないDさんと、Dさんを十分に養育していない母親を強く叱責した。その結果、Dさんはしばらく登校を続けていたが、それが再びうまくいかなくなってしまった。
>　祖父はまた激怒したのだが、それに対しDさんは「いじめられているから学校に行けない」「一生懸命頑張って登校すると、クラスの友だちが珍しそうに私を見て、仲間に入れてくれない」と主張した。
>　結果として、その祖父の怒りは学校に向けられることになったが、担任はいじめがあったとの主張に困惑した。なぜなら、Dさんのクラスメイトには別にDさんを仲間外れにしようという意図はなく、むしろDさんのほうが、仲間に入ることに躊躇しているように担任には思えたからだ。

　これもなかなか難しいケースである。

前掲の文部科学省（2017b）の方針を考えると、保護者の訴えがある限りは調査をすべきだろう。だが問題の本質は、Dさんを迎え入れるクラスメイトよりも、Dさんの家庭問題だったり生活リズムや学力不振の問題だったりする。とすると、このケースも家庭支援の不足、学力支援の失敗が最初の問題であり、祖父が訴えるいじめは、二次的な問題と考えるべきだろう。
　すべての重大事態がこのような二次的問題であると捉えるべきではないが、こうしたケースが少なくない可能性は頭に入れておく必要がある。なぜなら、こうしたケースの存在は、特別支援教育や家庭支援、学力不振への支援によって、いじめを予防しうることを示唆しているからである。

いじめと他の問題との関連

　文部科学省が毎年秋に発表している「児童生徒の問題行動・不登校等生徒指導上の諸課題に関する調査」は、わが国における子どものいじめ、暴力行為、不登校などについて継続的に行われている唯一の調査である。
　その平成29（2017）年度版報告書（文部科学省, 2018）に掲載されている「いじめの認知（発生）件数」では、昭和60（1985）年からのデータが積み上げられており、ここからわかることも少なくない。
　ただし、この調査にはいくつかの問題がある。そのうちの1つは、ここで取り上げられている子どもの暴力行為、不登校、いじめの件数などが詳細に調べられているにもかかわらず、それらの問題同士の関連については、何も語っていないことだ。
　私たちの関心は、不登校児童生徒のなかにどれだけ発達障害の児童生徒がいるのかということや、いじめ加害の児童生徒は暴力行為をする児童生徒と重なっているのかといったことにある。他にも、いじめ被害にあう児童生徒にはどのような背景（たとえば、特別支援が必要である、虐待を受けている、生活保護を受けている、など）のある子が多いのかについても、非常に関心がある。なぜならば、問題の背景がわかると、そうした背景をもつ、いわばリスクの高い子どもたちに対し、予防的支援が可能になるからだ。
　ちなみに、この文部科学省の調査では不登校のきっかけを調べている。そ

こでは、いじめをきっかけとした不登校は全体の0.5％であるとされているが、これも単純に納得することができない。なぜならこの調査の回答者が、当事者である不登校状態の児童生徒ではなく、教師だからだ。つまり、担当教師が「あの子が不登校になったのは、きっといじめだろうな」と想定した数なので、教師が認知していないいじめは、不登校のきっかけとして認知されないし、不登校のきっかけについて、教師がどれだけ正確に捉えているかもはっきりしない。

一方、国立教育政策研究所 生徒指導・進路指導研究センター (2016) は、いじめ追跡調査の結果として、「いじめをしやすい子ども（いじめっ子）、いじめられやすい子ども（いじめられっ子）は存在しない」としているが、この調査にも問題はある。公開されているデータをみる限り、たとえば発達障害やアレルギーの有無、成績、国籍などの個人背景、保護者の年収、学歴、離婚歴、きょうだいの数などの家庭背景は調査項目に入っていないのである。

欧米の調査には、こうした背景も調査項目に入れたものや長期間追跡したものがあることから、いじめ被害や加害の背景にあるもの、もしくはその予後についての研究が進んでいる。私たちが知るべきなのは、こうしたいじめ加害や被害の背景や予後なのである。

発達障害や家庭の問題が、いじめ被害や加害を増やすのであれば、特別支援教育や家庭支援に力を入れればよい。同様に、いじめ被害や加害を減らすことは、将来の精神疾患や自死を減らすことにつながると明らかになれば、いじめ対策の意義がより明確になる。しかし、わが国の現状として、そうした研究が行われていないこと、行われていたとしても情報が共有されないことに大きな問題がある。そのため、いじめ問題に発達障害や不登校、非行、虐待など、別の問題を絡めて考えることができておらず、この章で取り上げたような問題が多発してしまうのである。

重大事態となるかならないかは別にして、学校内のいじめを取り扱うとき、そのいじめの背景に、発達障害や家庭環境といった別の問題が含まれていないかどうか、まず考えるようにすべきだろう。

そして、もしもそこに何らかの別の問題を見出したなら、学校体制を見直さなければならない。特別支援教育の不全がいじめに形を変えているのであれば、特別支援教育を充実させない限り、同様の困難事例は次々に生じてしまう。同じく、人権教育の不全、ルールの不徹底、保護者・家庭支援の不全、さらには

教員研修の不十分さ、学校の組織の問題が、いじめに姿を変えて現れているとわかったならば、元の問題を解決しなければならない。

　もしかしたらいじめは、学校が抱えるさまざまな問題をあぶり出す現象になっている可能性がある。だとしたら深刻だ。今の学校が、子どもたちを十分に支えきれていないことを示しているからだ。しかもその結果、子どもたちがいじめに巻き込まれ、どのような立場にしろ、ネガティブな影響を受けることが確実なのである。

　学校が子どもを傷つけてはならない。いじめは、学校と大人の問題なのである。

第16章のまとめ

- ★ いじめ重大事態のなかには、発達障害のある子どもへの支援がうまくいかなかったために起こるといった、二次障害としてのいじめが散見される。
- ★ わが国の調査は、いじめを単独で扱っているため、発達障害、不登校、暴力行為、虐待、貧困など別の問題といじめとの関連について何も語っていない。
- ★ 重大事態を含め、いじめを取り扱うとき、いじめと子どもの発達、家庭背景、学校環境との関連の有無を検討し、特別支援教育や人権教育の見直しについても検討しておく必要がある。

終章 教育に科学を

科学を使うために

　本書の第11章で、「科学とは何か」について触れた。さまざまな意見があるだろうが、その重要な性質の1つが「再現性の確保」であることを述べ、一例として薬を挙げた。

　薬は人の命を左右する。よって、薬効が科学的に証明されていなければならない。すなわち、再現性の確保である。ある一定の条件下であれば、どの医師が投与しても、特定の効果が約束されるということだ。それがなければ、私たちは安心して服薬できないだろう。

　その薬だが、どのように開発されていくのか、ご存知だろうか。筆者はそのことについての専門家ではないが、いくつもの研究を段階的に行わなければならないと理解している。

　新しい薬を開発する研究には、多くのお金と時間がかかる。しかし、人の命は重要だ。だからそこに資金が投入される。

　ところが、教育はどうだろうか。

　いじめを例にとるならば、これまで「いじめられる子どもがかわいそうだからやめさせなければならない」のような情緒的問題、もしくは「いじめは人としていけないことだ」のような道徳的問題として捉えられることが主だった。だがそれでは不十分で、再現性のある対策に至らない。科学の視点が必要なのである。

　諸外国の研究をひもとくと、被害者、加害者、傍観者など、どのような立場であれいじめにかかわった子どもの予後がよくない（将来に悪い影響が及ぶ）ことがわかっている。つまり、発達にリスクを与える問題であると捉えることが重要

である。いじめをなくすことは成人期の問題を予防する。

　同様に、不登校、非行、子どもの暴力、発達障害など、子どもの発達をめぐるさまざまな課題も、当事者である子どもの将来だけでなく、その周りにいる多くの人たちの人生、すなわち命にかかわる問題といえる。

　ところが、わが国では医学や薬学に関する科学的研究はさかんになされているのに、教育に関する科学的研究はなかなか進んでいない。そのため、「エビデンスあり」とされる教育プログラムはほとんど開発されていない。国立教育政策研究所 生徒指導・進路指導研究センターは、最近になってOECD等で行われている科学的手法を用いた研究 (2018) を発表しているが、別の報告 (2017) の「研究のまとめ」のなかでは、わが国において科学的根拠のある方法を開発すること、実践することは難しいし、そうしたことは必要ないだろうと主張している。

　しかし、いじめはもちろん、すべての子どもの問題は、子どもの将来、すなわち私たち自身の未来にもかかわることである。まして、諸外国の学校現場では科学的根拠のあるプログラムを取り入れ、効果を上げているという事実がある。難しいからといってあきらめ、これまでと同じ方法を続けていくのが本当に正解なのか、いま一度考える必要はないだろうか。

数値評価にまつわる期待と誤解

　実際、日本の学校現場で科学的根拠のあるプログラムを取り入れることは難しいし、そうしたプログラムを開発することも困難だ。いじめ予防についても、欧米諸外国ではすでに科学的根拠のあるプログラムが開発され、多くの学校がそれを導入し効果を上げているが、それを日本に持ち込むことすら容易ではない。

　だが、なぜわが国だけが難しいのだろうか。その理由の1つに、数値評価にまつわる期待と誤解があるように思う。

　学校現場では、毎年、学校評価が行われているが、そのなかで数値評価が注目されている。念のため説明すると、学校評価とは、「児童生徒がより良い教育活動等を享受できるよう学校運営の改善と発展を目指すための取組」(文部科学省, 2016c) である。

この学校評価のなかで、急に数値評価が重視されるようになった時期がある。筆者がまだ教員として現場にいた頃で、教員評価制度が導入され（国民教育文化総合研究所, 2005）、学校評価が学校教育法に正式に位置づけられた（文部科学省, 2007a）時期と重なる。

　もちろんそれ以前も学校評価はなされていた。だがいわゆる記述式アンケートが主であり、たとえそこに数値評価（あることについて5「満足」、4「やや満足」、3「どちらとも言えない」、2「やや不満」、1「不満」などとする）があったとしても、参考程度に扱われていたように思う。

　それが変わった。「児童生徒、保護者の満足度80％以上」などのような数値目標[1]が掲げられるようになり、その結果、教師や保護者、児童生徒のアンケートの集計結果（多くが回答の平均点）の上下に一喜一憂するようになった。アンケート調査の結果だけではない。学力テストの平均点、出席率（不登校の児童数）などの数字も目標として掲げられるようになったのである。

　この流れは、悪いとばかりはいえないだろう。数値を重視することにより、評価の基準が明確になったからだ。

　もともと学校を評価することは難しい。学習塾のように、進学率や偏差値だけを重視するのはおかしいし、かといって子どもが楽しければよいというのも違う。学校生活のなかに授業が占めるウエイトは大きいが、その授業も、単に学力をつければよいというわけではない。

　これまで、教育の世界では、何をどう評価すべきなのかを議論し続けてきた歴史がある。学習評価でさえ、その方法をめぐってさまざまな努力が続けられている（髙木, 2017）。その結果、授業を満足に行えないどころか担任をもつことさえできない教師でも、「あの先生は優しいから」のようなあいまいな理由で高く評価されてしまうこともある。教員の仕事はブラックだ、多忙すぎるといわれるが、契約数や収益率などの数字ですべてが評価される民間企業のような厳しさはない。

　そうした状況に加え、わが国の財政状況からして予算を確保するための根拠

---

[1] インターネットで「学校評価」「目標値」で検索すると、さまざまな学校の学校評価シートを見つけることができる。そのほとんどに、こうした数値目標がある。

が必要との考えがあり（文部科学省中央教育審議会, 2017）、数値目標を教育に持ち込もうという動きが起こったのかもしれない。しかし、そうした流れに異を唱える声も大きかったようだ（文部科学省, 2007b）。当時、現場で働く教師の多くは、筆者を含め、こうした動きを歓迎していなかったように思う。単に数値を重視すればよいのか、それで本当に教育を評価できるのかと疑問をもったのである。

なかには、数値なんて簡単に操作できると考えた教師もいたかもしれない。たとえば、学力が際立って低い子どもがいないときを狙ってテストをすれば、クラスのテストの平均点を上げることができる。過去には実際にそうしたことが行われた例もある（浦岸, 2010）。あるいは、アンケートでよい評価を得るために子どもたちにプレッシャーをかける。保護者のアンケート結果をよくするために記名式にする。アンケート用紙そのものは無記名でも、子どもを通して提出させれば同様の効果が上がる可能性がある。

ところがよく調べてみると、こうした数値評価重視の姿勢は、本来、文部科学省が考えていたものとは違っていたらしい。「学校評価ガイドライン（平成28年改訂）」（文部科学省, 2016c）には、「客観的に状況を把握する上で数値的に捉えて評価を行うことは有効と考えられるが、同時に、数値によって定量的に示すことのできないものにも焦点をあてる。また、特定の評価項目・指標等だけに着目したり、数値の向上を目指したりする中で、目標から外れた学校運営や改善方策の立案が行われたり、単に数値を上げることのみが目的となって本来のあるべき姿が見失われることのないよう留意する」（下線筆者）のように、むしろ数値評価を危険視する記載が散見される。

だが、それでも学校現場は、数値評価重視の方向に動いた。いや、学校現場だけではない。社会全体がそういう風潮になった。

OECDが進めているPISA（Programme for International Student Assessment）という国際的な学習到達度調査では、国別の順位が発表される（国立教育政策研究所「OECD生徒の学習到達度調査（PISA）」〔http://www.nier.go.jp/kokusai/pisa/index.html〕）。また文部科学省が平成19（2007）年度から行っている全国学力・学習状況調査（全国学力テスト）（国立教育政策研究所「教育課程研究センター『全国学力・学習状況調査』」〔http://www.nier.go.jp/kaihatsu/zenkokugakuryoku.html〕）では、都道府県別の成績順位が発表されるが、それについてもさまざまな反応が報道されている。有名なところでは、2013年、静岡県の川勝平太知事が、静岡県内全35市町の小学校の科目別平均正答率と、国語Aで全国平均

を上回った小学校の校長262人の氏名を公表した（静岡県ホームページ「ようこそ知事室へ」〔http://www.pref.shizuoka.jp/governor/governor20130920.html〕）。また2018年には、大阪市の吉村洋文市長が、大阪市の総合成績が政令指定都市のなかで最下位だったことを受け、全国学力テストに具体的な数値目標を設定し、その達成状況を校長・教員のボーナスや学校予算と連動させる制度の導入を目指すことを明らかにしている（大阪市ホームページ「平成30年8月2日　大阪市長会見全文」〔http://www.city.osaka.lg.jp/seisakukikakushitsu/page/0000431751.html〕）。

まさに教育現場が数値に踊らされている状況だが、このことをどのように捉えればよいのだろうか。

第一に指摘すべきは、数値評価について、あまりにも安易に考えすぎたことだ。数字さえ出せばよいと乱暴に考えた結果、適当なアンケートを行うことが横行したのである。

どうやら私たちは数字を示されると、根拠が明確でなくても、大きな影響を受ける傾向がある。さまざまな広告に「○人のうち△％が満足しています」「有効成分が×ｇ含まれていて、従来の□倍です」のように数字が多用されていることや、実際に各種の調査結果に振り回されている状況からそれはわかるだろう。

しかし、数値評価を行うには、少なくともその数値が正しく対象を捉えているといえるのか、確認しなければならない。いわゆる妥当性、信頼性の科学的検討である。妥当性、すなわち学校評価におけるアンケート結果が、本当にその学校の教育の質を示しているのか（教育の質ではなく単に保護者と教師の関係を示すものでないのか、教師の仕事満足度でないのか、など）、そして信頼性、すなわちその結果が信頼に足るものなのか（場面を変えて同じアンケートを行っても同様の結果が得られるのか、など）を明らかにすることである。

全国学力テストにしても、その結果がよかったというだけで教育の質が高いとしてよいのか（たとえば成績上位の学校に不登校が多いとしたら、単に成績の悪い子どもをデータに入れなかっただけということになる）、他の問題（たとえば貧困や外国人、シングルペアレント家庭といったマイノリティへの支援の不足）との関連はないか、などの検討をしなければならない。

こうした疑問はさまざまなところで議論されている。たとえば内田（2018）は、全国学力テストの対策として事前に練習を行っている学校があることを指摘している。また福井県議会（2017）は、こうしたプレッシャーが子どもと教師を追

い込んでいるとして、福井県の教育行政の根本的見直しを求める意見書を発議・可決している。文部科学省 (2016d) も、初等中等教育局長通知として「全国学力・学習状況調査に係る適切な取組の推進について」を出し、そのなかで、調査実施前に過去問を練習させ、そのために本来すべき学習が十分にできないといった本末転倒な状況を改善するように注意喚起を行っているのである。

日本の教育の構造的問題

　こうした事態は、数値評価に対する信頼を失わせるばかりか、科学に対する誤解をも招いたと思う。なぜなら、「数値評価イコール科学的手法」と単純に捉えてしまうほどに、多くの人は科学について無知だからだ。

　科学とは何か。科学的研究とはどのようなものなのか。その代表的手法は何なのか、科学の利用価値はどこにあるのか。逆に、科学の限界は何なのか。そうしたことを私たちは知らなさすぎる。少なくとも学校の先生たちは、そうしたことと縁がない世界で実践を行っている。

　科学の世界で研究を行っている一握りの人たちを除いて、多くの人は、たとえ大学を卒業していたとしても、科学についてきちんとした教育を受けていない。普段これだけ科学を使っているのにもかかわらず、である。

　教育現場に科学が浸透しにくい理由は他にもある。本書では繰り返し触れているが、日本の教育には、新しいプログラムの導入を阻む構造的な問題があるのだ。

　その1つは、学習指導要領の存在である。

　学習指導要領とは、文部科学省が告示する教育課程の基準であり、さまざまな議論があるものの、法的拘束力があると考えるべきものである。日本国内のどこの小学校・中学校に行っても、それぞれの学年でほとんど同じ教育を行っているのは、学習指導要領があるためだ。学習指導要領は10年に1度のペースで、中央教育審議会教育課程部会での議論をもとに改訂される（文部科学省「学習指導要領ができるまで」〔http://www.mext.go.jp/a_menu/shotou/new-cs/idea/1304373.htm〕）。国際情勢やこれまでの日本の教育文化など、さまざまなことを勘案しながら多くの作業を行ったうえでのことだが、いわゆる「ゆとり教育の失敗」などについて、き

ちんとした検証を経ずに議論が進んでいるのではないかとの指摘もある(池上, 2014)。

　誤解してほしくないが、学習指導要領を否定しているわけではない。学習指導要領の存在により、わが国は世界に類を見ない公平かつ質の高い教育システムを実現した。しかし、それは学校教育が画一的にならざるをえないことを意味する。

　つまり日本の教育では、学校独自の取り組みがしにくい。たとえば「本校はいじめが多いから、科学的に効果が証明されているいじめ予防プログラムを取り入れたい」と考えても、学習指導要領に位置づけられていなければ、それは学校、もしくは教育委員会独自の実験的な取り組みになる。何しろ学校教育法施行規則によってそれぞれの教科の標準時間数が決められている。独自の取り組みをしたいと思っても、それを教育課程にどう位置づけ、どう時間を確保するのか。授業時間だけではない。新たなプログラムを行うためには、教師がそのプログラムを勉強しなければならず、その時間も確保しなければならない。

　さらには、予算の問題がある。現状、教育にかかわる予算が潤沢にあるという自治体は皆無だろう。校長が自分の裁量で使えるお金はまったくないという話も聞く。教育委員会は今までの予算を踏襲するのが精一杯で、新たなプログラムを導入したくても、それにかかる費用(教材費、研修費など)を用意するあてがないという。

　人事異動の問題もついて回る。今は変わってきたところもあるようだが、校長も一般の教員も、早ければ3年、長くとも10年たたないうちに異動してしまう。新たなプログラムの導入を決めた校長が、その実施まで責任をもてる保証はない。中心になってやろうとした教員が急に異動してしまうことも起こりうる。

　学習指導要領、予算、人事異動、この3つのシステムが、結果として学校や自治体を先進的な取り組みから遠ざけてしまっている。

　とするならば、私たちに何ができるだろうか。

　これらは教育行政にかかわることなので、簡単に変えることは難しい。だが、いくつかの動きがあることも事実だ。

　たとえば、第13章で紹介した「子どもみんなプロジェクト」がそうだ。また、「教育・学びの未来を創造する教育長・校長プラットフォーム」(https://www.

schoolplatform.org/)では、現場と行政、研究者が一緒になった変革を目指している。埼玉県は独自に学力・学習状況調査を実施し、その科学的分析結果を教育行政に活かす取り組みをしている(https://www.pref.saitama.lg.jp/f2214/gakutyou/20150605.html)。どれも画期的であり、今後の展開が楽しみな状況にある。

こうした萌芽に注目していくことが重要であるが、それだけに任せておくわけにはいかないだろう。子どもたちの健全な発達を望む者として、一般社会および教育現場における科学に対する理解を深め、その必要性を主張するとともに、教育特区の設定、大学の附属小中学校の役割の見直しなど、教育システムの変革に向けて関係者に働きかけ続けていくことが大切なのである。

あらためて、いじめ防止を考える

今この瞬間にも、いじめで苦しんでいる子どもはいる。いじめを見つけて、どう指導すべきなのか悩む先生もいる。

しかしその一方で、いじめなど放っておけばいいと思っている人もいる。いじめは、いじめられる側が悪いのだと思っている人もいる。

表面上は「いじめは絶対に許してはいけない」と発言していても、心のなかでは「そうはいっても、いじめは簡単にはなくならないだろう」とか、「いじめられる側にも問題があるわけだから、一概に加害者だけを責められないだろう」などと考えている者がいる。

嘘ではない。誰あろう筆者自身、学校現場にいたとき、そのように考えることがあった。

あのときの自分を省みると、教師として長年、働いてきたためか、いじめのことを知っているつもりになっていた。もちろん、自分が子どもだったときの経験もある。友だちがいじめられていたのを見ていたこともあるし、実際に自分がいじめ被害にあったこともある。だからいじめの悲惨さを知っているつもりだったし、いじめをなくすべきだと発言していたが、一方でその限界を確信していた。いじめは人によって捉え方がさまざまだし、集団活動をする以上、避けようのないときもある。多少は黙認しなければならないし、それに耐えることも重要だ。内心そんなふうに考えていた。

今思えば無知だった。だが、無知であることに気づかず、結果として不十分な対応、間違った対応をしたことがあったと思う。筆者の場合は、幸運にも研究の場に身を置くことによって正しい知識を得る機会があったが、多くの教師、大人がいまだに以前の筆者と同様の状況にあると想像できる。
　それだけではない。
　発言するかしないかは別にして、心の底からいじめを「必要悪」だと考えている人がいる。たとえば、「人には強い者と弱い者がいる」「弱肉強食の世の中を生き抜くには、いじめなどに負けてはならない」「いじめは子どもたちが乗り越えなければならないハードルだ」といった、いじめを肯定する考えである。
　とくに今、40代から50代といった世代に多いかもしれない。彼らが子どもだった頃、学校の教師が子どもを平手打ちにするのは当たり前、先輩が後輩をしごくのは当たり前だったからだ。
　こうした人たちに対し、明確にしておかなければならないことがある。
　私たちの社会は進歩するということだ。進歩するにしたがって、以前は許されていたことが許されなくなる。価値観ががらりと変わることさえある。
　たとえば、タバコがそうだ。昭和の頃は、タバコは大人のたしなみとされていた。健康によくないという話もあったが、だからといって今ほどの規制はされていなかった。しかし、科学の進歩とともに、たしなみとして放っておくべきものではないと判断された。
　体罰も同じである。昔は許されたが、今は違う。行動科学の発展により、体罰には意味がないどころか悪影響が大きいとわかり、同時に人権意識が高まったことによって、それは禁止されたのである。
　いじめも同様だ。
　かつては多少、許されていたことが、そうでなくなった。これは社会、いや、教育の進歩だと捉えるべきだろう。
　どうやら私たちの社会は、「一人ひとりの違いを認め、支え合う」という方向に進んでいる。
　私たち人類は、かつての人種差別・宗教差別を乗り越え、文化や考え方の違いで争うことをやめようと努力している。インクルーシブ教育、合理的配慮の提供などの仕組みにより障害者差別をなくし、さらには性的マイノリティの存在を認めていこうとしている。つまり、私たちは「違いがあることに寛容な社

会」を創ろうとしているのである。

　いじめをなくす取り組みは、そうした社会の進歩の流れのなかにあると捉えることも大切ではないだろうか。

　これまでよりも一人ひとりの違いを認め、互いを尊重する社会を創る。そういう社会の構成員になる子どもたちは、子ども時代からいじめについて学び、いじめをなくすための行動をとるように努力する。それが彼ら自身を守り、社会の発展を促すからだ。

　これは私たちの社会にとって、大きな挑戦であることは確かだろう。

　しかしだからこそ、私たちは学ばなければならない。子どもの行動、いじめの構造、支援の効果などについて、科学という道具を使って研究し、その結果を自分たちの実践に結びつけなければならない。

　いじめをはじめ、子どもの行動、発達、教育に関する研究は日進月歩である。さらに研究が進み、それがすべての子どもたちの健全な発達に利することを願っている。

あとがき

　2012年9月14日、学習障害をもつ子どもの支援について問題意識をもっていた私は、アメリカの実情を知るために、あるアメリカの中学校を訪れていました。
　その学校の校長先生は特別支援教育を専門にされており、私の問題意識に沿った話をたくさん聞くことができたのですが、最後のほうになって、私の頭に急に思い浮かんだことがありました。
　それは、いじめへの対応のことです。
　というのも、アメリカに来る直前、当時、浜松医科大学精神医学講座の教授だった森則夫先生に、「もし機会があったら、いじめについてもアメリカの状況を勉強してきたらいいよ」と言われていたからです。
　その当時の私は、いじめについて、それほど強い関心をもっていませんでした。大津市のいじめ自殺事件が明るみに出て社会問題となったのは2012年の初めです。ですから、それが深刻な問題であり、何とかしなければならないことはよくわかっていました。しかし、いじめはあまりにもあいまいな事象であり、具体的に扱うことは困難だとも思っていました。
　せっかくの機会だから、話題にしてみよう。大した話は聞けないかもしれないが、それでも現場の教育者がどのようにいじめを捉え、対応しているのか、確認してみる価値はある。そんなふうに考え、校長先生にいじめについて尋ねてみました。
　私の予想はまったく外れていました。校長先生は、学習障害の話以上に熱を入れて、いじめについて語り出したのでした。
　いじめは子どもの発達を支えるうえで重大な問題であること、学校が責任をもたなければならないこと、学校全体での包括的な取り組みが必要であること、

あとがき

そして、いじめ対策には「科学」が重要であること——。

いじめに「科学」？

私がそう聞き直すと、校長先生はにこやかに笑って、いくつかの研究を紹介してくれ、最後に何冊かの本を見せてくれました。

本書で何度も取り上げているボンズらによる "Bully proofing your school" もその1冊で、その校長先生によると、いじめ予防プログラムにはいろいろあるけれど、このプログラムが現場で最も力を発揮する、とのことでした。

その後、私は紹介された本や研究論文を読み、さらに情報を得ていきました。2014年の春には、Bully proofing your school のプログラムを開発した関係者に会いにデンバーまで出かけました。また、国内でのいじめに関する調査研究を始めたり、そうした知見をまとめた講座を開催したりするようになりました。

そして、次の転機は2014年10月に訪れました。

第55回日本児童青年精神医学会において、教育講演として「いじめの科学」をテーマに発表する機会を得たのです。光栄なことでしたし、多くの反響がありました。そのとき、発表を聴いていた日本評論社の編集者である木谷陽平氏より、雑誌『こころの科学』での連載のお話をいただいたのです。

本書は『こころの科学』で約4年にわたって連載した原稿がもとになっています。隔月刊ですので、2ヵ月に1度ではありますが、連載原稿を書くために多くの英語論文を読み、できるだけ新しい情報を取り入れるように努力しました。

本書を上梓するにあたり、多くの方々にご指導・ご支援をいただいたことにあらためて感謝したいと思います。

いじめ研究のきっかけを作ってくださった森則夫先生をはじめ、その後の研究を支えたり励ましたりしてくださった現在は弘前大学教授である中村和彦先生、私が所属する公益社団法人子どもの発達科学研究所の代表理事で大阪大学教授である片山泰一先生には、大きな恩を感じています。

いじめ研究に一緒に取り組んでくださった子どもの発達科学研究所研究員の大須賀優子先生、浜松医科大学特任助教の西村倫子先生、そして発達障害といじめの研究にくわしい大阪大学大学院招聘教員の服巻智子先生には、さまざまな面で支えていただきました。

また、大阪大学大学院　大阪大学・金沢大学・浜松医科大学・千葉大学・福

井大学連合小児発達学研究科にかかわる先生方、子どもの発達科学研究所のスタッフ関係者、いじめ撲滅を目指す「BE A HERO プロジェクト」関係者のみなさまには大変お世話になりました。

そして、『こころの科学』での連載から本書の上梓まで、すべての局面で伴走をしてくださった日本評論社の木谷氏に感謝したいと思います。ありがとうございました。

いじめのない世界と、すべての子どもたちの健全な発達、そして幸せな未来が実現しますように。

2019 年 3 月
和久田学

参考文献

Abebe, D.S., Frøyland, L.R., Bakken, A. et al. (2015) Municipal-level differences in depressive symptoms among adolescents in Norway: results from the cross-national Ungdata study. *Scand J Public Health* 44: 47-54.
Andersen, L.P., Labriola, M., Andersen, J.H. et al. (2015) Bullied at school, bullied at work: a prospective study. *BMC Psychology* 3: 35.
安心ネットづくり促進協議会調査研究委員会調査検証作業部会 (2014)「インターネット使用が青少年に及ぼす悪影響に関する実証調査 (最終報告)」
 (https://www.good-net.jp/investigation/working-group/reseach-study_category_111/2014_071-0926_548)
Baldry, A.C. & Farrington, D.P. (1998) Parenting influences on bullying and victimization. *Legal Criminol Psychol* 3: 237-254.
Banks, R. (1997) Bullying in schools. ERIC Digest. Clearinghouse on Elementary and Early Childhood Education. (ERIC Identifier: ED407154)
Barhight, L.R., Hubbard, J.A., Grassetti, S.N. et al. (2015) Relations between actual group norms, perceived peer behavior, and bystander children's intervention to bullying. *J Clin Child Adolesc Psychol* 25: 1-7.
Batsche, G.M. & Kenoff, H.M. (1994) Bullies and their victims: understanding a pervasive problem in the schools. *School Psychology Review* 23: 165-175.
Bell, C.D., Raczynski, K., Horne, A.M. (2010) Bully busters abbreviated: evaluation of a group-based bully intervention and prevention program. *Group Dynamics Theory, Research, and Practice* 14: 257-267.
Bender, W.N. & Shores, C. (2007) *Response to intervention: a practical guide for every teacher.* Corwin Press.
Bhatta, M.P., Shakya, S., Jefferis, E. (2014) Association of being bullied in school with suicide ideation and planning among rural middle school adolescents. *J Sch Health* 84: 731-738.
Bonds, M. & Stoker, S. (2000) *Bully proofing your school: a comprehensive approach for middle schools.* Sopris West.
Bottino, S.M., Bottino, C.M., Regina, C.G. et al. (2015) Cyberbullying and adolescent mental health: systematic review. *Cad Saude Publica* 31: 463-475.
Brand, M., Young, K.S., Laier, C. (2014) Prefrontal control and internet addiction: a theoretical model and review of neuropsychological and neuroimaging findings. *Front Hum Neurosci* 8. (doi: 10.3389/fnhum.2014.00375.)
Butterworth, P., Leach, L.S., Kiely, K.M. (2016) Why it's important for it to stop: examining the mental health correlates of bullying and ill-treatment at work in a cohort study. *Aust N Z J Psychiatry* 50: 1085-1095.

Calvete, E., Orue, I., Estévez, A. et al. (2010) Cyberbullying in adolescents: modalities and aggressors, profile. *Comput Human Behav* 26: 1128-1135.
Campbell Collaboration
(https://www.campbellcollaboration.org/)
Cantone, E., Piras, A.P., Vellante, M. et al. (2015) Interventions on bullying and cyberbullying in schools: a systematic review. *Clin Pract Epidemiol Ment Health* 11: 58-76.
Cassidy, W., Brown, K., Jackson, M. (2012) "Making kind cool": parents, suggestions for preventing cyber bullying and fostering cyber kindness. *Journal of Educational Computing Research* 46: 415-436.
Copeland, W.E., Wolke, D., Angold, A. et al. (2013) Adult psychiatric outcomes of bullying and being bullied by peers in childhood and adolescence. *JAMA Psychiatry* 70: 419-426.
Craig, W.M. & Pepler, D.J. (1995) Peer processes in bullying and victimization: an observational study. *Exceptionality Education Canada* 5: 81-95.
Devine, J. & Cohen, J. (2007) *Making your school safe: strategies to protect children and promote learning.* Teachers College Press.
Dewey, J. (1916) *Democracy and education: an introduction to the philosophy of education.* Macmillan.
Eliot, M., Cornell, D., Gregory, A. et al. (2010) Supportive school climate and student willingness to seek help for bullying and threats of violence. *J Sch Psychol* 48: 533-553.
Elliott, D.S., Hamburg, B.A., Williams, K.R. (1998) *Violence in American schools.* Cambridge University Press.
Frances McClelland Institute (2012) How school bullying impacts Lesbian, Gay, Bisexual, and Transgender (LGBT) young adults (Research Link 4)
(https://mcclellandinstitute.arizona.edu/sites/mcclellandinstitute.arizona.edu/files/ResearchLink_Vol.%204%20No.%201_Bullying.pdf)
藤岡恭子 (2018)「米国都市学区における『学校風土』概念の教育行政学的検討──カマー『学校開発プログラム』と『学校風土』改革を素材にして」『鈴鹿大学・鈴鹿大学短期大学部紀要 人文科学・社会科学編』1: 229-247.
福井県議会 (2017)「福井県の教育行政の根本的見直しを求める意見書 (案)」
(http://koryo-jcp.sakura.ne.jp/sblo_files/yatsuo-haruo/image/E7A68FE4BA95E79C8CE8ADB0E4BC9AE69599E882B2E6848FE8A68BE69BB8.pdf)
福岡県教育センター (2007)「いじめに対する基本的考え方 いじめのメカニズムとその対応」
Garrity, C., Jens, K., Porter, W. et al. (1994) *Bully-proofing your school: a comprehensive approach for elementary schools.* Sopris West.
Georgiou, S.N. (2008) Parental style and child bullying and victimization experiences at school. *Soc Psychol Educ* 11: 213-227.
Goodman, R. (1997) The strengths and difficulties questionnaire: a research note. *J Child Psychol Psychiatry* 38: 581-586.
Gottfredson, G.D., Gottfredson, D.C., Payne, A.A. et al. (2005) School climate predictors of school disorder: results from a national study of delinquency prevention in schools. *J Res Crime Delinq* 42: 421-444.
Gray, C. (2003) *Gray's guide to bullying.* Jenison Public Shcools.〔服巻智子＝訳 (2008)『発達障害といじめ──"いじめに立ち向かう"10 の解決策』クリエイツかもがわ〕
Gregory, A., Cornell, D., Fan, X. et al. (2010) Authoritative school discipline: high school practices associated with lower bullying and victimization. *J Educ Psychol* 102: 483-496.
Gregory, A., Cornell, D., Fan, X. et al. (2011) The relationship of school structure and support to suspension rates for black and white high school students. *American Educational Research Journal* 48: 904-934.

Han, Z., Zhang, G., Zhang, H. (2017) School bullying in urban china: prevalence and correlation with school climate. *Int J Environ Res Public Health* 14. (doi: 10.3390/ijerph14101116)
秦政春 (1999)「いじめ問題と教師――いじめ問題に関する調査研究 (Ⅱ)」『大阪大学人間科学部紀要』25: 235-258.
Hawkins, D.L., Pepler, D.J., Craig, W.M. (2001) Naturalistic observations of peer interventions in bullying. *Social Development* 10: 512-527.
Hazler, R.J. (1996) *Breaking the cycle of violence: interventions for bullying and victimization*. Taylor & Francis.
Herrera, J., Kupczynski, L., Mundy, M. (2015) The impact of training on faculty and student perceptions of cyberbullying in an urban south central Texas middle school. *Research in Higher Education Journal* 27.
　　(http://www.aabri.com/manuscripts/142088.pdf)
弘前大学「ネット＆いじめ問題」研究会 (2014)「スマホ全盛時代におけるネット・ケータイ利用状況 (被害) 調査――デジタルゲーム端末を中心として」
　　(https://www.hiro-univ-netpat-otani.com/%E8%AA%BF%E6%9F%BB%E5%A0%B1%E5%0%0%B1%E5%91%8A%E6%9B%B8/)
弘前大学「ネット＆いじめ問題」研究会 (2015)「LINE 問題の現状と高校生の意識について 調査報告書」
　　(https://www.hiro-univ-netpat-otani.com/%E8%AA%BF%E6%9F%BB%E5%A0%B1%E5%0%0%B1%E5%91%8A%E6%9B%B8/)
Holfeld, B. & Grabe, M. (2012) Middle school students' perceptions of and responses to cyber bullying. *Journal of Educational Computing Research* 46: 395-413.
Huesmann, L.R. (2007) The impact of electronic media violence: scientific theory and research. *J Adolesc Health* 41: S6-S13.
ヒューマン・ライツ・ウォッチ (2016)「出る杭は打たれる――日本の学校における LGBT 生徒へのいじめと排除」
　　(https://www.hrw.org/ja/report/2016/05/06/289497)
Hwang, S., Kim, Y.S., Koh, Y.J. et al. (2018) Autism spectrum disorder and school bullying: who is the victim? Who is the perpetrator? *J Autism Dev Disord* 48: 225-238.
兵庫県教育委員会 (2013)「いじめ対応マニュアル――すべての児童生徒が生き生きとした学校生活が送れるように」
　　(http://www.hyogo-c.ed.jp/~gimu-bo/seitosidou/ijimetaiou.pdf)
Idsoe, T., Dyregrov, A., Idsoe, E.C. (2012) Bullying and PTSD symptoms. *J Abnorm Child Psychol* 40: 901-911.
池上彰 (2014)『池上彰の「日本の教育」がよくわかる本』PHP 文庫
池島徳大・松山康成 (2014)「学級における規範意識向上を目指した取り組みとその検討――"PBIS プログラム" を活用した開発的生徒指導実践」『学校教育実践研究 (奈良教育大学教職大学院研究紀要)』6: 21-29.
いのちリスペクト。ホワイトリボンキャンペーン (2014)「LGBT の学校生活に関する実態調査 (2013) 結果報告書」
　　(http://endomameta.com/schoolreport.pdf)
石井眞治・井上弥・沖林洋平 他＝編 (2009)『児童・生徒のための学校環境適応ガイドブック――学校適応の理論と実践』協同出版
伊藤亜矢子・松井仁 (1996)「学級風土研究の経緯と方法」『北海道大学教育学部紀要』72: 47-71.
伊藤亜矢子・松井仁 (2001)「学級風土質問紙の作成」『教育心理学研究』49: 449-457.
Janson, G.R. & Hazler, R.J. (2004) Trauma reactions of bystanders and victims to repetitive abuse experience. *Violence Vict* 19: 239-255.

児童生徒の問題行動等に関する調査研究協力者会議(1996)「児童生徒のいじめ等に関するアンケート調査結果」文部科学省教育課程課=編『中等教育資料』45: 63-255.
Jones, L.M., Mitchell, K.J., Turner, H.A.(2015) Victim reports of bystander reactions to in-person and online peer harassment: a national survey of adolescents. *J Youth Adolesc* 44: 2308-2320.
下田芳幸(2014)「日本の小中学生を対象としたいじめに関する心理学的研究の動向」『教育実践研究(富山大学人間発達科学研究実践総合センター紀要)』8: 23-37.
海津亜希子・田沼実畝・平木こゆみ 他(2008)「通常の学級における多層指導モデル(MIM)の効果——小学1年生に対する特殊音節表記の読み書きの指導を通じて」『教育心理学研究』56: 534-547.
河村茂雄(2006)『学級づくりのためのQ-U入門——「楽しい学校生活を送るためのアンケート」活用ガイド』図書文化社
河村茂雄(2007)『データが語る①学校の課題——学力向上・学級の荒れ・いじめを徹底検証』図書文化社
警察庁(2006)「平成18年版警察白書」
(https://www.npa.go.jp/hakusyo/h18/honbun/hakusho/h18/index.html)
警察庁(2015)「平成27年上半期のサイバー空間をめぐる脅威の情勢について」(平成27年9月17日付広報資料)
(http://www.npa.go.jp/publications/statistics/cybersecurity/data/H27_kami_jousei.pdf)
警察庁(2018a)「平成30年上半期におけるサイバー空間をめぐる脅威の情勢について」
(https://www.npa.go.jp/publications/statistics/cybersecurity/data/H30_kami_cyber_jousei.pdf)
警察庁(2018b)「平成29年におけるSNS等に起因する被害児童の現状と対策について」
(https://www.npa.go.jp/safetylife/syonen/H29_sns_koho.pdf)
kim, Y.S., Koh, Y.J., Leventhal, B.(2005) School bullying and suicidal risk in Korean middle school students. *Pediatrics* 115: 357-363.
北川裕子・小塩靖崇・股村美里 他(2013)「学校におけるいじめ対策教育——フィンランドのKiVaに注目して」『不安障害研究』5: 31-38.
小林美津江(2013)「いじめ防止対策推進法の成立」『立法と調査』344: 24-35.
子どもみんなプロジェクト(2017)「News Letter 3号」
(http://www.kodomo-minna.jp/mwbhpwp/wp-content/uploads/0e15aa9c67bcd61f60a6d7bf521ce6ee.pdf)
子どもの発達科学研究所(2015)「学校安全調査報告 Smile News Letter(2015年4月号)」
国民教育文化総合研究所(2005)「教職員評価(育成)制度の現状と課題——先行都府県の実態に学び、これからの取組みに活かす(教職員評価制度問題研究委員会報告書)」
(http://www.k-soken.gr.jp/)
国立教育政策研究所 生徒指導研究センター(2010)「いじめ追跡調査2007-2009」
(https://www.nier.go.jp/shido/centerhp/shienshiryou2/3.pdf)
国立教育政策研究所 生徒指導・進路指導研究センター(2010)「生徒指導支援資料2『いじめを予防する』」
(http://www.nier.go.jp/shido/centerhp/shienshiryou2/index.htm)
国立教育政策研究所 生徒指導・進路指導研究センター(2013a)「いじめ追跡調査2010-2012」
(https://www.nier.go.jp/shido/centerhp/2507sien/ijime_research-2010-2012.pdf)
国立教育政策研究所 生徒指導・進路指導研究センター(2013b)『いじめについて正しく知り、正しく考え、正しく行動する。』
(https://www.nier.go.jp/shido/centerhp/2507sien/ijime_research_outline.pdf)
国立教育政策研究所 生徒指導・進路指導研究センター(2013c)「いじめのない学校づくり——『学校いじめ防止基本方針』策定Q&A」(生徒指導リーフ増刊号)
(https://www.nier.go.jp/shido/leaf/leaf/leaves1.pdf)
国立教育政策研究所 生徒指導・進路指導研究センター(2016)「いじめ追跡調査2013-2015」
(http://www.nier.go.jp/shido/centerhp/2806sien/tsuiseki2013-2015_3.pdf)

参考文献

国立教育政策研究所 生徒指導・進路指導研究センター（2017）「『学校いじめ防止基本方針』がいじめの未然防止に果たす効果の検証──中学校区が共通に取り組む事例を中心に（平成26-27年度プロジェクト研究報告書）」
（https://www.nier.go.jp/04_kenkyu_annai/pdf/Proj2016.pdf）
国立教育政策研究所 生徒指導・進路指導研究センター（2018）「社会情緒的コンピテンス調査研究に係る分析結果報告書（平成29年度プロジェクト研究報告書 質問紙調査結果に見る我が国児童生徒の意欲・態度等に関する調査研究に関する中間報告書）」
（http://www.nier.go.jp/05_kenkyu_seika/pdf_seika/h30/h300327-01.pdf）
厚生労働省（2009）「平成21年度 全国家庭児童調査」
（https://www.mhlw.go.jp/stf/houdou/2r9852000001yivt.html）
厚生労働省委託事業ウェブサイト「明るい職場応援団」
（https://www.no-pawahara.mhlw.go.jp/）
厚生労働省委託事業（2012）「職場のパワーハラスメントに関する実態調査報告書」
（http://www.mhlw.go.jp/stf/houdou/2r9852000002qx6t.html）
厚生労働省 職場のいじめ・嫌がらせ問題に関する円卓会議（2012）「職場のパワーハラスメントの予防・解決に向けた提言」
（http://www.mhlw.go.jp/stf/houdou/2r98520000025370.html）
厚生労働省 職場のいじめ・嫌がらせ問題に関する円卓会議ワーキング・グループ（2012）「職場のいじめ・嫌がらせ問題に関する円卓会議ワーキング・グループ報告」
（http://www.mhlw.go.jp/stf/shingi/2r98520000021hkd.html）
Kubiszewski, V., Fontaine, R., Potard, C. et al. (2015) Does cyberbullying overlap with school bullying when taking modality of involvement into account? *Comput Human Behav* 43: 49-57.
久保田真功（2003）「いじめを正当化する子どもたち──いじめ行為の正当化に影響を及ぼす要因の検討」『子ども社会研究』9: 29-41.
倉見昇一「行政説明②『いじめ問題』について」
（http://www.niye.go.jp/kikaku_houkoku/upload/project/268/268_5.pdf）
Lampredis, E. (2015) Stereotypical beliefs about cyber bullying: an exploratory study in terms of myths. *Universal Journal of Educational Research* 3: 135-147.
Lereya, S.T., Copeland, W.E., Costello, E.J. et al. (2015) Adult mental health consequences of peer bullying and maltreatment in childhood: two cohorts in two countries. *Lancet Psychiatry* 2: 524-531.
Li, Q. (2007) New bottle but old wine: a research of cyberbullying in schools. *Comput Human Behav* 23: 1777-1791.
Lleras, C. (2008) Hostile school climates: explaining differential risk of student exposure to disruptive learning environments in high school. *J Sch Violence* 7: 105-135.
Low, S. & van Ryzin, M. (2014) The moderating effects of school climate on bullying prevention efforts. *Sch Psychol Q* 29: 306-319.
Maïano, C., Aimé, A., Salvas, M.C. et al. (2016a) Prevalence and correlates of bullying perpetration and victimization among school-aged youth with intellectual disabilities: a systematic review. *Res Dev Disabil* 49-50: 181-195.
Maïano, C., Normand, C.L., Salvas, M.C. et al. (2016b) Prevalence of school bullying among youth with autism spectrum disorders: a systematic review and meta-analysis. *Autism Res* 9: 601-615.
McGinnis, E. & Goldstein, A.P. (1997) *Skillstreaming the elementary school child: new strategies and perspectives for teaching prosocial skills.* Research Press.
Mihaly, K., Dubowitz, T., Richardson, A. et al. (2018) Health, well-being, and education in an urban school district: Baltimore city public schools prior to the implementation of the 21st century buildings program. RAND Corporation.
（https://www.rand.org/pubs/research_reports/RR2483.html）

宮城県教育委員会（2007）「いじめ対応マニュアル改訂版」
　　（https://www.pref.miyagi.jp/uploaded/attachment/112407.pdf）
文部科学省（1999）「学習障害児に対する指導について（報告）」
　　（http://www.mext.go.jp/a_menu/shotou/tokubetu/material/002.htm）
文部科学省（2007a）「学校評価に係る学校教育法施行規則等の一部を改正する省令について（通知）」
　　（http://www.mext.go.jp/a_menu/shotou/gakko-hyoka/07121005/001.htm）
文部科学省（2007b）「『学校評価の在り方と今後の推進方策について（議論の素案）』に関する各団体からの意見（抜粋）」
　　（http://www.mext.go.jp/b_menu/shingi/chousa/shotou/037/shiryo/07072606/001.htm）
文部科学省（2008）「青少年が利用する学校非公式サイト（匿名掲示板）等に関する調査について（概要）」
　　（http://www.mext.go.jp/b_menu/houdou/20/04/08041805/001.htm）
文部科学省（2012）「すべての学校・教育委員会関係者の皆様へ［文部科学大臣談話］」
　　（http://www.mext.go.jp/b_menu/daijin/detail/1323548.htm）
文部科学省（2013a）「いじめの防止等のための基本的な方針」
　　（http://www.mext.go.jp/component/a_menu/education/detail/__icsFiles/afieldfile/2018/08/20/1400030_007.pdf）
文部科学省（2013b）「いじめ防止基本方針の策定について（通知）」
　　（http://www.mext.go.jp/a_menu/shotou/seitoshidou/1400262.htm）
文部科学省（2013c）「学校教育法第11条に規定する児童生徒の懲戒・体罰等に関する参考事例」
　　（http://www.mext.go.jp/a_menu/shotou/seitoshidou/1331908.htm）
文部科学省（2013d）「学校における『いじめの防止』『早期発見』『いじめに対する措置』のポイント」
　　（http://www.mext.go.jp/a_menu/shotou/seitoshidou/__icsFiles/afieldfile/2018/07/23/1400262_003.pdf）
文部科学省（2014）「情動の科学的解明と教育等への応用に関する調査研究協力者会議審議のまとめ」
　　（http://www.mext.go.jp/b_menu/shingi/chousa/shotou/091-2/houkoku/1351074.htm）
文部科学省（2015）「平成26年度『児童生徒の問題行動等生徒指導上の諸問題に関する調査』における『いじめ』に関する調査等結果について」
　　（http://www.mext.go.jp/b_menu/houdou/27/10/1363297.htm）
文部科学省（2016a）「いじめに正面から向き合う『考え，議論する道徳』への転換に向けて（文部科学大臣メッセージ）」
　　（http://www.mext.go.jp/b_menu/houdou/28/11/1379623.htm）
文部科学省（2016b）「道徳の質的転換によるいじめの防止に向けて」
　　（http://www.mext.go.jp/b_menu/houdou/28/11/__icsFiles/afieldfile/2016/11/18/1279623_1_1.pdf）
文部科学省（2016c）「学校評価ガイドライン〔平成28年改訂〕」
　　（http://www.mext.go.jp/a_menu/shotou/gakko-hyoka/1295916.htm）
文部科学省（2016d）「全国学力・学習状況調査に係る適切な取組の推進について（通知）」
　　（http://www.mext.go.jp/b_menu/shingi/chousa/shotou/112/shiryo/attach/1371782.htm）
文部科学省（2017a）「いじめの防止等のための基本的な方針」
　　（http://www.mext.go.jp/component/a_menu/education/detail/__icsFiles/afieldfile/2018/03/19/1304156_02_2_1.pdf）
文部科学省（2017b）「いじめの重大事態の調査に関するガイドライン」
　　（http://www.mext.go.jp/component/a_menu/education/detail/__icsFiles/afieldfile/2018/08/20/1400030_009.pdf）
文部科学省（2018）「平成29年度児童生徒の問題行動・不登校等生徒指導上の諸課題に関する調査結果について」
　　（http://www.mext.go.jp/b_menu/houdou/30/10/1410392.htm）

参考文献

文部科学省中央教育審議会（2017）「教育振興基本計画特別部会（第7回）配付資料　参考２：これまでの主な意見　８計画の策定、推進に際しての必要事項関係」
　　（http://www.mext.go.jp/b_menu/shingi/chukyo/chukyo7/shiryo/1409506.htm）
文部科学省初等中等教育局（2017）「教員勤務実態調査（平成28年度）の集計（速報値）について」
　　（http://www.mext.go.jp/b_menu/houdou/29/04/__icsFiles/afieldfile/2017/04/28/1385174_002.pdf）
森田洋司（研究代表）（1984）『「いじめ」集団の構造に関する社会学的研究（文部省科学研究費補助金研究成果報告書）』
森田洋司（2010）『いじめとは何か』中公新書
森田洋司＝監修（2001）『いじめの国際比較研究――日本・イギリス・オランダ・ノルウェーの調査分析』金子書房
森田洋司・清永賢二（1986）『いじめ――教室の病い』金子書房
森田洋司・秦政春・若井弥一他＝編（1999）『日本のいじめ――予防・対応に生かすデータ集』金子書房
Multi-tiered System of Support（MTSS）& PBIS
　　（https://www.pbis.org/school/mtss）
武藤孝司（2010）「公衆衛生学における予防医学の位置づけと予防活動」『Dokkyo Journal of Medical Sciences』27: 207-216.
内閣府（2015a）「平成26年度青少年のインターネット利用環境実態調査」
　　（https://www8.cao.go.jp/youth/youth-harm/chousa/h26/net-jittai/gaiyo.html）
内閣府（2015b）「平成27年版子ども・若者白書」
　　（https://www8.cao.go.jp/youth/whitepaper/h27honpen/index.html）
内閣府（2018）「平成29年度青少年のインターネット利用環境実態調査」
　　（https://www8.cao.go.jp/youth/youth-harm/chousa/net-jittai_list.html）
Namie, G., Christensen, D., Phillips, D. (2014) 2014 WBI U.S. Workplace bullying survey. The Workplace Bullying Institute.
　　（http://www.workplacebullying.org/multi/pdf/WBI-2014-US-Survey.pdf）
奈良県教育委員会（2009）「事例から学ぶいじめ対応集」
　　（http://www.pref.nara.jp/secure/39467/ijime.pdf）
National School Climate Center：The Comprehensive School Climate Inventory（CSCI）.
　　（https://www.schoolclimate.org/services/measuring-school-climate-csci）
National School Climate Council (2007) The school climate challenge: narrowing the gap between school climate research and school climate policy, practice guidelines and teacher education policy.
　　（https://www.schoolclimate.org/themes/schoolclimate/assets/pdf/policy/school-climate-challenge-web.pdf）
Nielsen, M.B., Magerøy, N., Gjerstad, J. et al. (2014) Workplace bullying and subsequent health problems. *Tidsskr Nor Laegeforen* 135: 1233-1238.
日本行動分析学会（2014）「『体罰』に反対する声明」
　　（http://www.j-aba.jp/data/seimei.pdf）
Notar, C.E., Padgett, S., Roden, J. (2013) Cyberbullying: a review of the literature. *Universal Journal of Educational Research* 1: 1-9.
O'Connell, P., Pepler, D., Craig, W. (1999) Peer involvement in bullying: insights and challenges for intervention. *J Adolesc* 22: 437-452.
O'Connell, P., Sedighdeilami, F., Pepler, D.J. et al. (1997) Prevalence of bullying and victimization among Canadian elementary and middle school children. Educational Resources Information Center（ERIC）, ED427834.
荻上チキ（2018）『いじめを生む教室――子どもを守るために知っておきたいデータと知識』PHP新書
岡本淳子（2005）「いじめ問題に関わる教師の認識についての一考察――臨床心理士による教員研修への視点から」『立正大学心理学研究所紀要』3: 1-21.
Olweus, D. (1987) School-yard bullying: grounds for intervention. *School Safety* 6: 4-11.

Olweus, D.（1993）*Bullying at school : what we know and what we can do.* Wiley-Blackwell.〔松井賚夫・角山剛・都築幸恵＝訳（1995）『いじめ こうすれば防げる──ノルウェーにおける成功例』川島書店〕

Olweus, D.（2012）Cyberbullying: an overrated phenomenon? *Eur J Dev Psychol* 9: 1-19.

Olweus, D., Limber, S.P., Vicki, C.F. et al.（2007）*Olweus bullying prevention program schoolwide guide/teacher guide.* Hazelden Information & Educational Services.〔小林公司・横田克哉＝監訳, オルヴェウス・いじめ防止プログラム刊行委員会＝訳（2013）『オルヴェウス・いじめ防止プログラム──学校と教師の道しるべ』現代人文社〕

小野淳・斎藤富由起（2008）「『サイバー型いじめ』（Cyber Bullying）の理解と対応に関する教育心理学的展望」『千里金蘭大学紀要』5: 35-47.

大西彩子・黒川雅幸・吉田俊和（2009）「児童・生徒の教師認知がいじめの加害傾向に及ぼす影響」『教育心理学研究』57: 324-335.

Organization for Economic Co-operation and Development（OECD）（2013）Teaching and Learning International Survey TALIS 2013. Conceptual Framework.
　(http://www.oecd.org/education/school/TALIS%20Conceptual%20Framework_FINAL.pdf)

Orpinas, P. & Horne, A.M.（2006）*Bullying prevention: creating a positive school climate and developing social competence.* American Psychological Association.

Ortega, R., Elipe, P., Mora-Merchán, J.A. et al.（2012）The emotional impact of bullying and cyberbullying on victims: a European cross-national study. *Aggress Behav* 38: 342-356.

Osher, D., Bear, G.G., Sprague, J.R. et al.（2010）How can we improve school discipline? *Educational Researcher* 39: 48-58.

小副川栄一（2010）「職場のいじめに関する研究」（関西福祉科学大学修士論文）

Pantell, M., Rehkodf, D., Jutte, D. et al.（2013）Social isolation: a predictor of mortality comparable to traditional clinical risk factors. *Am J Public Health* 103: 2056-2062.

Perry, A.C.（1908）The management of a city school. Macmillan.

Positive Behavioral Intervention & Supports
　(https://www.pbis.org/)

Rigby, K.（2001）Health consequences of bullying and its prevention in schools. In: Juvonen, J., Graham, S.（eds.）*Peer harassment in school: the plight of the ulnerable and victimized.* pp.310-331, Guilford Press.

Ross, D.M.（1996）*Childhood bullying, teasing, and violence: what school personnel, other professionals, and parents can do.* American counseling association.

三枝好恵・本間友巳（2011）「『ネットいじめ』の実態とその分析──『従来型いじめ』との比較を通して」『京都教育大学教育実践研究紀要』11: 179-186.

Sharp, S., Smith, P.K., Smith, P.（eds.）（1994）*Tackling bullying in your school: a practical handbook for teachers.* Routledge.〔奥田眞丈＝監訳（1996）『あなたの学校のいじめ解消にむけて──教師のための実践ハンドブック』東洋館出版社〕

Shetgiri, R., Lin, H., Flores, G.（2013）Trends in risk and protective factors for child bullying perpetration in the United States. *Child Psychiatry Hum Dev* 44: 89-104.

新保真紀子（2008）「現代のいじめ──大阪子ども調査を中心に」『児童教育学研究』27: 24-29.

静岡県・市町教育委員会代表者会（2013）「静岡県いじめ対応マニュアル」
　(http://www.pref.shizuoka.jp/kyouiku/kk-060/documents/ijimemanyuaru.pdf)

Slonje, R., Smith, P.K., Frisén, A.（2012）Processes of cyberbullying, and feeling of remorse by bullies: pilot study. *Eur J Dev Psychol* 9: 244-259.

Slonje, R., Smith, P.K., Frisén, A.（2013）The nature of cyberbullying, and strategies for prevention. *Comput Human Behav* 29: 26-32.

Slutkin, G.（2017）Reducing violence as the next great public health achievement. *Nature Human Behavior* 1.（doi: 10.1038/s41562-016-0025）

参考文献

Smith, P.K., Mahdavi, J., Carvalho, M. et al.（2008）Cyberbullying: its nature and impact in secondary school pupils. *J Child Psychol Psychiatry* 49: 376-385.
Smith, P.K., Singer, M., Hoel, H. et al.（2003）Victimization in the school and the workplace: are there any links? *Br J Psychol* 94: 175-188.
総務省（2015a）「社会課題解決のための新たなICTサービス・技術への人々の意識に関する調査研究」
総務省（2015b）「平成27年版情報通信白書」
　　（http://www.soumu.go.jp/johotsusintokei/whitepaper/ja/h27/pdf/index.html）
総務省（2018a）「平成30年版情報通信白書」
　　（http://www.soumu.go.jp/johotsusintokei/whitepaper/ja/h30/pdf/index.html）
総務省（2018b）「いじめ防止対策の推進に関する調査結果報告書」
　　（http://www.soumu.go.jp/menu_news/s-news/107317_0316.html）
総務省情報通信政策研究所（2018）「平成29年情報通信メディアの利用時間と情報行動に関する調査報告書」
　　（http://www.soumu.go.jp/menu_news/s-news/01iicp01_02000073.html）
Spriggs, A.L., Iannotti, R.J., Nansel, T.R. et al.（2007）Adolescent bullying involvement and perceived family, peer and school relations: commonalities and differences across race/ethnicity. *J Adolesc Health* 41: 283-293.
杉山登志郎（2010）「いじめ・不登校と高機能広汎性発達障害」『こころの科学』151: 64-69.
鈴木佳苗・坂元章・山岡あゆち 他（2014）「インターネット使用とネットいじめ・暴力の関係性に関する研究」安心ネットづくり促進協議会
　　（http://www.good-net.jp/）
多田沙織・杉山登志郎・西沢めぐ美 他（1998）「高機能広汎性発達障害の児童・青年に対するいじめの臨床的検討」『小児の精神と神経』38: 195-204.
髙木展郎（2017）「学習評価の現状と課題（中央教育審議会初等中等教育分科会教育課程部会 児童生徒の学習評価に関するワーキンググループ〔第2回〕資料1）」
　　（http://www.mext.go.jp/b_menu/shingi/chukyo/chukyo3/080/siryo/__icsFiles/afieldfile/2017/12/15/1399427_1.pdf）
滝充（2007a）「いじめの実態と学校の対応」『教職研修』413: 115-119.
滝充（2007b）「Evidenceに基づくいじめ対策」『国立教育政策研究所紀要』136: 119-135.
滝充（2011a）「いじめの実態を正しく理解したうえで，学校の取り組みを実施しているか」『教職研修』462: 95-99.
滝充（2011b）「いじめの調査結果について」『教育委員会月報』63: 7-10.
滝充（2013a）「いじめを減らす学校の取組とは」『児童心理』67: 631-637.
滝充（2013b）「連載 いじめから子どもを守る」『児童心理』67（2〜5月号）.
滝充（2014）「いじめのない学校づくり──『学校いじめ防止基本方針』の計画・実行・点検・見直し」『学校運営』56: 10-13.
田中善大・伊藤大幸・村山恭朗 他（2015）「保育所及び小中学校におけるASD傾向及びADHD傾向といじめ被害及び加害との関連」『発達心理学研究』26: 332-343.
Thapa, A., Cohen, J., Guffey, S. et al.（2013）A review of school climate research. *Review of Educational Research* 83: 357-385.（doi: 10.3102/0034654313483907）
The Workplace Bullying Institute
　　（http://www.workplacebullying.org/）
Thornberg, R., Tenenbaum, L., Varjas, K. et al.（2012）Bystander motivation in bullying incidents: to intervene or not to intervene? *West J Emerg Med* 13: 247-252.
Tokunaga, R.S.（2010）Following you home from school: a critical review and synthesis of research on cyberbullying victimization. *Comput Human Behav* 26: 277-287.

Tsuno, K., Kawakami, N., Tsutsumi, A. et al.（2015）Socioeconomic determinants of bullying in the workplace: a national representative sample in Japan. *PLoS One* 10: e0119435.
U.S. Department of Education School Climate Survey（EDSCLS）.
（https://safesupportivelearning.ed.gov/survey/us-department-education-school-climate-survey-edscls）
浦岸英雄（2010）「全国学力テストはなぜ実施されたのか」『園田学園女子大学論文集』44: 27-39.
内田良（2018）「全国学力テスト 事前練習に追われる学校現場 授業が進まない」
（https://news.yahoo.co.jp/byline/ryouchida/20180829-00094820/）
Urao, Y., Yoshinaga, N., Asano, K. et al.（2016）Effectiveness of a cognitive behavioural therapy-based anxiety prevention programme for children: a preliminary quasi-experimental study in Japan. *Child Adolesc Psychiatry Ment Health*.（doi: 10.1186/s13034-016-0091-x）
Vandebosch, H. & van Cleemput, K.（2008）Defining cyberbullying: a qualitative research into the perceptions of youngsters. *Cyberpsychol Behav* 11: 499-503.
Voight, A. & Nation, M.（2016）Practices for improving secondary school climate: a systematic review of the research literature. *Am J Community Psychol* 58: 174-191.
Vreeman, R.C. & Carroll, A.E.（2007）A systematic review of school-based interventions to prevent bullying. *Arch Pediatr Adolesc Med* 161: 78-88.
Yamada, D.（2012）Workplace bullying is bad for business. Worcester Business Journal Online.
（http://www.wbjournal.com/article/20120109/PRINTEDITION/301099992/workplace-bullying-is-bad-for-business）
Ybarra, M.L., Diener-West, M., Learf, P.J.（2007）Examining the overlap in internet harassment and school bullying: implications for school intervention. *J Adolesc Health* 41: S42-S50.
山本悟（2017）「いじめ対策のポイントといじめ防止基本方針の改定（校内研修シリーズ No8）」独立行政法人教職員支援機構
（http://www.nits.go.jp/materials/intramural/008.html）
財団法人人権教育啓発推進センター（2011）『パワー・ハラスメント（企業における人権研修シリーズ 2）』
Zeedyk, S.M., Rodriguez, G., Tipton, L.A.（2014）Bullying of youth with autism spectrum disorder, intellectual disability, or typical development: victim and parent perspectives. *Res Autism Spectr Disord* 8: 1173-1183.
全国都道府県教育長協議会総合部会（2015）「諸外国におけるいじめ問題への対応――市民性の育成を中心に」
（http://www.kyoi-ren.gr.jp/_userdata/pdf/report/270126_sougoubukai_houkoku-gaiyou.pdf）
Zweers, I., Scholte, R., Didden, R.（2017）Bullying among youth with autism spectrum disorders. In: Leaf, J.B.（ed.）*Handbook of social skills and autism spectrum disorder: assessment, curricula, and intervention*. pp.44-61, Springer.

※ ウェブサイトは 2019 年 3 月 1 日最終アクセス。

本書は
『こころの科学』181〜203号連載
「現場を変えるいじめの科学」をもとに
書籍化したものです。